Clues
Investigating Solutions
in Brief Therapy

드세이저의
해결의
실마리
단기상담에서 해결책 탐색

Steve de Shazer 저
김은영 · 어주경 · 이경희 · 정윤경 공역

학지사

CLUES: INVESTIGATING SOLUTIONS IN BRIEF THERAPY

by Steve de Shazer

역자 서문

이미 국내에도 널리 알려져 있듯이 이 책의 저자인 스티브 드세이저(Steve de Shazer, 1940~2005)는 김인수(Insoo Kim Berg, 1934~2007)와 함께 해결중심상담모델을 대표하는 인물이자 단기가족치료센터(Brief Family Therapy Center: BFTC)의 설립자 중 한 사람이다. 그리고 1988년에 발간된 『해결의 실마리(Clue)』는 드세이저의 단독 저서 다섯 권 중 세 번째 책이다. 우리나라에서 상담, 특히 가족상담을 배우고 실천하는 사람들에게 드세이저는 더 이상 설명이 필요 없을 정도로 유명한 해결중심상담 이론가이자 실천가다. 국내에 다수의 해결중심상담에 관련한 저술, 번역서가 출간되어 있음에도 불구하고, 드세이저의 단독 저서가 이제까지 한 권도 출간된 적이 없다는 것은 다소 의아하고 놀라운 일이다. 『해결의 실마리』는 한국에서 출간되는 스티브 드세이저의 첫 번째 단독 저서다.

이 책은 해결중심상담 과정에서 내담자의 호소 문제부터 해결책에 이르는 다양한 경로를 탐색하면서 어떠한 과정을 통해 해결책이 구성되는지에 대해 연구한 결과물이다. 드세이저는 이 책에서 여러 해결중심상담 사례에 대해 관찰하고 분석하면서 해결을 향한 경로를 단순화한 핵심 지도(CENTRAL MAP)와 결정순서도(decision tree)를 개발하는 데 초점을 둔다. 이러한 지도 개발 과정에서 컴퓨터 전문가의 도움으로 BRIEFER I, BRIEFER II라는 프로그램이 탄생하기도 하지만 매우 발전된 형태의 인공지능이 활용되는 현 시점에 이들 컴퓨터 프로그램 자체는 큰 의미가 없을 수 있으며, 이러한 방식이 지나치게 기계적이라는 우려가 있을 수도 있다. 드세이저 또한 이 점을 잘 인식하면서 이 책에서 개발된 지도가 상담의 풍부함을 대체할 수 있는 것이 아니며 지도는 영토와 다름을 누차 강조한다. 우리가 모르는 길을 운전할 때 내비게이션의 지도를 따라가는 것은 많은 편리함을 준다. 하지만 내비게이션을 따라가다 보면 때로 지도에서 제대로 표현되지 않은 실제 영토에 맞닥뜨려 당혹스러움을 느끼기도 한다. 아무리 완벽한 지도라도 영토를 대체할 수는 없다. 이 책에 제시된 핵심 지도나 결정순서도가 개별 상담 사례의 다양성과 풍부함을 완벽하게 포함할 수는 없다. 그렇다고 해서 우리에게 지도가 필요 없는 것은 아니다. 다만, 지도는 지속적인 수정을 통해 새롭게 구성될 수 있고, 우리는 영토의 풍부함 앞에서 겸손함이 필요할 뿐이다.

이 책에는 19개의 해결중심상담 사례가 실려 있다. 이 사례들은 흔히 다른 심리상담이나 가족상담모델에서는 장기간의 회기를 요하는 이른바 '까다로운 사례들'이다. 이러한 사례들에서 어떻게 문제의 규칙들이 해체되어 가는지, 어떻게 '차이를 만드는 차이들'을 통해 예외가 규칙이 되며 해결책이 발전되는지 지켜보는 것은 이

책과의 만남에서 커다란 기쁨이다. 아직도 많은 상담자가 해결중심상담과 같은 단기상담은 제한된 사례에 적용 가능하며, 심각하고 어려운 사례에는 보다 심층적인 모델이 필요하다고 생각한다. 그러나 이 책의 사례들을 보면서 우리는 다시금 '까다롭고 어려운 사례는 구성되는 것이다.'라는 말을 실감하게 된다. 단기상담은 기존의 상담과 동일한 것을 적게 해서 상담의 기간을 줄이는 것이 아니라 상담의 초점을 다른 것에 둔다는 점을 기억할 필요가 있다.

역자 서문에서 이 책의 본문 내용에 대해 더 이상 언급하거나 설명하려고 시도하는 것은 역자의 역할을 넘어선 것이라 생각한다. 드세이저가 말했듯이 독해는 독자의 몫이기 때문이다. 하물며 작가도 단지 하나의 독자이며 글이 작가의 손을 떠나면 그 글의 의미는 독자가 텍스트와 대화하는 과정에서 구성될 뿐이라고 하지 않는가. 이 책의 저술 이후에도 해결중심상담은 지속적으로 발전되어 왔다. 그럼에도 불구하고 독자들에게 이 책은 해결중심상담의 다양한 질문기법과 과제의 활용을 통해 해결책이 구성되고 해결에 대한 기본 이론이 구축되어 가는 과정을 생생히 확인할 수 있는 기회가 될 수 있으리라 기대한다.

역자들은 그동안 해결중심상담을 현장에서 실천하고 상담자들에게 전문 교육과 훈련을 해 오면서 스티브 드세이저의 저서가 우리나라에 소개되지 않은 것에 대해 안타까운 마음을 가져오다가 이 책의 번역을 위해 의기투합하였다. 열정은 넘쳤으나 번역의 길은 지난하였고, 때로 좌절하면서 존경하는 원저자에게 누를 끼치지 않을까 노심초사하였다. 하지만 시간은 흘렀고 작은 것에 초점을 두고 한 걸음씩 걸어온 결과, 작은 눈덩이가 굴러 큰 눈덩이가 되듯 이제 한 권의 책으로 출간하게 되었다. 우리 역자들은 스티브 드세이저의 책을 번역할 수 있었음에 자부심을 느끼며, 이렇게 세심하고 열정적인 탐구의 과정을 통해 우리에게 해결중심상담모델을 선물해 준 고(故) 스티브 드세이저에게 감사와 존경을 보낸다.

스티브 드세이저의 단독 저서가 국내에서 처음으로 출간될 수 있도록 번역을 허락해 주시고 물심양면으로 지원해 주신 학지사의 김진환 사장님, 이 책의 번역에 대한 역자들의 소망을 현실화하는 데 큰 힘을 쏟아 주신 한승희 부장님, 멋진 책이 될 수 있도록 편집에 애써 주신 정은혜 과장님께 머리 숙여 깊은 감사의 마음을 전한다.

서초 연세솔루션상담센터에서
역자 일동

추천사

이러한 글을 쓰는 것은 연습한다고 해서 더 쉬워지지는 않는 것 같다. 그래서 "스티브 드세이저(Steve de Shazer)는 또다시 힘을 쏟아 작업을 하였다. 여기에 동일한 것이 더 있으니, 그의 이전 논문과 책이 흥미롭고 유용하다고 여기면 이 책을 당신에게 추천한다." 라고 그냥 말하고 싶은 유혹을 느낀다.

이 짧은 표현은 적절하며 기본적으로 정확한 말이지만, 도의상 그 정도로 놔둘 수는 없다. 잠재적 독자 중에는 드세이저가 이전까지 해 왔던 것을 모르는 사람도 있을 것이다. 그들에게 동일한 작업을 더 했다는 말은 아무런 정보도 되지 않을 것이다. 여기서 '동일한 것을 더 했다.'라는 말은 긍정적인 의미지만, 다른 사람들은 이를 비판으로 받아들일지 모른다. 그러므로 나는 조금 더 구체적으로 말해야 할 것이다.

내 말은 드세이저가 그저 반복적이며 같은 것을 또다시 다른 말로 이야기했다는 의미가 **아니다**. 그가 대체로, 그리고 원칙적으로 비슷한 방식에 따라 유사한 관심을 지속해서 발전시키고 있다는 의미다. 그러나 그렇게 함으로써 그는 여러 동료의 정평 있는 도움을 받으면서 새롭거나 이전 저술보다 더욱 풍성하고 분명하게 구체적으로 명시된 개념과 실천을 발전시켰다.

내 생각에 드세이저는 효율적인 심리치료의 핵심을 이론적 · 실천적으로 정의하는 것에 주로 관심을 두었고 지금도 그렇다. 즉, 단기상담이 어떠한 것이며 이를 실행하는 데 어떤 단계가 필요한지에 대해 분명하고 간단명료하며, 이상적으로 미니멀한 상세 설명서를 만드는 것이 그의 관심사다. 이러한 목적을 추구함에 있어서 그의 작업을 이끌고 한계를 설정하는 두 가지 중요한 원칙이 있는데, 이 책에서 이를 최대한도로 밀어붙이는 것으로 보인다. 첫째, 연구의 장(field)은 단기심리상담 그 자체다. 이는 [보다 인류학적으로 보자면(?)] 주로 상담실 내의 상담자와 내담자 혹은 내담자들 사이의 진술로 이루어진 제한되고 초점화된 사회적 상호작용으로 보인다. 내담자의 '실제(real)' 혹은 '외부(outside)' 세계는 오로지 이러한 세팅 안에서 이루어진 보고의 형태로 등장한다. 이는 첫눈에는 극단적 또는 비이성적으로 범위를 좁힌 것처럼 보인다. 그럼에도 불구하고 그것은 오로지 관찰 가능한 데이터에 초점을 둔다는 점에서 과학적으로 볼 때 합리적이다. 더욱이 흔히 당연하게 받아들이는 관점을 확대한 것에 불과하다. 상담이 호소 문제의 진술에서 시작하고 이에 기초한다는 최상의 예인 것이다.

둘째, 드세이저의 초점은 심리치료라고 불리는 목적 지향적 상호작용에서 상담자와 내담자가 공유하는 목표로서 해결 또는 좀더 일관되게 말해서 해결의 진술에 있다. 이러한 작업에서 상담 기록을 포함한 자료를 검토하고 토론하며 분석할 때 핵심적이고 길잡이가 되는 질문은 늘 '내담자와 상담자에 의해 이루어진 진술의 특정한 순서와 배열이 해결로 이끄는지 아닌지'다.

드세이저 연구의 전체 과정은 분명히 대단히 세심하고 상세한 분석을 포함하고 있지만, 적어도 돌이켜 생각해 보면 그것은 이러한 두 가지 기본 개념의 영향을 추적하는 하나의 연습으로 여겨진다. 확실히 특정한 진술 또는 순서가 해결로 이끌거나 그렇지 않은 맥락을 고려해 볼 필요가 있다. 그러나 이러한 맥락 그 자체는 물론 이전의 진술이나 순서로 구성되어 있다. 그러므로 결국 상담을 시작하는 진술에서부터 해결의 진술에 이르는 하나의 순서 사슬이 만들어질 수도 있다. 이러한 사슬이 있는가? 단순한 사슬 혹은 갈래로 나누어진 사슬이 있는가? 사례마다 다른 사슬이 있는가, 아니면 상호 연관된 사슬 세트가 있는가? 좀 더 일반적인 특징짓기의 기초가 되는 유사점을 알아내고 별도로 고려해야 하는 차이점을 확인하기 위해 다양한 사례에서 모은 자료를 비교하고 대비함으로써 이러한 질문에 대한 연구가 이루어진다. 다시 말해, 분석과 통합은 진단적 범주나 진술된 특별한 내용이 아니라 진술 유형과 순서를 확인하는 것과 관련이 있다. 이러한 작업은, 특히 컴퓨터화된 모델 구축을 활용하는 것에 기초하였다. 이에 대해 어떤 사람들은 반하고 어떤 사람들은 실망할지 모른다. 그러나 어떤 경우든 다음과 같은 사실을 기억하는 것이 중요하다. 컴퓨터는 단지 이러한 분석과 통합의 복잡한 과업을 실행하는 데 있어서 도움이 될 수 있는 도구일 뿐이라는 점이다.

　이러한 방향으로 쏟은 엄청난 시간과 노력에서 어떠한 결과가 나왔는가? 아주 간단히 말해 효과적인 심리치료의 일반적인 순서도를 구성하는 쪽에 상당한 진전이 있었다. 내가 볼 때 이는 대단한 이론적 · 실천적 가치를 가지고 있으며, 심미적 가치도 있다. 최소한 아인슈타인(Einstein)처럼 질서와 단순함 속에서 아름다움을 보는 사람들에게는 말이다. 그러나 책을 읽고 여러분이 직접 판단하기를 바란다.

존 위크랜드(John H. Weakland)

팔로 알토, 1988년 1월

저자 서문

나의 두 번째 책『단기상담에서 해결의 열쇠(Keys to Solution in Brief Therapy)』(de Shazer, 1985)를 저술하는 것은『단기가족상담의 유형(Patterns of Brief Family Therapy)』(de Shazer, 1982b)을 저술하는 것보다 쉬웠다. 이는 부분적으로는 내가 타자기에서 워드프로세서 사용으로 바꾸었기 때문이다. 나는 이미 책을 하나 썼고, 모델은 더 단순해졌다. 순진하게도 나는 세 번째 책을 쓰는 게 더 쉬우리라고 생각하였다. 내가 그런 생각을 한 것은 부분적으로는 느린 컴퓨터의 초기 단계 워드 프로세서 프로그램에서 하드 디스크가 있는 컴퓨터의 첨단 프로그램으로 바꾸었기 때문이다. 하지만 내가 틀렸다.

첫 번째 책『열쇠(Keys)』와 두 번째 책『유형(Patterns)』에서 서술한 상담의 초점은 상담 회기 마지막에 상담자가 제시하는 해결에 대한 과제 혹은 해결에 대한 실마리였다. '변화'를 지속적 과정으로 여겼음에도 불구하고 치료와 '치료적 변화'는 일차적으로 과제와 내담자의 과제 수행에 대한 보고와 관련이 있다고 여겼다. 이는 이 책에도 해당되는 이야기이기는 하지만 확실히 덜 강조된다.

동료들과 나는 단기가족치료센터에서 해결책 발달에 대한 연구를 계속할수록 우리의 분석 결과로 인해 점점 더 자세히 상담의 과정을 살펴보게 되었다. 우리가 발견한 것은 상담이 개입 전략과 과제로 이끈다는 우리의 (아마도 지나치게) 단순한 관점을 적용하는 것이 더 이상 충분치 않다는 점이었다. 분명히 내담자와 상담자가 상담 회기에서 '하는' 일에는 해결책과 관련된 것들이 있다. 모든 것이 잘 진행되면, **"자, 이제 여러분은 무엇이 효과적인지 알고 있으니 그것을 계속하기 바랍니다."**라고 간단히 말하며 과제를 주면 된다.

메시지 작성을 위한 휴식 이후의 개입 단계에 대해 살펴보면 내담자에게 말할 내용은 보통 한 장 정도의 기록이면 된다. 그리고 이러한 과정이 유용한가를 평가하는 데에는 다음 회기에서 내담자가 말하는 내용에 대해 간단히 기록하는 것으로 충분하다. 메시지의 칭찬 단계는 상담 회기와 참여자의 특성에 맞추어 이루어지는데, 이는 과제 단계를 위한 준비로 여겨졌다. 이는 사실 사례에 따라 변하지 않는 공식 과제(formular tasks)를 활용함으로써 더욱 단순화할 수 있으며, 이를 통해 팀은 각 상담 회기가 동일하도록 통제할 수 있다. 그러므로 탐색과 재탐색 모두 간단한 기록을 활용함으로써 촉진된다.

몇 가지 이유에서 나는 이와 같은 초점의 전환을 좋아하지 않았고, 지금도 좋아하지 않는다. 그러나 해결책 개발에 대한 우리의 연구로 인해 나는 그렇게 할 수밖에 없었다. 연구로 인해 우리의 접근방법에서 주요한 전환(de Shazer, 1985)이 일어날 수밖에 없게 된 것은 이번이 두 번째다. 그러한 전환은 어떠한 연구 과정에서도 일어날 수 있는 지극히 정상적인 일이다. 사람은 데이터가 이끄는 대로 따라갈 수밖에 없다. 쿤(Kuhn, 1973)이 지적했듯이, 이례적인 것들이 발전하는데, 이들을 현재의 이론 **내에서** 새롭게 서술하든지 아니면 서술이 가능하도록 이론을 **변화시키든지** 둘 중 하나가 필요하다.

실천과 이론의 연결, 즉 우리가 실행하는 것과 우리가 실행하는 것에 대해 우리가 말하거나 기술하는 것 사이의 연결은 매우 강력하고 순환적이며, 그 둘은 우리의 연구와 순환적으로 관련되어 있다. 이는 우리의 연구와 이론 구성 프로그램을 위한 설계 또는 계획의 일부분이다. 혼란을 피하기 위해 말하자면 내가 사용하는 이론이라는 용어는 '설명'을 의미하지 않으며, 특수한 맥락 내에서 일어나는 사건의 특정한 순서에 대한 일관된 '서술'에 가깝다.

솔직해 말해 상담은 뒤죽박죽이며, 따라서 이를 연구하는 것 역시 적어도 똑같이 뒤죽박죽이다. 때로 2, 3, 4, 5 또는 6명의 사람이 상담실에서 대화를 나누는 경우, 혼돈(chaos)과 혼란(confusion)을 분간하기는 어렵다. 상담자가 2명 이상의 사람과 대화를 나누면 혼돈은 증가한다. 팀이 임의로 인터폰을 통해 참여하거나 계획적으로 상담의 마지막 부분에 휴식과 메시지를 통해 참여할 때도 마찬가지다.

상담 장면을 관찰하면 처음에는 차이점이 눈에 띈다. BFTC 팀의 각 구성원은 각기 다른 스타일을 가지고 있으며, 다양한 방식으로 모델을 실행한다. 이브 립칙(Eve Lipchik)의 상담 스타일은 독특하고, 인수 김 버그(Insoo Kim Berg)의 스타일은 다른 독특성을 지니며, 엘람 너널리(Elam Nunnally)는 또 다르다. 그러나 이브와 엘람은 인수와 비슷하다. 적어도 상담자가 상담 과정에서 사용하는 단어의 수나 활동의 양을 볼 때는 말이다. 월러스 깅거리치(Wallace Gingerich)의 스타일은 이브 립칙이나 인수, 엘람에 비교해 매우 '간결하고' 나의 스타일과 꽤 가깝다. 가족과 상담할 때 론 크랄(Ron Kral)의 스타일은 인수와 매우 비슷하다. 커플이나 한 사람의 내담자와 상담할 때 그의 스타일은 좀 더 간결하고, 나와 좀 더 비슷하다. 케이트 코발스키(Kate Kowalski)의 스타일은 엘람의 간결한 버전이다. 사람들의 얘기를 들어 보면 나의 상담 스타일은 절제되어 있고 간결하며 단순하다. 이 집단 중 나는 상담 회기에서 가장 적게 말한다. 그리고 의도적으로 침묵을 많이 활용한다. 하지만 팀의 구성원들은 우리는 "같은 일을 하고 있다!"라고 말할 것이다.

신기하게도, 상담 마지막에 제안하는 공식 과제와 기타 과제로부터 상담 그 자체로 초점이 전환된 것은 상담 초반에 공식 과제와 함께 시작되었다. 우연한 이례적(?) 사건이 출발점이 되었다. 1회기 상담에서 내담자가 상담에 오기 바로 전에 문제 영역에서 변화가 일어났다고 자발적으로 언급하는 것을 동일한 팀이 2주 연속해서 관찰하게 되었다. 내담자가 이를 언급하자 상담자는 재빨리 2회기에 하는 개입, 즉 이미 일어난 변화를 자세히 탐색하고 이를 촉진하는 것으로 옮겨 갔다. 우리는 '상담 전 변화'를 살펴보는 작은 연구 프로젝트를 조직하였다(Weiner-Davis, de Shazer, &

Gingerich, 1987). 그리고 1회기를 시작하면서 곧바로 이에 대해 질문하면 내담자가 '상담 전 변화'에 대해 보다 자주 이야기하는 것을 발견하였다. 당시 변화를 이끌어 내는 것을 우리의 일로 생각했는데, 변화가 이미 일어난 상황에서 우리가 어떻게 상담을 진행할 수 있겠는가?

그 무렵 어느 날 1회기가 진행되는 동안 일방경 뒤에 있을 때 윌러스 깅거리치가 "어떤 것은 무시하고 지나가도 된다는 것을 어떻게 아시나요?"라고 내게 물었다. 분명히 상담자는 한 회기 상담을 진행하는 중에도 무엇이 중요하고 무엇이 중요하지 않은지에 대해 많은 결정을 한다.

이 질문에 대답하기 위해 우리는 치료적 상호작용에 대한 과정 연구를 하게 되었다(de Shazer, Gingerich, & Weiner-Davis, 1985; Gingerich, de Shazer, & Weiner-Davis, 1987). 이러한 연구 과정에서 코드화된 면담 분석을 통해 BFTC 상담자들이 이른바 '문제의 규칙에 대한 예외들'에 초점을 맞출수록 '2회기에서 하는 행동'이 1회기로 옮겨 가는 것을 알게 되었다.

내가 과제-반응 유형이나 회기의 상담 단계를 살펴보아야 한다고 제안하는 것은 분명히 아니다. 오늘날 내담자에게 숙제로 주는 과제는 이전보다는 확실히 상담 내용과 관련이 있다. 사실 더 나아가자면 어떤 과제를 줄 것인가는 상담자와 내담자가 상담을 어떻게 구성하는가에 달려 있거나 그에 따라 결정된다. 단지 내가 제안하는 것은 상담이 어떻게 구성되는지에 따라 현재 무엇을 해야 할지 알 수 있다는 점이다.

상담 과정을 검토하면서 물론 우리는 상담 목적을 달성하기 위해 상담자가 생각해 내는 질문과 코멘트에 매료되었다(Lipchick, 1987; Lipchik & de Shazer, 1986). 그러나 이론 구성이라는 목적을 위해 상담 과정에 대한 연구방법으로 텍스트에 초점을 두는 것은 언어학적 또는 문학적 비평을 포함할 것이며, 이는 결국 상담의 압도적인 다양성을 반영하는 복잡하게 뒤얽힌 모델로 귀결될 것이다.[1] 이후 우리가 고안한 도식은 상담의 기본 경로, 즉 해결의 이론을 파악하기만 하면 그 자체로 상담자 훈련에 유용한 것으로 밝혀졌다.

1. 여러 경로

상담하는 동안 정확히 어떤 일이 일어나는지 구체화하려는 시도에서, 윌러스 깅거리치와 나는 한나 굿맨(Hannah Goodman)[2]과 함께 팀을 시뮬레이션하는 컴퓨터 프로그램인 전문가체계(an expert system)를 개발하였다(Goodman, 1986). 그리고 두 번째 프로젝트 단계에서 피터 김(Peter Kim)[3]과 재호 김(Jaeho Kim)[4]이 합류하였다.

---

1 상담을 텍스트나 축어록으로 접근하는 것은 사실 근본적인 원칙을 인식하기 어렵게 하거나 불가능하게 만든다는 점에서 문제가 있다.
2 (현재) 석사 과정, 컴퓨터 과학, 밀워키의 위스콘신 대학교.
3 (현재) 박사 과정, 전자공학-컴퓨터과학부, 위스콘신 밀워키의 마케트 대학교.
4 전자공학-컴퓨터과학부, 위스콘신 밀워키의 마케트 대학교.

전문가체계 프로젝트를 시작함과 동시에 알렉스 몰나(Alex Molnar)와 나(Molnar & de Shazer, 1987)는 일련의 비디오를 연구하며, 상담자의 과업들을 살펴보면서 지도를 만들기 시작하였다. 그리고 이 지도는 그 후 계속해서 수정되었다. 여기에 소개된 이론의 버전(version)은 컴퓨터 프로그램의 설계 및 상담의 과업과 밀접하게 연관되어 있으나, 그 둘과 매우 다르다. 어쨌든 이론은 사례가 진행될 것으로 예상되는 다양한 경로, 즉 '호소 문제'로부터 '목표 달성'과 '해결책'으로 가는 다양한 경로를 기술한다. 예를 들어, 내담자가 **이렇게** 했다면 이에 뒤따라 상담자는 **저렇게** 하리라고 예측할 수 있을 것이다. 그 결과, 예측컨대 어떤 다른 가능한 반응 범주가 아니라 내담자의 가능한 반응 범주에 속하는 행동이 뒤따를 것이다. 물론 이 버전에 대한 책임은 오로지 내게 있으며, 흔히 **핵심 지도**로 불리는 이론의 도식적 또는 그래픽 표현에 대한 이론적 사고와 해석에 대한 책임 또한 내게 있다.

결과적으로, 우리가 상담을 검토하면서 개발한 구조 또는 계보도(family tree)는 겉으로 나타나는 다양성에도 불구하고 여러 상담 간의 유사성을 전문적으로 관찰하고 기술하는 도구를 우리에게 제공하였다. 이것은 나의 이론 구성 프로젝트를 도왔고, 그 결과 우리로 하여금 우리가 하는 것이 무엇인지에 대해 이해할 수 있게 도왔다.

무질서한 상담 내용을 연구하면서 나타난 몇 가지 이점은 다음과 같다.

(1) 이 모델은 사실 다른 방식으로 상당히 단순한 편이다. 상담자의 일차적 과업은 상담 그 자체를 통해 수행된다. 이것이 의미하는 바는 이 모델에서 내담자에게 과제를 주는 것이 크게 중요한 것은 아니라는 점이다. 분명히 이는 단기상담을 좀 더 융통성 있게 만들고, 주거치료시설이나 정신병원의 병동과 같은 곳에서 쉽게 적용할 수 있게 한다.

행정이나 관리의 관점에서 볼 때 단기상담은 비용 면에서 효과적인 접근이다. 오늘날 보험회사의 새로운 급여 제한을 포함하여 의료시설의 비용 감소를 위한 다양한 노력 속에서 단기상담의 상담자들이 하는 일은 단지 '똑같은 것을 더 적게 하는 것'이 아니라 단기이면서도 효과적이도록 고안된 접근이라는 점이 중요하다.

(2) 제시되는 과제의 대부분은 이미 내담자의 경험과 행동 목록에 있는 것이다. 이는 상담자와 내담자의 협력을 쉽게 할 뿐 아니라 이러한 협력적인 관계는 자연스럽게 상담의 구성으로부터 발전된다. 그러므로 대단히 많은 사례에서 과제는 내담자에게 그들이 이미 하고 있는 것을 더 하라고 말하는 것으로 단순화된다.

(3) 많은 경우에 상담의 구성으로 인해 내담자는 문제 상황에 대한 자신의 틀을 '들여다보게' 된다. 이는 당황한 상담자가 어떤 종류의 재구성이 유용할지 알아내야 할 필요가 없다는 것을 뜻한다. 내담자가 자신의 틀이 우연한 예외로부터 차별된 변화를 만들어 내는 것을 간파하면 이미 재구성의 목적은 충족된다. 이는 다시금 회기와 회기 사이에 제시되는 행동 과제의 필요성을 최소화하며, 단기상담을 입원 환자 치료에 좀 더 실행 가능하게 만들어 준다.

(4) 상담의 구성과 상담 회기 내의 상담자 과업에 초점을 둠으로써 상담자와 내담자가 해결책 개발에 유용한 어떤 것을 **하는지를** 좀 더 분명히 알 수 있다. 이를 통해 일방경 뒤의 팀이나 연구, 이론 구성, 교육 등의 다른 장치 없이도 이러한 접근을 실행할 수 있는 방법이 더 명확해진다.

(5) 이론과 모델은 자연스러운 상담 환경에서 진행되는 상담만을 다루고 있다. 그러한 환경의 경계를 결정하는 것은 상담자와 내담자가 할 일이다. 이론은 '문제, 불평, 어려움' 등에 관해 어떤 것도 말하지 않는다. 실제로 이론은 원인에 대한 생각을 분명하게 포함하지도 않고 배제하지도 않는다. 또한 문제 유지에 대한 다양한 생각을 포함하지도 않고 배제하지도 않는다. 오로지 상담을 하는 것에 대해서만 다룬다.

(6) 마지막으로, 지나칠 수 없는 것은 내담자와의 대화가 종종 상담자와 내담자 모두에게 즐거움을 준다는 것이다. 상담 회기에서는 자연스럽게 재미있는 상황이 많이 만들어진다. 예를 들어, 당황한 상담자가 어리둥절한 내담자에게 문제가 생기지 않을 때 어떤 일이 일어나는지 알아내려고 돕거나 상담자가 보다 일반적인 내담자의 틀에 맞추어 "기적이 일어나서 이러한 문제가 해결되었다고 가정한다면……."이라고 천진난만하게 질문할 때 말이다.

2. 사례

책 전반에 걸쳐 해결의 이론을 설명하기 위해 사례를 활용하였다. 그러나 이들 사례가 이론에 대한 증거를 의미하는 것은 아니다. 이론은 증명될 수 있는 것이 아니다. 다만, 특정한 조건하에서는 적용될 수 없음을 증명할 수 있을 뿐이다. 이 책에서 선택한 사례들은 광범위한 호소 문제와 다양한 사회경제적 계층을 포함한다. 몇몇 사례는 연구와 이론 구성에 팀이 참여하였다. 다른 사례들은 자연스러운 상담 환경에서 이론을 어떻게 적용할 수 있는지 보여 주는 의미에서 한 사람이 진행하였다.

차례

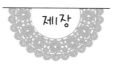

해결에 초점 두기

해결중심모델(solution-focused model; de Shazer, 1985)은 BFTC
에서 이루어진 우리의 경험에 기초하여 지속적으로 발달해 왔다.
우리가 점점 더 철저하고 엄격하게 해결책 발달에 초점을 두면
서 우리의 연구 결과로 인하여 해결에 대한 방법과 이론이 변화하
였다. 기본 철학은 변하지 않았지만, 우리가 습득한 것에 기초해
상담하는 방식이 달라졌다. 이러한 변화는 분명히 처음부터 우리
접근의 일부였던 특징들이 발전한 것이며, 단지 초점이 변한 것뿐
이다.

1. 적용 가능성[1]

예를 들어, BFTC에서 우리는 수년 동안 개입의 적용 가능성
(transferability), 특히 어느 한 사례에 적용했던 과제를 다른 사례
에 적용하는 과제의 적용 가능성에 관심을 가졌다. 이와 같이 적
용 가능성에 초점을 둠으로써 우리는 해결책 발달의 과정을 더 잘
이해할 수 있는 몇 가지 단서를 얻게 되었다. '문제해결(problem
solving)'에 초점을 두었던 이전 작업(de Shazer, 1982b, 1984; de
Shazer & Molnar, 1984)에서는 어떤 경우에는 과제의 적용 가능성
이 내담자의 상호작용 유형에 따라 결정되는 반면, 또 다른 경우에
는 내담자의 틀이나 호소 문제에 대한 정의에 따라 결정되는 것으
로 나타났다. 예를 들어, '부부의 언쟁을 멈추기 위해 구조화된 싸
움 과제를 주는 것'은 내담자의 상호작용 유형에 달려 있는 반면,
'편집적인 생각을 대체할 수 있는 쓰기 과제를 주는 것'은 내담자의
틀이나 호소 문제에 대한 정의에 달려 있다고 생각하였다.

'해결책 발달(solution development)'에 초점을 둔 최근의 작업(de
Shazer, 1985)에 따르면 몇몇 사례에서 적용 가능성은 과제 자체의
구조에 더 많이 달려 있으며, 상호작용 유형이나 특정 호소 문제에
대한 특수한 틀과는 거의 또는 전혀 관계가 없다. 내담자에게 문제

---

1 역주) 독자의 이해를 돕기 위해 원문의 transferability를 적용 가능성으로 번역
하였다. 여기에서 transferability는 어느 한 사례에 적용하였던 것을 다른 사례
에 옮겨 적용하는 것, 즉 공통적으로 적용 가능한 것을 의미한다.

상황에서 '무언가 다른 것을 하라.'는 과제를 예로 들 수 있다. 이런 유형의 적용 가능한 과제는 어디에나 맞는 마스터키와 같다. 또다른 예로는 첫 회기 공식 과제(Formula First Session Task: FFST)가 있다.

> "지금부터 다음번 우리가 만날 때까지, 당신이 가족 안에서 계속해서 일어나기를 원하는 일이 일어나는지 관찰해서 다음 시간에 말씀해 주시기를 바랍니다."(de Shazer, 1985, p. 137)

이러한 과제는 내담자나 상담자가 무엇이 문제인지를 기술할 수 있는지 혹은 없는지에 따라 달라지는 것이 아니다. 종종 내담자는 다음번 상담 회기에서 명백히 다른 어떤 일을 실행하였거나 어떤 일이 일어났다고 말할 것이다. 마스터키는 특정한 호소 문제와 관계없이 다양한 상황에서 변화와 해결의 문을 여는 데 유용한 것으로 보인다.

이 기간에 우리는 어느 한 회기에 과제를 주고 그다음 회기에서 내담자가 이야기하는 것에 중점을 두었다. 과제의 적용 가능성에 초점을 둠으로써 우리는 사건의 유형과 순서를 관찰하고 서술하도록 훈련하였다. 변주곡이 원래의 주제와 유사하듯이 다양한 사례와 여러 상담 회기에서 이러한 유형은 유사해 보일 수 있다. 수년 동안 일방경 뒤에서 관찰하고 여러 상담 녹화물을 보면서 밝혀진 점은 동일성이다. 하나의 상담 회기는 그 내용과 관련된 사람들이 얼마나 다른가에 상관없이 다른 상담 회기와 매우 비슷해 보인다.

2. 차이 확인하기

이러한 동일성은 유용하며 필요할 것이다. 왜냐하면 관찰자로
하여금 무언가 다른 것에 주목하도록 만들기 때문이다. 일단 무언
가 다른 것에 주목하면 관찰자는 유사한 사건과 유형을 탐색하는
데 다시 흥미를 느끼게 된다. 새로운 유형이 나타나면 관찰자는 이
러한 다른 점이 어떤 종류의 차이를 만드는지 밝혀내는 것이 필요
하다. 그렇게 되면 우리의 기술(describe)방법은 우리가 기술하는
것에서 일어나는 변화에 따라 달라질 것이다. 결과적으로 일반적
인 이론적 조건은 동일하더라도 이론의 표현은 변화될 것이다.

일방경 뒤에서 우리는 한 회기의 상담 혹은 동일 사례에 대한 여
러 회기의 상담에 대해 우리가 관찰한 것을 기술한다. 그리고 유형
과 형식을 기술함에 있어서 동일한 규칙을 따르는 이전의 사례들
과 연관되지 않은 일련의 사건에 대해 우리의 기억과 비디오 녹화
물을 철저히 탐색한다. 이러한 비교의 과정을 통해 우리는 다양한
임상적 상황 혹은 여타 상황에서 나타나는 상호작용과 관계의 유
형 및 형태를 연구할 수 있다. 즉, 보다 전통적 접근에서 하듯이 호
소 문제 유형, '증상' 혹은 '질병'으로 사례를 비교하기보다는 **기술
(descriptions)**의 유형 및 형태를 통해 상담 회기와 사례를 비교하
는 것이다. 간단히 말하자면 관찰 가능한 것, 반복 가능한 것, 소통
할 수 있는 것이 우리가 서술하는 유형과 형태다.

예를 들어, 몸무게를 줄이기 원하는 존스(Jones, A) 씨는 특정한

날에는 다이어트식을 한다. 블랙(Black, C) 씨는 몸무게를 줄이기 원하지만 아무 것도 하지 않는다. 스미스(Smith, B) 부인은 자녀가 학교에서 잘 행동하길 원하는데, 어떤 날에는 자녀가 꽤 잘 지내고 있다. 이 경우 존스(A) 씨는 블랙(C) 씨보다 스미스(B) 부인과 비교될 것이다. 또한 존스 씨의 상담자는 존스 씨가 다이어트식을 한 날에 대해 이야기하도록 돕는 데 30분의 상담 시간을 사용하는데, 스미스 부인의 상담자는 7분만 사용한다. 그리고 미혼 여성인 화이트(White, D) 씨는 남성과 만났던 예외 상황에 대해 상담에서 더 오랜 시간 이야기한다. 이럴 경우 존스 씨의 사례는 화이트(D) 씨의 사례와 비교될 수 있을 것이다.

기술의 유형과 형태가 비슷할 때(A와 B, A와 D, B와 D 등) 비교의 과정을 통해 다음과 같은 결론에 이른다. 유사한 사례에서는 동일한 개입이 해결을 위한 열쇠 혹은 마스터키가 될 수 있다. 우리가 B와 D 사례의 내담자에게 "그들이 계속해서 일어나기 원하는 일이 일어나는지 관찰하라."고 말하고, 그들이 그것을 실행하여 해결을 향한 진전이 있다고 말한다면 사례 A의 내담자에게 동일한 과제를 줌으로써 해결로 이끌 수 있을 것이다.

이러한 과정을 지속적으로 관찰하면서 우리는 문제가 항상 일어난다는 규칙에 대해 얼마나 많은 내담자가 예외를 말하는가에 주목하게 되었으며, 이를 통해 면담 과정에 초점을 돌리게 되었다. 이들 예외 중 어떤 경우에는 내담자들이 "그냥 그렇게 되었어요." 라며 **우연히** 일어났다고 말한 반면, 다른 경우에는 의도적으로 행동을 변화시킴으로써 일어났다고 하였다. 어떤 경우든 그들은 이

전까지는 그들에게 별다른 차이로 생각되지 않았던 부분에 대해 차이를 말한다고 할 수 있다. 이로써 전환 혹은 변화 과정이 지속될 것이라는 우리의 믿음은 더욱 고양되었다.

우리의 새로운 기술 유형으로 인해 새로운 마스터키가 만들어졌다. 그것은 **차이를 만드는 차이들이 될 수 있는 예외[2]를 탐색하는 것이다.** 이러한 마스터키는 우리의 첫 회기 공식 과제(de Shazer, 1985) 및 기타 유사한 과제들과 논리적인 측면에서 동일하다. 1회기에 이러한 탐색이 성공하며 차이를 관찰하고 말하게 되면 상담자와 내담자 모두 해결책뿐 아니라 호소 문제의 영역에서도 **의미 있는** 전환에 대한 기대를 하게 된다. 왜냐하면 무언가 다른 것이 호소 문제 영역에서 이미 일어났기 때문이다! 내담자가 문제에 대해 이미 무언가 다른 것을 하고 있기 때문에, 이러한 성공적인 부분에 상담자가 초점을 두면 상담자와 내담자의 협력은 보장된다. 이는 물론 상담자가 이미 1회기에서 전환이나 변화가 **지속될** 것이라는 **열린** 기대를 갖고 반응한다는 것을 의미한다.

이전에 우리가 상담 회기 끝부분에서 개입방법으로 적용한 마스터키에 초점을 두었을 때에는 이미 일어난 변화를 탐색하는 상

---

2 '예외'라는 용어를 사용한 것은 내담자가 자신의 불평이나 문제를 '항상 일어나는 것(규칙)'으로 보는 경향이 있기 때문이다. 문제가 일어나지 않을 때에는 마치 규칙이 깨진 것으로 여기지만 변화는 의미 있게 보지 않는다. 문제가 발생하지 않은 것은 '모든 규칙에 예외가 있음'을 시사하며, 상황이 나아지고 있는 증거라고 보기보다는 '요행'이라고 여긴다.
'예외'라는 용어는 내담자의 관점 혹은 적어도 내담자의 관점에 대한 상담자의 관점에 안성맞춤이다.

담자와 내담자의 서술은 2회기나 그 이후 회기에 가장 자주 나타
났다. 그러나 예외 탐색에 초점을 둠으로써 이러한 서술은 첫 회기
의 앞부분으로 옮겨 가게 되었다(Gingerich, de Shazer, & Weiner-
Davis, 1987).

우리는 이제 다음과 같은 방식으로 과정을 기술할 수 있다. 즉,
1회기 시작부터 상담자와 내담자는 새로운 변화를 도입하기보다
는 예외로 입증된 변화를 계속하는 것을 기반으로 치료적 현실을
구성한다. 예외가 확인되면 과제에서 새로운 것을 하도록 제안하
기보다는 내담자가 이미 하고 있는 것을 더 많이 하도록 하는 내용
을 포함한다.

3. 해결에 초점 두기

🗨 기적질문

"어느 날 밤 당신이 잠자는 동안에 기적이 일어나서 이러한 문
제가 해결되었다고 상상해 보세요. 당신은 기적이 일어났는지 어
떻게 알까요? 무엇이 다를까요? 이에 대해 한마디도 하지 않았는
데 남편은 기적이 일어났는지 어떻게 알까요?"

기적질문이라고 알려진 일련의 질문은 내담자와 상담자가 해결
책이 어떠할지 이야기하는 것을 돕기 위해 BFTC의 상담에서 거의

매번 1회기 상담에 사용하였다. 전형적으로 상담의 목표를 직접 질문하면 내담자는 '기분이 좋아지는 것'이나 '의사소통을 잘하는 것'과 같이 일반적이며 특수하지 않은 것을 원한다고 말할 것이다. 기적질문의 과정을 활용해 간접적으로 목표를 질문하면 구체적이고 특수한 행동에 대한 서술을 일관되게 이끌어 낼 수 있다. 우리는 이러한 방식이 미래를 빠르게 살펴볼 수 있게 하며, 내담자가 목표를 설정하고 문제가 해결될 때 그것을 어떻게 알 수 있는지 말하도록 돕는 가장 효과적인 틀이라는 것을 발견하였다. 위크랜드(Weakland, 1987)가 말한 바와 같이, 이러한 구조는 상담에 대한 내담자의 기대, 즉 내담자들은 기적을 원하며 상담에 온다는 점을 활용한다.

문제가 비록 막연하고 혼란스럽더라도, 즉 문제에 대한 묘사가 빈약하더라도 기적질문을 활용함으로써 상담자와 내담자는 해결책이 어떠할지에 대해 가능한 한 명확한 그림을 가질 수 있다.

문제가 없는 미래를 묘사하는 것은 예외의 특징을 사정하는 데 유용할 수 있다. 미래에 대한 묘사가 예외가 지속되는 것, 예를 들어 이불에 오줌을 싸지 않는 상태가 지속되는 것을 포함하고 있다면 우리는 옳은 방향으로 가고 있다는 확신을 좀 더 가질 수 있다. 그러나 기적질문에 대한 대답이 예외에 기초한 것이 아니라면, 예를 들어 제시간에 학교에 가거나 좋은 성적을 얻는 것 등이라면 우리는 호소 문제를 재정의하는 것이 필요하리라는 것을 안다. 즉, 문제는 '단지 이불에 오줌을 싸는 것' 그 이상이며, 학교에서 아동의 문제행동을 의미한다. 그러므로 가끔씩 이불에 오줌을 싸지 않는 것은 일반적인 문제에 대한 예외가 될 수 없다. 이러한 경우에 상담자는 계속해서 좀 더 폭넓은 문제에 대한 유용한 예외를 탐색해야 한다.

4. 해결책은 언제나 문제에 앞선다

역사적으로 심리치료는 다양하게 정의된 문제와 전혀 잘 정의되지 않은 해결에 관심을 두었고, 이러한 과정에서 대부분의 노력을 문제에 쏟았다. 사실 해결책은 거의 탐색되지 않아서 '문제/해결'의 구별에서 숨겨진 반쪽이었다. 구별의 표시 혹은 사선(slash)은 경계가 되었고, 구별 그 자체는 이분법이 되었기 때문에 혼란이 생겼다. 심리치료는 항상 목표를 언급하였다. 때로는 유토피아적인 용어로 완전한 치유라고 하였고, 때로는 성격의 재구조화, 그리고 어떤 때는 행동수정이라는 용어로 불렸다. 그러나 치료적 사고, 학습, 연구는 계속해서 문제에 집중되었다. 그러므로 심리치료는 '문제'라는 개념 자체가 있기 이전에 해결에 대한 관점이 발전되어야 한다는 인식과 관련해 맹점을 보였다. '문제'란 사건을 명명하고 이해할 수 있는 여러 방법 중의 하나다. 그것은 문제의 형상에 토양이 되는 해결책을 가진 형태를 갖고 있다. 문제가 해결될 수 있다는 관점이 없다면 심리치료의 세계에서 문제로 불리는 것은 곧 '삶의 실제'이거나 피할 수 없고 변화될 수 없는 비운의 사건이 될 것이다.

　　BFTC에서 이루어진 우리의 작업은 단지 문제와 해결의 구별에서 해결의 측면만을 살펴봄으로써 이러한 과정을 정확히 반대로 하는 것처럼 보일 수도 있다. 첫눈에 보기에는 우리가 문제와 해결의 구별로부터 새로운 이분법을 만들어 내는 것처럼 보인다. 하지만 이러한 관점은 잘못된 것이다. 가장 단순하게 말하자면 문제는 문제다. 그리고 문제는 해결에 관련시켜 볼 때 가장 잘 이해할 수 있다.

　　예를 들어, 해결책이 문제에 대한 구조적 관점으로부터 개발된다면 이는 구조적 관점이 유용하다는 것을 스스로 입증한 것이다. 하지만 이것은 구조적 관점을 증명하는 것도 아니고 이를 반박하는 것도 아니다. 오로지 그러한 특정 사례 혹은 여러 특정한 사례에서 유용함을 보여 주는 것이다. 피쉬와 피어시(Fish & Piercy, 1987)는 구조적 치료(structural therapy)에 대해 다음과 같이 기술하였다.

　　　가족은 발달하며, 하위체계 간 혹은 하위체계 내의 상호작용을 위한 규칙이나 상호작용 유형이 있는 위계 조직이라는 이론적 가정에 기초할 때…… 증상 행동은 부적절한 위계와 경계에 의해 유지된다. 그리고 가족 조직이 향상되면 증상 행동뿐 아니라 조직의 일부를 이루는 개인들도 변화할 것이다(p. 122).

　　다른 한편으로, 그들은 전략적 치료(strategic therapy)에 대해 다음과 같이 기술한다.

일련의 상호작용적인 회귀적(recursive) 사건의 일부로 나타나는 행동은 오로지 맥락 안에서 이해될 수 있다는 이론적 가정에 기초할 때 증상은 일련의 상호작용 속에 내재되어 있으며, 비효과적인 해결책에 의해 발전되고 유지된다. 증상은 원래 문제가 있는 것이 아니라 가족에 의해 창조된 현실에 기초해 그렇게 구성된다. 치료의 목표는 이러한 현실을 변화시키는 것이다(p. 123).

문구는 뚜렷이 다르지만 양쪽 학파가 하나의 추상적 수준에서는 동일한 것을 말하고 있다. 즉, 문제는 문제가 발생하는 맥락 때문에 유지된다고 간주할 수 있다는 것이다. 이에 대해 슬러츠키(Sluzki, 1983)는 이렇게 말한다.

(이는) 다음과 같이 불가피한 결론으로 이끈다. 증상과 문제행동은 순환적이고 자기영속적인 유형에 스스로 참여하며, 그들의 유지에 회귀적 기여를 하는 구조적 특성을 강화하고 기억을 상기시키는 기능을 하고, 그들을 지탱하는 이데올로기를 제공하는 세계관에 참여함으로써 유지되고 견고하게 뿌리를 내린다고 말할 수 있다(p. 474).

사회학습이론과 정신역동이론(Feldman & Pinsof, 1982)이 상황을 완전히 다르게 개념화했을지라도 두 이론은 문제 유지에 지나치게 집중한다. '어떻게' 문제가 유지되며, 이에 대한 관점이 얼마나 많은지에 관계없이 다음과 같이 일반적인 진술을 할 수 있다. 문제가 문제인 것은 그것이 유지되기 때문이다. 문제가 유지되는 이유는 간단히 말해 사람들이 그것을 '문제'로 묘사하기 때문이다.

구조적 치료자가 내담자와 상담하는 과정을 내가 관찰한다면 사건의 과정에 대해 매우 다른 방식으로 방점을 찍을 것이다. 아마도 나는 딸의 문제행동에 대한 반응으로 무언가 다른 것을 하는 어머니의 반응으로부터 해결책이 발달하는 것을 볼 것이다. 이는 무언가 다르게 하는 사람을 포함시켜야 한다는 해결에 대한 일반 법칙을 따른 것이다. 구조적 치료자들이 어머니가 다르게 행동하는 것을 매우 적절하다고 보는 이유는 그것이 그들의 위계에 대한 생각에 부합하기 때문이다. 내게는 이러한 해결책이 위계와는 전혀 상관이 없다. 단지 누군가가 해결로 이끄는 어떤 다른 것을 했다는 것이 중요하다. 그러므로 나는 유사한 사례에서 우리의 공식 과제 중 하나인 '무언가 다른 것을 하라.'를 적용할 것이다. 즉, 어머니든, 아버지든, 아들이든, 딸이든 그 누구든 간에 해결로 이끄는 무언가 다른 것을 할 수 있다. 어머니만 상담실에 왔다면 어머니에게 과제를 줄 것이다. 이는 딸, 아버지, 혹은 딸의 친구가 될 수도 있다. 이와 같이 해결책을 검토하여 발전된 일반적인 관점은 구조적 관점이나 그 밖의 관점이 가진 제약을 없앤다.

다음 단계는 어머니가 무언가 다른 것을 하도록 촉진하는 데 유용한 어떤 일을 상담자가 했는지 살펴보는 것이다. 상담자가 어머니와 딸이 좀 더 적절한 경계와 위계를 형성하도록 도왔다면 어머니의 새로운 행동은 상담자의 접근이 무언가 다른 것을 하도록 촉진하는 데 유용했음을 보여 준다. 그러나 이것이 구조적 관점이나 위계와 경계의 개념을 입증하는 것은 아니다. 이는 단지 구조적 관점이 유용할 수 있음을 보여 줄 뿐이다.

즉, 문제 상황에 대한 어떠한 관점이라도 상담자가 누군가에게 무언가 다른 것을 하도록 촉진하는 데 유용한 것을 하도록 이끌었다면 그 관점은 효과적인 것으로 입증될 수 있을 것이다. 다양한 관점 중의 어떠한 것도 틀리거나 옳은 것이 아니다. 일반적으로 해결은 단지 누군가가 다른 것을 하거나 어떤 것을 다르게 보아서 만족을 증가시키는 것을 의미한다. 이와 같이 해결과 문제에 대한 좀 더 일반적인 관점으로 인해 BFTC는 단순화된 접근에 이르렀으며, 해결에 도달할 수 있는 방법을 정의함에 있어서 제약이 거의 사라졌다.

5. 결론

상담자는 상담을 시작할 때부터 내담자가 이미 효과적으로 하는 것에 초점을 맞추기 때문에 **협력**(de Shazer, 1982b, 1985)이 쉽게 이루어지고 촉진된다. 이러한 방식으로 구성된 치료적 과업에서 상담 개입은 단지 내담자가 어떤 것을 지속하도록 요청하는 것이므로 상담자가 비교적 쉽게 **적합한**(de Shazer, 1985) 개입을 발전시킬 수 있다. 해결책 발달의 과정이란 인식되지 않은 차이가 변화를 만드는 차이가 될 수 있도록 돕는 것으로 요약할 수 있다.

사람들은 종종 문제를 해결하기 위한 시도를 중단하는 것을 어렵게 생각한다. 왜냐하면 그들은 '내면 깊은 곳으로부터' 문제가 진정으로 해결되기 위해서는 설명이 가능해야 하며 필수적이라는 생각에 고착되어 있기 때문이다. 우리는 문제에 대한 해결책이 단순히 전주곡(preliminaries)처럼 보이기 때문에 종종 지나치고 만다. 우리는 결국 설명이 없는 해결은 비합리적이라는 믿음으로 설명에 대한 탐색을 하며, 해결 그 자체가 최선의 설명이라는 점은 인식하지 못하는 것이다.

전문적 관찰

　언뜻 보면 치료적 면담(therapeutic interview)은 정보를 수집하기 위한 것으로 보인다. 내담자의 관점에서 볼 때 상담자는 전반적으로 내담자의 문제에 관한 정보를 쫓는 것처럼 보이며, 의료적 진단은 증상에 관한 정보를 기초로 하는 것 같다. 사실 많은 상담자는 그들이 하는 일을 '문제해결'이라고 생각한다.

　이러한 관점은 상담자가 '문제'가 치료적 관계나 상담실 밖에서 발생한다는 것을 기억하고 있는 한 확실히 가치 있고 유용한 관점일 수 있다. 상담자는 결코 '문제'를 실제로 다룰 수 없으며, 단지 내담자가 '문제'에 관해 이야기하거나 묘사한 것을 다룰 뿐이다 (Miller, 1986). 문제는 내담자가 표현할 수 있는 생각, 느낌, 상황, 지각 및 행동에 대한 여러 가지 면을 포함하며, 이 모든 것은 상담 장면이 아닌 실제 상황에서 발생한다.

상담자와 내담자가 상담실에서 상담하거나 변화에 대해 말할 때에는 마치 실생활에서 발생하도록 돕는 변화와 별개인 것'처럼' 행동하는 것이 당연하다. 왜냐하면 변화란 상담 밖의 '실제 생활' 속에서 발생하기 때문이다. 상담실에서 상담자는 내담자가 이야기하는 것이 무엇이든 간에 그것을 액면 그대로 받아들인다. 즉, 상담자에게 있어 '변화'란 내담자가 말하는 변화이며, 상담자가 내담자와 미래에 일어날 변화에 관해 이야기하는 것은 다음 회기 상담에서 내담자가 실제로 변화를 이야기할 때 비로소 관련성이 생겨난다.

사람들이 어떤 것을 '문제'라고 부르는 것은 그들의 생활 속에서 일어나는 일에 의미를 두는 여러 방법 중 하나일 뿐이다. 어떤 사건이 상담을 필요로 하는 '문제'일지의 여부는 참여자가 경험을 어떻게 구성하느냐에 달려 있다. 내담자는 상담을 받으러 올 때 문제적 사고, 느낌, 지각, 상황, 행동 및 맥락에 관해 보고하는데, 이것은 상담 상황과 다른 맥락에서 벌어진 것이다. 실제 생활 문제는 내담자가 실제로 다루는 영토(territory)지만, 상담자는 상담 장면에서 내담자가 묘사하는 영토의 지도(map)만을 다룰 뿐이다. 그러나 상담자는 지도를 변화시키는 것을 영토의 변화를 대변하는 것'처럼' 여기며 내담자와 함께 작업한다. 영토와 지도를 명백히 구별할 필요가 있으며, 그렇지 않으면 지도와 내담자가 말하는 영토가 불명확하여 혼란이 야기된다.

상담은 적어도 서로 다른 역할을 하는 두 사람, 즉 상담자와 내담자의 상호작용 과정이다. 이 과정은 내담자가 그의 삶 가운데 문제가 어떻게 일어나는지에 관해 단순하게 이야기하는 그러한 간단한 과정이 아니다. 상담자가 어떤 질문을 하느냐에 따라, 또 어떤 코멘트를 하느냐에 따라 내담자는 자신의 경험을 어떻게 구성할지 결정하게 된다. 다시 말해 상담자의 질문과 코멘트는 내담자가 어떤 내용을 어떻게 이야기할지 결정하도록 돕는다. 데이슬러(Deissler, 1986)가 제시하듯이 상담자와 내담자는 치료적 면담을 함께 구성하며, 그들이 공유한 현실을 공동 저작해 나간다.

어떤 종류의 개입을 할 것인지는 상담 과정 동안에 어떤 종류의 묘사(예: 예외가 우연적인지 혹은 의도적인지)가 축적되느냐에 따라 결정되는 것으로 볼 수 있지만, 개입 결정은 어쩌면 내담자의 묘사 그 자체의 형태가 가져온 환상일지 모른다. 이러한 방법으로 생각해 볼 때 결정순서도는 '만일 이렇다면, 저렇게(If this, then that), 만일 저렇다면, 이렇게(If that, then this)' 등의 형태로 설명이 가능한 것 같다.

상담에서 이야기하는 사건의 실제 순서는 상담자의 개입이나 과제를 제안하기 위해 진행되기보다는 내담자의 의도에 따라 이루어지는 경향이 있다. 그러나 논리적 순서로 대화를 발전시키는 것이 내담자에게 치료적 개입을 합리적인 것처럼 보이게 하는 데 유용할지 모른다.

1. 대안적 견해

사례 간 혹은 내담자 간에 비슷한 과제의 적용 가능성을 고려해 볼 수 있는데, 이 중 어떤 과제는 내담자의 호소 문제나 상담이 진행된 형태에 따르는 것이 아니라 다른 종류의 결정순서도를 제시한다. 예를 들어, '만일 이렇다면, 저렇지 않게(If this, then not that)'는 다른 상호작용 과정을 기초로 한 결정순서도다. 우리는 숙련된 상담자가 **모두에게 알려진 과제(ALL KNOWN TASKS)**[1] 파일을 활용하는 것을 쉽게 상상할 수 있다. 각각의 질문과 대답, 대화의 순서, 상담자와 내담자의 관계 유형 등의 모든 것이 상담자가 무엇을 하지 말아야 할지, 어떤 과제를 사용하지 않아야 하는지 결정하도록 돕는다.

예를 들어, 내담자 스스로 호소 문제에 관해 무엇인가 하기 원할 때에는 어떤 과제들을 배제한다. 즉, 과제를 주지 않거나 단순한 관찰 과제를 주지 않는다. 더 나아가 내담자가 예외가 계속되고 있다고 이야기한다면 그다음엔 어떤 것을 중단하는 것에 목표를 두는 과제를 배제한다. 만약 내담자가 예외행동을 계속할 수 있다고 자신한다면 우연한 특성을 가진 과제가 탈락되고 예측 과제도 탈락된다. 이러한 방법으로 생각해 보면 상담자가 사례에 대해 생각

---

1 모두에게 알려진 과제(ALL KNOWN TASKS) 파일은 다음의 문헌에서 추출하였으며, de Shazer, 1982a, 1985; Fisch, Weakland, & Segal, 1983; Haley, 1963, 1967, 1976, 효과적인 것을 단순히 관찰함으로써 만들어졌다.

해 보거나 팀과 논의하기 위해 상담실을 떠날 때쯤에는 **모두에게 알려진 과제**의 많은 부분 혹은 대부분이 배제되고, 남아 있는 소수의 과제로 선택이 좁혀진다.

2. 단기상담자는 정확히 무엇을 하는가?

두 사람 사이의 대화란 치료적 면담이라 할지라도 구조 면에서 매우 엉성하며, 특별한 방법으로 보지 않는 한 매우 뒤엉켜 있는 것처럼 보인다. 마치 그것은 우리가 그림조각 퍼즐의 맞지 않는 조각을 갖고 있거나 충분하지 못한 혹은 너무 많은 조각을 가지고 있는 것처럼 보일 수 있다. 그러나 필요한 모든 조각이 거기에 존재한다. 모든 관찰자가 해야 할 일은 조각들을 조심스럽게 살펴보고 그것들을 잘 배열하는 일이다. 전문적 관찰 없이 상담 회기를 보는 것은 현미경을 통해 처음 바라보는 것과 같다. 무엇을 봐야 할지 모르기 때문에 벌레나 비누거품 혹은 머리카락과 같은 소소한 것들만 보인다. 그러나 일단 무엇을 봐야 할지 관찰을 훈련하면 본 것은 의미를 갖는다.

3. BRIEFER I

A 회기

- 누군가 이미 무엇을 하기 시작했는가? **의도적** 예외가 있는가?
  - 예.
- 내담자는 예외로 보이는 행동을 계속 유지할 필요가 있다고 여기는가?
  - 예.
- 내담자는 이것을 계속할 자신이 있는가?
  - 아니요.
- 기적질문이 사용되었는가?
  - 예.
- 기적에 대한 반응은 예외와 일치하는가?
  - 예.

B 회기

- 누군가 이미 무엇을 하기 시작했는가? **의도적** 예외가 있는가?
  - 아니요.
- 문제 유형이나 문제 유형 지각에 대한 우연적 예외가 있는가?
  - 아니요.
- 내담자는 해결된 상황을 상상할 수 있는가('기적질문')?
  - 아니요.
- 상담자는 현실적인 해결책이 있다고 생각하는가?
  - 예.

이상의 '전문가체계(expert system)'의 질문에 대해 상담자가 응답하는 과정은 해결중심이론을 활용하는 상담자가 스스로에게 질문을 던지거나 자문위원 혹은 팀이 일방경 뒤에서 상담자가 상담 회기 관찰을 조직하도록 도울 때 활용할 수 있는 일련의 질문과 응답이다.

이 전문가체계는 1회기에 어떤 과제를 제시할지 결정할 때 도울 수 있도록 고안된 컴퓨터 프로그램이다(de Shazer, Gingerich, & Goodman, 1987; Goodman, 1986; Goodman, Gingerich, & de Shazer, 1987; Kim, de Shazer, Gingerich, & Kim, 1987). 다시 말하자면 이 체계는 특별한 문제에 대해 자문하기 위해 전문가의 전문적 지식을 기초로 만들어진 것이다. 이처럼 전문가체계는 규칙을 기초로 하며, 프로그램 이용 시 각 단계는 매우 예측 가능하다. 전문가체계를 만든 배경은 BFTC 팀의 지식을 다른 사람들과 좀 더 소통할 수 있게 하고 명백하게 하려는 데 있다.

첫 번째 같은 질문에 대해 '예'와 '아니요'의 두 가지 응답을 볼 수 있는데, 여기서 우리는 A, B 두 회기가 다르게 구성되어 궁극적으로 다르게 전개되리라는 것을 알 수 있다. 상담자가 두 회기에 동일한 과제를 주지 않으리라 예측할 수 있다. A 회기의 경우에는 의도적 예외를 기반으로 기술되었지만, B 회기에서는 어떠한 예외도 기술되지 않았기 때문이다.

예외 탐색의 성공 여부는 해결중심이론의 주요점이므로 사례 기술을 두 그룹으로 분류하여 설명하고자 한다. 논리적으로 볼 때 상담자는 A 경로를 따르는 다른 사례에 대해 같은 범주에 속한 과제를 선택하리라 예상할 수 있다. 유사한 두 사례에 주어진 과제는 B 경로를 따르는 사례에 주어진 것과 아주 달라야 한다. 만약 그렇지 않다면 이론의 의미는 적거나 없게 된다.

　이론을 구성하기 위해서는 결과로 만들어진 지도가 엄격하게 적용될 것이 요구된다. 한 단계가 논리적으로 그다음 단계를 따른다고 해서 그것으로 충분한 것이 아니며, 단계들은 서로 예상할 수 있도록 따라갈 수 있어야 한다. 대부분 이러한 종류의 작업은 모든 행동이 아주 제한되고 조작된 실험실에서 이루어져 왔다(예: Berger, Fisek, Norman, & Zelditch, 1977 참조). 그러나 상담 상황은 비교적 자유롭기 때문에 상담자가 정확하게 무엇을 하는지 구체화하고, 이와 같은 종류의 이론을 구성하는 데는 어려움이 있다.

　혼돈과 혼란을 피하기 위해서 전문가체계에 대해 명확히 할 필요가 있다. 이 체계는 LISP(예: Winston & Horn, 1984 참조)와 같은 컴퓨터 프로그램 언어를 사용하고 있으며, '인공지능'의 한 부류로 시작되었다. '인공지능'이라는 이름은 프로그램이나 컴퓨터가 실제로 '생각'하는 것을 의미한다. 그러나 전문가체계는 적어도 전형적으로 '생각하는 기계'로 이름 붙여질 정도의 모습은 아니다. 이 체계가 할 수 있는 것이란 프로그램의 규칙을 엄밀히 따라가는 것이다.[2]

　LISP로 쓰인 프로그램은 진행하면서 배운다고 생각하기 때문에

---

2 러다이트(Luddites)의 생각이 무엇이었든 간에 하나님이나 바알세블은 컴퓨터 스크린 뒤에서 살고 있지 않다. 컴퓨터는 단지 프로그래머의 규칙을 엄격하게 따르고 있는 기계일 뿐이다(어리석은 규칙을 따르라 = 인위적인 어리석음?).

마치 그것이 생각한다는 오해를 불러일으킨다. 사용자가 특별한 순간(규칙 110 참조)에 하나의 규칙(특별한 결과를 가진, 즉 '그렇다면' 부분)을 작동시키고, 연이어 다른 규칙(다른 결과를 가진, 규칙 113 참조)을 작동시키면 이에 대한 결과는 첫 번째 규칙의 결과를 변경시킬지 모른다. 그러나 이것은 체계가 생각하는 것을 의미하지는 않는다. 체계는 오직 '만일-그렇다면(if-then)'의 규칙을 따를 뿐이며, 하나의 규칙의 '그렇다면'은 또 다른 규칙의 '만일'이 된다. 이렇게 프로그램은 결론에 도달하기까지 서로 상호작용하는 좋은 규칙을 요구한다.

우리는 상담자가 BRIEFER I의 규칙을 따라가는 동안 내담자가 의도적 변화를 포함한 예외행동을 기술하도록 도울 수 있다.

규칙

■ 규칙 110

(만일 (의도적 예외가 있다면)

　　(예외를 계속할 필요가 분명하다면)

　　(예외를 계속할 자신이 있다면))

(그렇다면 (그들이 해 오던 것을 계속 하도록 과제를 제시하시오.)))[3]

---

3 LISP에 쓰인 BRIEFER 1의 실제 규칙의 예는 다음과 같다.

(patom "누군가 이미 어떤 것을 하기 시작했는가? 즉, **의도적** 예외가 있는가?")

(terpri) (terpri)

■ 규칙 111

(만일 (의도적 예외가 있다면)

(기적질문에 대한 반응이 그들이 하고 있는 것과 일치한다면))

(그렇다면 (그들이 해 오던 것을 계속 하도록 과제를 제시하시오.)))

■ 규칙 113

(만일 (의도적 예외가 있다면)

(예외를 계속할 수 있는 자신이 없다면))

(그렇다면 (변화가 유지될 때 무엇이 다른지 관찰 과제를 제시하시오.)))

첫 번째 규칙(110)은 '만일 의도한 예외가 있고', 그리고 내담자가 어떤 행동을 해야 할지 분명히 알고 있으며, 그리고 내담자가 그런 행동을 수행할 자신이 있다면, **그렇다면** 상담자는 내담자에게 그 행동을 계속 하라고 단순히 제시할 것을 진술한다. 과제에 대한 이러한 생각은 기적질문에 대한 내담자의 반응(규칙 111)이 예외와 일치하였고, 예외행동 가운데 같은 행동이 해결의 부분으로 보이기 때문에 강화된다. 만약 기적질문에 대한 반응이 예외와 불일치하다면, 즉 예외행동과 관련이 적거나 없다면, **그렇다면** 다른 제안

```
(setq 반응 (읽기))
(cond[(같은 반응 'y)
   (setq 가정 (cons (의도적 예외가 있다) 가정)) (4-A로 갈 것)]
   [(같은 반응 'n)
   (setq 가정 (cons (의도적 예외가 없다) 가정)) (5로 갈 것)]

   [(같은 반응 'x) (5로 갈 것)]
```

이 적합할지 모른다. 왜냐하면 내담자는 예외를 효과적이긴 하지만 해결과 관련된 것으로 보지 않기 때문이다. 덧붙여 상담자는 내담자가 이런 행동을 계속 수행할 자신감이 없다고 생각하며(규칙 113, 실제로 규칙 110의 변경), 전문가체계는 다음과 같이 더 보수적인 접근을 제시한다. 즉, 상담자는 내담자가 예외행동을 할 때 무슨 일이 일어나는지 주목하도록 하는 관찰 과제를 택한다. 만약 상담자가 내담자가 자신이 있다고 생각한다면 전문가체계는 그다음에 '잘 하고 있는 것을 더 많이 하라.'(규칙 110)는 간단한 과제를 제안할 것이다.

물론 이것은 개입 디자인(intervention design)의 전부나 선택된 일부도 아니며, 프로그램 전체도 아니다. 이 예는 단지 의도한 예외만을 다루는 짧은 구획(segment)만을 기술할 뿐이다. 다른 구획들은 우연한 예외와 예외를 이야기하지 않은 사례를 다룬다. 각 규칙은 여러 다른 규칙과 상호작용하며, 각각의 부분 혹은 규칙군(clusters of rules)은 결정순서도나 혹은 더 큰 결정순서도의 경로의 형태로 그려질 수 있다. 이론을 토대로 만든 그래프 혹은 **핵심 지도(CENTRAL MAP**; 6장 참조)를 보면 각각의 의사결정을 위한 규칙군이 있다. 예를 들면, 두 종류의 예외, 가설적 해결책, 모호하게 기술된 호소 문제, 자신감 등에 관한 규칙들이다.

대부분의 규칙이 상담의 형태(form)나 유형(pattern), 즉 예외에 관한 질문 등에 관심을 갖지만, 다른 규칙들은 다른 사고를 반영한다. 이에 대한 설명은 다음과 같다.

🗨 일반적 규칙에 기초한 일반적 질문

■ 호소 문제는 다음의 어떤 대상과 관련 있는가?

ⓐ 부모와 아동

ⓑ 부부

ⓒ 개인

ⓓ 개인과 불참한 다른 사람

ⓔ 다른 사람

■ 상담자는 내담자가 비언어적 지시를 따르도록 할 수 있었는가?

■ 다른 개인들이 문제에 기여하고 있는가?

■ 너무 많은 정보가 있는가?

■ 해결대화에 비해 문제대화의 비율이 높았는가?

■ 상담자는 문제대화를 해결대화로 전환하는 데 어려움을 느꼈는가?

■ 부부는 두 사람 사이에 빈 의자를 두었는가?

예를 들어, 부부가 두 사람 사이에 빈 의자를 두었다면 프로그램 사용자에게 부부를 한 단위로 보기보다는 개인으로 보고 이에 해당하는 과제를 제시할 것을 제안한다. 사용자가 너무 많은 정보가 있다고 생각한다면 프로그램은 다음 회기에 더 적은 수의 사람이 오도록 제안한다.[4]

---

4 많은 사람을 상담에 참여시킨다고 해서 많은 정보를 '얻는' 것은 아니다. 반면, 적은 수의 사람이 참여할 때 상담자는 관찰한 내용을 더 쉽게 재조직할 수 있다.

전문가체계는 치료적 개입을 계획할 때 어떤 제안을 할 것인지에 관심을 가지고 만들었기에 관찰 훈련을 돕기 위해 사용되어 왔다. 이는 BFTC의 상담자가 개입을 계획할 때 따르는 규칙을 프로그램으로 구성한 것이며, 논리적이면서도 경험에 의해 발견한 규칙이라기보다는 예측을 기초로 한 매우 엄격한 적용을 요구하는 이론적 지도다. 이 프로그램은 상상력, 관찰력, 심지어 논리력을 훈련하기 위한 기술적인 언어나 방법으로 활용되었다. 간단히 말하자면 이론을 전문가체계 형태의 컴퓨터 프로그램으로 표현한 것이며, 6장에서는 이를 지도로 표현하였다.

전문가체계는 이론을 구성하기 위한 프로젝트의 연구 도구로 사용되어 왔다. 이것은 체계가 제시한 규칙이 체계의 유용성, 결국에는 이론의 유용성 면에서 많은 다양한 사례에 '부합'하는지 알기 위해 사용되었다. 이것은 체계적 관찰의 결과이면서 또한 관찰을 훈련시키는 도구다. 전문가체계를 계획하고 만들기 위해서 프로그래머는 전문가와 이야기를 나누고 때로는 무지한 질문을 하면서 많은 시간을 보냈는데, 이는 일관성 있는 태도로 관찰하기 위함이었다. 도메인의 이름은 '지식 공학(knowledge engineering)', 전문가와의 대화는 '마이닝(mining)'이라 부른다.

4. 사례 1(한 회기 전체)

상담 장면을 실제로 관찰하거나 비디오를 통해 관찰하지 않고 서 상담자가 자신의 상담 배경이 되는 이론을 어떻게 구현하는지 상상하는 것은 매우 어렵고 자칫 오해를 불러일으킬 수 있다. 상 담 내용의 전사는 인쇄된 단어가 허용하는 범위 내에서 직접 관찰 한 것과 유사하다. 그러므로 상담 내용의 축어록은 해결중심이론 을 구성하는 과정을 시작하는 데 가공되지 않은 자료를 제공할 것 이다.

다음의 상담 사례는 실례를 보여 주기 위해 1회기 상담을 전 사한 것이며, 이 사례에 대한 전문가체계의 자문 회기(consulting session) 축어록을 함께 소개한다. 이 2개의 축어록을 함께 배치할 때 설명은 최소화한다. 전문가체계에 의한 프로그램의 제안과 규 칙이 실제로 어떻게 내담자에게 제시되는지 개입 메시지를 소개 한다.

내담자를 만나기 전 나는 이름과 주소, 전화번호만을 알고 있었 는데, 이는 내담자에 대한 편견을 최소화하기 위한 BFTC의 보편적 인 과정이다. 내담자가 나를 즉시 만나기 원한다고 하여 상담에 들 어갔다. 일방경 뒤에는 훈련생들이 있었다.

상담자: 오늘 상담을 꼭 받고 싶다고 생각하신 것 같은데, 부인께서 오늘 여기에 온 것이 보람이 있으리라는 것을 어떻게 알 수 있을지 알고 싶어요. 상담에서 무엇을 얻으시면 오늘 오신 보람이 있을까요?

내담자: 저는 어떤 결정이든 내려야만 하고, 제 인생을 위해 미래에 대한 어떤 계획이든 세워야만 해요.

상담자: 오늘이요?

내담자: 음, 저는 아주 혼란스러운 지금 상태에서 그냥 살아가기보다는 어쨌든 어떤 방안을 찾아내는 것이 중요하다고 생각했어요.

상담자: 그렇군요.

내담자: 그래서 비록 그 방안이 일시적이라 하더라도, 적어도 어떤 방향이라도 정했으면 해요.

상담자: 오늘 어떤 결정을 내려야만 하나요?

내담자: 음, 제가 결정 내렸으면 하는 것은…… 저는 남편과 별거하고 있는데요, 그에게 다른 여자가 생겼거든요. 그리고 지금도 남편이 그 여자를 만나고 있는지도 모르겠어요. 남편은 저와 화해하길 원하는데, 남편이 그 여자를 확실하게 포기하기 원하는지, 무엇을 하고 싶은지 전 잘 모르겠어요.

상담자: 부인께서는 당연히 남편이 그 여자를 포기하기 원하지요?

내담자: 예. 그래서 제가 남편에게 그 여자와 헤어질 것인지 물었어요. 그랬더니 남편은 결정해야 할 것이 있다고 했어요. 그런데 만약 남편이 제가 원해서 그 여자와 헤어지기로 했다면 더 문제를 일으킬지도 모르죠.

상담자: 그래서 남편께서 그런 결정을 내리기를 원하며 기다리고 있는 중인가요?

내담자: 음, 저도 지금 어떻게 해야 할지 모르겠어요. 저는……

상담자: (끼어들며) 그럼에도 불구하고 부인께서 안다면 어떤 선택을 할까요?

내담자: 제 선택은 아무것도 하지 않고 남편의 결정을 기다리는 거예요.

상담자: 얼마 동안 기다리려고 하지요?

내담자: 딱 2주요.

상담자: 어떤 다른 선택이 있을까요?

내담자: 제 인생을 살기 위해 제 인생에서 남편을 배제하는 것이겠지요. 혹은 제 인생에서 남편이 큰 영향을 미치지 않지만 그가 제 인생 가운데 계속 있는 그런 인생을 살아가는 것이겠지요. 뭐가 더 있나요? 제 생각엔 그게 다인 것 같은데요.

상담자: (잘 들리지 않게) 부인의 인생을 살아간다는 것은 남편 없이 산다는 것을 의미하나요?

내담자: 남편 없이라…… 예…… 제가 남편에 대해 신경을 쓰고, 이런 곤경에 빠져 있는 것 자체가 힘들어서 무엇을 해야 할지 정말 모르겠어요. 그냥 남편에게 신경 쓰지 않으려고 노력하는 게, 어찌 되었든 같이할 미래를 생각하지 않는 게 더 쉬운지, 아니면 그냥 상황이 흘러가는 대로 받아들이면서 저만의 인생 설계를 하는 게 더 쉬운 것은 아닌지 궁금해요.

상담자: 남편에게 얼마나 신경 쓰세요?

내담자: 아, 그건 늘 변하죠.

상담자: 좋아요. 오늘은요? 남편에게 얼마나 화가 나 있으세요?

내담자: 별로요. 전 그렇게 화가 나지는 않았고, 괜찮았어요. 그런데 그 사람이 제게 하는 행동을 보면…… 남편은 제게 와서 "우리 외출해서 정말 재미있게 지내자. 사랑해. 나는 그 여자를 다시는 안 만날 거야. 우리 함께 인생을 다시 시작해 보자."라고 말해요. 그 후 우린 외출하는 거예요. 그런데 이틀이 지나 남편은 제게 전화해서 또 이렇게 말하는 거예요. "음, 난 아직도 그 여자를 만나길 원하는 마음이 있는지 없는지 확신이 안 들어." 이런 일들이 사흘마다 일어나요.

상담자: 화나는 상태를 척도로 표현한다면, 그럴 때 화 점수가 꼭대기까지 올라가나요?

내담자: 맞아요. 또 어떤 때는 남편을 믿어야 할지 아님 믿지 말아야 할지 갈팡질팡할 때도 있어요. 음, 남편은 이런 식이죠. "좋아, 당신이 외출한다면 그건 정말 나에게 소외감을 느끼게 하는 거야."라고 말해요. 그러고는 이틀 뒤에 이렇게 말해요. "음, 외출하지 그래?" 남편이 외출하라고 하는 것은 당신도 알다시피 제게 데이트나 이와 비슷한 것들을 하라고 하는 것이 아니라 쇼핑이나 여자친구와 저녁 먹으러 나가라고 하는 것이지요. 남편이 원하는 것은……

상담자: (끼어들며) 남편은 이러고도 싶고 저러고도 싶고, 뭐 하나 놓치고 싶지 않은 거군요.

내담자: 바로 그게 남편이 원하는 거예요.

상담자: 그건 매우 공정하지 않지요.

내담자: 맞아요.

🗨 BRIEFER I의 자문, 1부

이 프로그램은 1회기 상담에서 어떤 과제를 제시할지 도와주기 위해 고안된 것입니다. '예'라고 답하면 'y'를 따르는 질문에, '아니요'라고 답하면 'n'을 따르는 질문에, 그리고 결정하지 못했거나 적용할 수 없으면 'x'를 따르는 질문에 답하세요. 더 개방적인 답변이 요구될 때는 간단히 적고 중단하지 마세요. BRIEFER의 자문에 시간을 내준 것에 감사하며 이 제안이 도움이 되기를 희망합니다.

- 사례의 제목은 무엇인가?
  - 결정하기
- 상담자는 문제가 무엇이라고 생각하는가? 말하기 애매하면 애매하다고 쓰시오.
  - 남편의 외도에 대응하는 방법
- 내담자도 이것이 문제라는 것에 동의하는가?
  - 예.

다음의 질문에 (a), (b), (c) 등으로 답하시오.
- 문제는 다음의 어떤 대상과 관련이 있는가?
  (a) 부모와 아동
  (b) 부부
  (c) 개인
  (d) 개인과 불참한 다른 사람
  (e) 다른 사람

마지막 질문에서 'ⓒ'라는 응답이 선택되었는데, 그 이유는 내담자가 어떻게 반응해야 할지 모르겠다고 호소하며 변화를 원한다고 말했기 때문이다. 만약 내담자가 남편에 대해 불평하고 그를 변화시키기 원했다면 'ⓓ'라고 응답했을 것이다. 호소 문제를 가장 잘 묘사하는 답을 결정하기 위해 동일한 방식을 사용하였다.

> **상담자**: 아까 말씀드린 화 척도에서 꼭대기에 있지 않은 날도 있을 텐데, 이런 날 부인은 대부분의 시간 동안 척도의 어디쯤에 있을까요?
>
> **내담자**: 역겨워요. 화조차 나지 않아요.
>
> **상담자**: 왜요?
>
> **내담자**: 한때는 화가 났어요. 화가 났다는 것을 깨닫는 순간 저는 완전히 증오심에 사로잡혀 2주 동안 그렇게 지냈어요.
>
> **상담자**: 그러시겠죠.
>
> **내담자**: 정말 그렇게 증오로 가득 찰 때까지 있다 보니, 전 스스로에게 더 이상 증오심을 가질 수 없고 이 끔찍한 증오심을 느끼며 살 수 없다고 말했어요. 정말 너무나 비참했어요. **그래서 '이건 그냥 아무것도 아니야.'라고 생각하는 것이 더 나았어요.**

이 굵은 고딕체의 말은 예외를 기술하기 시작하는 실마리(clue)일지 모른다. 내담자는 반응을 조절하는 방법에 대해 결정하였다. 나는 이 잠재적인 유용성을 탐색하기 시작하였다.

> **상담자:** 그래서 부인께서는 이건 아무것도 아니라고 결정하셨나
> 요? 좋네요. 현명한 선택인 것 같아요. 그러면 좀 쉬워질까요?
> **내담자:** 어려워요.
> **상담자:** 그렇군요. (긴 침묵) 얼마나 어려워요?
> **내담자:** 아무것도 아닌 것?
> **상담자:** 예.
> **내담자:** 글쎄요. 거기엔 화를 내면서 표현하지 못하는 많은 상처
> 가 있기 때문에 실제로 아무것도 아닌 것은 아니지요. 정말
> 상처가 돼요.
> **상담자:** 그런데 그것이 증오심보다는 부인에게 더 쉬운 것이군요.
> **내담자:** 전과 같이 증오심과 상처가 동시에 있는 것보다는 훨씬
> 쉽지요. 제 말씀은 상처는 어차피 항상 느껴지기 때문에 그
> 감정을 어떻게 추슬러야 할지가 문제라는 거지요.

나는 이런 말들이 마치 막다른 길로 접어든 것처럼 보여서 호소
문제를 분명히 하고 예외를 탐색하는 이야기로 돌아갔다.

> **상담자:** 제가 이해하기로 부인께서 선택한 것은 혼자 하루하루 살
> 아가면서 남편을 어느 정도 거기서 배제시킨다는 것인가요?
> **내담자:** 예.
> **상담자:** 그렇다면 그것이 하나의 길이네요. 혼자 살아가는 거요.
> 두 번째 길은 부인께서 하고 있는 것을 그냥 계속하는 것……
> **내담자:** (끼어들며) 아니요.

상담자: 남편이 마음을 정하도록 단지 기다리는 것?

내담자: (끼어들며) 아니요, 이것이 더 비슷할지 모르겠어요. 저는 밖에 나가서 제가 하고 싶은 것을 하고, 남편을 만나기 원할 때 만나고, 만나고 싶지 않으면 만나지 않기를 원해요. 하지만 남편은 제 선택을 통제하기 원할 거예요.

상담자: 혼자 살아가지만 남편에 대한 여지를 남기는 거네요. 좋아요. 세 번째 길은 부인께서 해 왔던 것을 계속해서 하는 것이고요.

내담자: 맞아요.

상담자: 알았어요. 제가 추측하기에 부인께서 오늘 여기에 온 것을 보면 부인께서 원하는 길로 들어서지 못한 것 같아요.

내담자: 맞아요. 전 그 길로 가지 못하고 있어요.

잠재적 예외(potential exception)는 기대한 것과 달리 불평의 모습으로 나타났다. 탐색이 계속된다.

상담자: 좋아요. 그러면 그것은 지워 버리고요. 네 번째 길이 있나요?

내담자: 남편과 다시 함께 지내는 거예요.

상담자: 남편이 원하는 대로, 아니면 부인께서 원하는 대로?

내담자: 모르겠어요.

상담자: 다시 함께 지낸다는 것은 남편이 그 여자와 끝내는 것을 의미하나요?

내담자: 예.

> **상담자**: 알았어요. 부인께서 원하는 것. 다섯 번째 길이 있나요? 네 번째 길을 살펴보지요. 남편이 그 여자와의 관계를 어떻게 해야 할지 모른다고 (잘 들리지 않게) 말했고, 그래서⋯⋯
>
> **내담자**: 그러나 남편은 그 여자 때문이 아니라고 말해요. 저 때문이라고 해요. 남편이 바람 피운 것을 안 이후로 제가 변했다고요.
>
> **상담자**: 그렇군요.
>
> **내담자**: 그래서 남편은 만약 자신이 바람 피우지 않았다면⋯⋯
>
> **상담자**: (끼어들며) 부인께서 변하지 않았을 거라는 건가요?
>
> **내담자**: 남편은 제가 다시 이전처럼 돌아갈 거라고 생각해요. 남편은 자신이 바람을 피웠기 때문에 제가 더 부드러워졌다고 생각해요. 잘 모르겠지만, 남편은 그 여자와 끝내면 제가 다시 '상냥하지 않은 사람'으로 돌아가고, 그 후에는 자신에게 아무도 남아 있지 않게 될 거라고 생각하는 것 같아요.

이 굵은 고딕체의 이야기는 아마도 탐색할 가치가 있는 잠재적 예외일지 모른다.

> **상담자**: 알겠어요. 좋습니다.
>
> **내담자**: (끼어들며) 그게 남편의 생각이에요.
>
> **상담자**: 알겠어요. 부인께서도 동의하세요? 더 친절해졌다는 데에?
>
> **내담자**: 저는 변했어요⋯⋯ 여러모로 변했어요. 그건 맞는 말이에요.

상담자: '더 친절한 걸로'?

내담자: 어느 정도는.

상담자: 이런 남편의 생각으로 볼 때 남편은 부인께서 완전히 친절해질 때까지 그 여자를 계속 만날지 모른다는 건가요?

내담자: 글쎄요. 남편은 저의 친절이 계속되지 않을 거라는 것은 알지요. 지금 저의 '친절'은 끝나기 직전이에요. 제 말은 친절이 계속되지는 않을 거라는 거예요.

상담자: 부인 생각에는 계속 친절하게 대하지는 않을 거라는 거지요?

내담자: 예.

다른 잠재적 예외가 또 다른 양상의 호소 문제로 변하였다.

상담자: 그렇군요. 그렇다면 남편은 그 여자와 끝내려고 마음먹을 만큼 부인께서 '충분히 친절하다'는 것을 어떻게 알까요?

내담자: 전 모르겠어요. 그게 그의 딜레마겠지요.

상담자: 예. 남편은 이 일에 대하여 무엇을 하고 있나요?

내담자: 글쎄요. 남편은 현재 그 여자를 만나지 않는다고 말해요. 하지만 그는 저를 신뢰하지 않아요! 그리고 미치겠는 건 외도한 사람은 바로 남편인데 남편이 저를 신뢰하지 않는다는 거예요. 제 생각에 이건 말도 안 되는 일이에요. 선생님께서도 알다시피 어떻게 남편이 저를 신뢰하지 않을 수 있는지……

상담자: 아마도 남편은 자신에게 그럴 권리가 있다면 부인께서도 그럴 권리가 있다고 생각하는지도 모르지요.

> **내담자**: 남편이 그럴 권리가 있다는 것이 무슨 말이에요?
>
> **상담자**: 외도 말이에요. 부인께서도 그렇게 할 수 있다고 보는 거죠.
>
> **내담자**: 선생님은 남편이 제가 외도하기를 원한다고 말씀하시는 건가요?
>
> **상담자**: 아니요. 그건 절대 아닙니다. 남편이 그것을 두려워하는 것이 아닐까 하는 거죠.
>
> **내담자**: 남편은 그러기를 절대로 원치 않아요.
>
> **상담자**: 그렇겠지요. 다시 함께 지내는 것은 지금으로서는 가능성이 없는 듯하군요. 다섯 번째 대안이 있을까요? (긴 침묵) 자, 우리 한번 생각해 보죠. 아마도 대안이 있을 거예요. 보통은 있지요.

현실적으로 볼 때 결정하기 어렵다는 것은 언제나 현재 있는 대안보다 더 긍정적인 어떤 대안도 발견하지 못했기 때문이다. 그러므로 '대안이 없다'는 것은 구체화되지 않았지만, 창의성과 기회의 여지를 남긴다.

> **상담자**: 좋아요. 만약 지금까지 해 왔던 것이 효과적이지 않다면 그것을 그만두길 원한다는 거군요. 이 시점에서 우리는 부인께서 취할 수 있는 3개 혹은 4개 아니면 5개의 대안을 살펴볼 수 있겠지요. 하나는 혼자 사는 것인데, 남편을 옆에 두고 자신의 인생을 살아가는 거예요. 두 번째는 혼자 살지만 남편

이 하고 싶은 대로 살도록 여지를 남기며 다시 이런 식으로
사는 거지요. 세 번째는 어쩌면 다시 함께 사는 것이 될 것이
고, 네 번째는……

내담자: 음……

상담자: 예.

내담자: 남편은 두 번째와 세 번째를 같다고 여길 듯해요.

상담자: 왜 그렇게 생각하죠?

내담자: 왜냐하면 남편은 저에게 밖에 나가지 않을 거라고, 혹은
우리가 다시 함께 사는 것으로 돌아가더라도 밖에 나가지 않
을 거라고 이야기한 적이 없는 것 같아요. 그 여자와 만나는
것을 말하는 것이 아니라 단순히 새벽 3시까지 술을 먹는다
거나 그 밖의……

상담자: (끼어들며) 남편이 그런 일들을 했군요.

내담자: 글쎄요. 사실 잘 모르겠어요. 남편이 그 당시에 그런 일을
하지 않았는지도 모르지요. 다만 전 그가 무엇을 하지 않았는
지는 알지요. 남편은 제가 밖에 나가기를 원하지만 제가 남편
이 한 행동을 하는 것을 원하지는 않을 거라고 생각해요.

상담자: 맞아요. 자, 가장 중요한 결정을 해야 할 순간이네요. 어
느 길을 택하시겠어요? 결정을 하면 어떤 차이가 있을까요?

이 시점에서 나는 내담자가 문제가 해결되었을 때를 어떻게 알
것인지 찾아내도록 상담의 방향을 결정하였다. 이러한 방식으로
우리는 아마도 기반이 될 유용한 예외나 가설적 해결책을 발견할
수 있을 것이다.

내담자: 그런 방법은 저를 조직적이 되도록 하네요. 하나의 방향으로 가 보죠. 마치 제가 결정을 더 통제하는 것처럼요. 누군가의 말대로 행동하거나 조종되거나 그런 것이 아니에요. 내가 원하는 것은 이것이고, 당신은 당신이 원하는 대로 하라고 결정을 내리는 것이죠. 그동안은 그러지를 못했어요.

상담자: 첫 번째 길로 가 봅시다. 혼자 사는 거예요. 지금부터 6개월, 그런 결정을 내리고 나서 지금부터 6개월 뒤에, 부인께서 그 길을 가고 있다는 것을 무엇을 보고 알까요?

내담자: (긴 침묵) 조직적⋯⋯

상담자: 그 밖에 부인께서는 무엇을 보게 될까요?

내담자: 단지 제가 생각할 수 있는 것은 어떤 종류의 유형을 갖게 될 것 같아요. 제가 반드시 행복하지 않을지도 모르지만 제 생활이 계획적일 것 같아요. 어떤 사람도 제 계획을 간섭하지 않을 것이기에 많은 것을 하고 있을 거라는 생각이 드네요. 그래서 전 제 상황을 완전히 통제하고 있을지 모르겠어요. 아마도 제 상황을 완전히 통제하고 있을 거예요. 제가 계획하고 조직하고⋯⋯

상담자: (끼어듦, 잘 들리지 않음) 좋아요. 이번에는 다른 길을 가 보죠. 혼자 살지만 남편에게 여지를 남기는 거예요. 지금부터 6개월 후에 부인께서는 거기서 무엇을 보게 될까요? 어떤 차이가 있을까요?

내담자: 제 의사결정에 영향을 미치겠지요. 전 이 상황을 통제하지 못할 거예요.

상담자: 그렇군요. 혼자 살지만 남편에게 여지를 남긴다면 부인

께서는 상황을 덜 통제하게 되네요.

내담자: 맞아요.

상담자: 좋아요. 그러면 함께 살게 되면 지금부터 6개월 후, 그때는 무엇을 보게 될까요?

내담자: (긴 침묵) 모르겠어요. 어떤 것이 새로워질 수 있을지 모르겠어요. 이전에 살았던 것처럼 다시 살 수 있을지 모르겠어요…… (잘 들리지 않음) 현실적으로 볼 때 저는 그렇게 하고 싶어요. 그런데 그게 가능한지조차 모르겠어요. 잘 모르겠지만 그러한 상황이 되기 위해서는 많은 일이 일어나야 할 거예요.

상담자: 남편이 그 여자를 자신의 인생에서 완전히 퇴출시키는 것부터 시작해야겠지요.

내담자: 물론이지요.

상담자: 그것이 그 길에서 일어나야 할 첫 번째 일이고요. 네, 남편이 그 일을 할 때까지 그 길은 전적으로 가정일 뿐이네요.

내담자: 맞아요.

상담자: 그런데 남편은 당장은 그쪽으로 마음이 기울어지지 않을 것 같아요.

내담자: 남편은 그 여자를 만나지 않을 거라고 말하지만 "그 여자를 마주칠지 몰라."라고 하며 여지를 남겨요.

상담자: 그런 약속은 부질없지요. 그래서 부인께서 남편이 그 여자를 퇴출시킬 거라는 확신이 들 때까지 그 여자는 여전히 거기에 있겠네요.

내담자: 그 여자는 여전히 그 상황에 존재하게 될 거예요. 그것에

대해서는 의심할 여지가 없어요.

상담자: 아직까지 꽤 괜찮은 것처럼 보이는 길은 혼자 사는 것이
네요. 부인의 통제하에 여러 가지 일을 두는 것. 나머지 선
택은 지금 부인이 처한 상황과 다르지 않고 원치 않는 것이
네요.

내담자: (긴 침묵) 맞아요. 두 번째 선택의 경우, 만약 제 자신이
그것에 둔감해질 수 있다면 달라질지도 모르죠. 아마도 이중
인생을 사는 것 같을 텐데 제가 그렇게 할 수 있을지는 모르
겠어요.

상담자: 부인께서 그렇게 하면 확실히 여러 가지 일에 대해서 부
인께서 덜 통제하도록 만들 거예요. 가능하다면 부인께서 할
수 있는 한도 내에서 많은 것을 통제하도록 해야지요. 우리
는 불운과 행운, 이런저런 우연에 대해서 잘 알고 있지요. (잘
들리지 않음) 그래도 부인께서 이성적으로 기대할 수 있는 만
큼 통제할 수 있다고 생각해요. 세 번째 선택은 부인의 통제
밖에 있어요.

내담자: 예.

상담자: 제 말은 남편이 시작해야만 한다는 거지요.

내담자: 맞아요.

상담자: 그렇다면 첫 번째와 두 번째 중에서 선택할 수 있겠네요.
남편에게 얼마만큼 여지를 두려고 하세요? 어떤 좋은 점이
있을까요?

내담자: (긴 침묵) 글쎄요. 제 생각엔 남편이 제 인생의 부분으로
사는 게 더 쉬울 거라고 여겨져요. 제가 완전히 무시당하지

는 않을 거예요. 제 말은 아주 처음부터 다시 시작하는 것은 아닐 거라는 거지요.

상담자: 알았어요. 부인의 느낌은 아무튼 간에 남편이 부인 인생의 부분일 것 같다는 거군요. 그게 얼마나 중요한가요?

내담자: 정말 저도 저 자신이 이해가 안 가요! 전 그것이 미친 짓이라고 생각해요. 그것을 제가 생각한다는 것 자체가 미친 짓이라고 생각해요.

상담자: 얼마 동안 결혼생활을 해 오셨지요?

내담자: 10년이요.

상담자: 그건 그냥 습관이에요. 습관이 남편을 부인 인생의 부분으로 만드는 거예요.

내담자: (끼어들며) 맞아요.

상담자: 하지만 남편이 부인에게 얼마나 중요한가요? 남편이 부인 인생의 부분인 게 얼마나 중요한가요?

내담자: 그게 편안함보다 더 중요한 건지 잘 모르겠어요. 그게 바로 제가 저울질하고 있는 것이겠지요. 전 어떤 결말이 진짜 편안함을 가져다줄지 혹은 그런 일이 어떻게 일어날 수 있을지 잘 모르겠어요.

상담자: (끼어들며) 맞아요. 부인께서 자신을 위해 좋은 것을 한다면요.

내담자: 그래요?

상담자: 그렇게 하면 될 거예요.

내담자: 흠.

상담자: 부인께 좋은 것으로 그냥 결정하세요. 이제까지 첫 번째가

부인께 좋은 것처럼 보여요. 두 번째는 우리가 아직 의논하고 있고요, 그렇죠? 저도 두 번째가 부인께 좋을지는 잘 모르겠어요. 그래요, 부인의 인생에서 남편의 여지를 남겨 두는 것은 부인께 어떤 면에서 좋을까요?

내담자: 혼자가 아니라는 것이요. 저는 남편과 함께하고 싶은 막연한 바람을 갖고 있는 것 같아요. 하지만 그건 상처가 되는 바람이지요.

상담자: 전 그것에 대해서 여전히 약간 혼란스러워요.

내담자: (웃으며) 저도 마찬가지예요.

상담자: 좋습니다. 자, 이렇게 해 보지요. 말하자면 지금으로부터 3개월 후, 만약 어떤 사람이 숨겨진 카메라로 부인을 보고 있다면 그 사람은 부인이 두 번째 길이 아닌 첫 번째 길을 택했다는 것을 어떻게 알까요? 어떤 차이가 있을까요? 아니면 첫 번째 길보다 두 번째 길을 선택했다면? 어떤 차이가 있을까요?

내담자: 두 번째 길을 택하면 전 남편과 다시 함께 있을 것이고, 첫 번째 길을 택하면 그렇지 않겠지요.

상담자: 맞아요. 그게 부인께 얼마만큼 중요할까요? 그 질문으로 다시 돌아갑시다!

내담자: 전 사정이 변할 가능성이 있는지 모르겠어요. 제가 믿는 것이 가능한지도 모르겠고요.

상담자: 그래서 도박인 셈이지요.

내담자: 예, 도박이네요.

상담자: 얼마나 위험이 클까요?

내담자: 저는 그 와중에 온전한 정신을 잃지 않는다면 위험을 택하겠어요.

내담자는 둘 중 하나를 선택하는 구성, 즉 통제하느냐 **혹은** 통제
받느냐, 그리고 혼자 지내느냐 **혹은** 남편과 함께 지내느냐 하는 생
각에 단단히 붙잡혀 있다. 그러나 삶의 재구성은 선택이 아니라 두
가지 **모두**를 포함한 것일지 모른다.

상담자: 제가 보기에 부인께서는 이미 그러신 것 같아요. 어떻게
그렇게 할 수 있으세요?

내담자: 글쎄요. 강렬한 관계 대신에 이와 같이 무심한 관계로 발
전시킬 수 있다면……

상담자: 그런 척하는 것이 부인께는 뭐가 좋은가요?

내담자: 좋지는 않지요.

상담자: 그를 속이는 것만큼은 충분히 좋은가요?

내담자: 예.

상담자: 그래요. 부인이 케이크를 가지고 있고, 그것을 먹을 수 있
다는 게 가능하네요…… 다시 말해 만약 남편이 변한다면 그
에게 여지를 남겨 두는 척하면서 혼자 살아가는 거네요.

내담자: 음, 예.

상담자: 그동안 부인께서는 남편이 부인 인생의 부분이 아닌 것
같은 계획을 세우면서 말이죠.

내담자: 맞아요.

상담자: 2개를 합친다면……

내담자: (끼어들며) 맞아요.

상담자: 남편에게 여지를 남겨 두는 것으로 남편이 생각하도록 충
분히 그런 척하면서, 그동안 남편이 변한다면 그다음에 부인
께서는 계획을 바꾼다는 것이군요. 그게 앞뒤가 맞나요?

내담자: 예.

상담자: 그리고 부인께서는 그것을 할 수 있고요.

내담자: 전 그것을 할 수 있기를 바라요.

상담자: 그러기 위해서 무엇을 해야 할까요?

내담자: 자신감을 더 갖는 거요.

상담자: 어디에서 자신감을 얻으려고 하세요? 자신감은 어디에서 오지요?

내담자: 제 자신이 여러 가지를 하는 것만으로도.

상담자: 그것이 부인께 얼마나 좋지요? 그렇게 하는 방법을 알고 있군요.

내담자: 예.

상담자: 또 그 밖의 어떤 것을 할 필요가 있을까요?

내담자: 모르겠어요.

상담자: 남편이 저기에 앉아 있다고 가정해 보지요. 그리고 그에 게 물어보면 그는 뭐라고 말할까요?

내담자: 자신과 함께 있으라고 하겠죠.

상담자: 좋아요. 부인께서는 그렇게 하길 원하는군요. 이제부터 부인께서는 그와 함께 있으면서 그 일이 부인께 좋은 일이 되기 위해 무엇을 해야 할까요?

내담자: 저는 그와 분리되어야 할 거예요. 제가 그렇게 하지 않는 다면 제가 바라는 일은 일어나지 않을 것이기 때문에.

상담자: 그렇군요.

내담자: 남편은 정말 다른 사람이 되어야 할지 몰라요. 아주 다른 사람이.

상담자: 그렇군요.

내담자: 그리고 저는 기대를 갖지 않아야, 남편에게 기대를 갖지 않아야만 할 거예요.

상담자: 그렇다면 남편은……

내담자: (끼어들며) 전 제 자신을 숨길 거예요.

상담자: 예. 그렇다면 남편이 전화해서 카지노에 가서 게임을 하자고 하면 부인께서는 "미안하지만 난 다른 계획이 있어요."라고 말할지 모르겠군요.

내담자: 예.

상담자: 거리를 유지하면서. 혹은 부인께서 그러고 싶을 때 남편에게 전화해서 청할 수도 있겠지요.

내담자: 저는 남편이 그러리라고 생각하지는 않지만, 여자친구에게 돌아갈 수 있을지도 모르는 위험이 있네요.

상담자: 그리고 부인께서는 그것을 원치 않지요.

내담자: 맞아요.

상담자: 여지가 있다는 것을 남편에게 믿게 하기 위해서 부인께서 그 밖에 할 필요가 있는 것은 무엇이 있을까요? 그 밖에 부인께서 할 필요가 있는 것은?

내담자: 남편과 협력하는 것?

상담자: (끼어들며) 어떻게요?

내담자: 꼭대기까지 화내지 않고, 여러 가지에 화내면서 남편에게 얼간이라고 말하지 않는 것.

상담자: 별거하기 전에 남편에게 그렇게 말했나요?

내담자: 늘 그랬어요.

상담자: 남편에게 얼간이라고 말하지 않는다는 것은 기분이 좋다는 거네요.

내담자: 맞아요.

이러한 맥락에서 보면 남편에게 얼간이라고 말하지 않는 것이 유용한 예외임을 입증하는 것일지 모른다.

> 상담자: 그래서 어떻게 하려고 하세요? 부인께서는 남편이 얼간이일 때 남편에게 얼간이라고 부르는 지금까지의 익숙한 유형으로 다시 돌아가지 않도록 하기 위해 어떻게 하실 생각이세요?
> 내담자: 만약 제가 그와 분리된다면 전 그렇게 하지 않을 거예요.
> 상담자: 맞아요.
> 내담자: 남편이 얼간이든 아니든 상관없어요.
> 상담자: 남편이 얼간이일 때 얼간이라고 부르지 않는 건 얼마나 어려울까요?
> 내담자: 잘 모르겠어요. 전 지난 몇 주간 그렇게 하기는 했거든요. 잘되었던 것 같아요.

여기에 내담자가 기반을 둘 수 있는 유용한 예외가 있다. 이것은 잠정적으로 내담자와 이들 부부에게 차이를 가져올 수 있는 예외다.

> 상담자: 좋아요. 당신이 유지하길 원하는 '기분 좋은' 상태라고 할 수 있도록.
> 내담자: 예.
> 상담자: 제가 저희 팀과 이야기하러 가기 전에 오늘 더 얘기하고 싶은 게 있으세요?

내담자: 예, 질문이 하나 있는데요. 전 남편이 여기에서 제가 무엇을 하고 있었는지 물으면 뭐라고 대답해야 할지 모르겠어요. 제가 하고 있는 것을 말해야 할지, 아니면 그냥 아무것도 아니라고 말해야 할지 모르겠어요.

상담자: 2개가 어떤 차이가 있을 거라고 생각하세요?

내담자: 남편은 저를 들볶고 또 들볶을 거예요. 전 이제까지 남편의 삶에서 저의 삶을 분리해 살아오질 않았거든요. 그래서 제가 얼마나 그와 삶을 공유할지 혹은 공유하지 않을지 잘 모르겠어요.

상담자: 알았어요. 제가 팀과 이야기하러 가는 동안 그것에 대해 생각해 보세요. 5분이나 10분 그 정도 안에 다시 올게요.

내담자: 알겠습니다.

🗨 BRIEFER I의 자문, 2부

- 누군가 어떤 것을 이미 하기 시작했는가? 즉, **의도적(DELIBERATE)** 예외가 있는가?
  - 아니요.
- 호소 문제 유형과 관련하여 **우연적(SPONTANEOUS)** 예외가 있거나 문제 유형을 지각하고 있는가?
  - 예.

일단 예외가 입증되면 프로그램은 예외의 특성에 관해 더 많은 질문을 하도록 설정된다.

- 예외는 행동적인 용어로 정의될 수 있는가?
  - 예.
- 최근에 예외가 일어난 적이 있는가?
  - 예.
- 예외는 다른 문제의 해결이었는가?
  - 아니요.
- 예외는 우연히 발생하는가?
  - 예.
- 사람들은 예외가 다시 일어날 수 있도록 무엇을 해야 하는지 분명하게 알고 있는가?
  - 아니요.
- 사람들은 예외를 다시 일어나게 하는 데 자신이 있는가?
  - 아니요.
- 기적질문이 사용되었는가?
  - 아니요.

또한 목표 설정과 호소 문제가 해결되었을 때를 어떻게 알지 알아보기 위하여 두 가지 구체적인 다른 질문을 사용하였다. 그 후에는 일반적인 질문으로 넘어가는데, 이 질문은 주로 형성되고 있는 내담자-상담자 관계의 종류를 알아보기 위한 것이다.

프로그램의 구조는 상담자가 '예' 혹은 '아니요'로 답한 후 고려해야 하는 사항을 순서에 따라 지도로 설명한다. 예를 들어, 상담

전 변화가 없고 예외가 없다면 프로그램은 가설적 해결책에 관해 질문한다. 그러나 이 질문은 예외가 있다면 해당되지 않을 것이다.

■ 다른 사람이 포함되는가?
  - 아니요.
■ 상담자는 내담자가 비언어적 지시를 따르도록 할 수 있었는가?
  - X

이 질문은 '예'라고 대답하기에 충분할 만큼 명백하지 않다.

■ 내담자는 상담실 내의 자극이 아닌 관찰실 거울에 반응했는가?
  - 아니요.

내담자가 만약 거울에 반응했다면 개입 메시지는 전적으로 팀의 의견을 나타내는 것으로 전달되어야 할 것이다.

■ 내담자는 회기 내내 비언어적으로 동의함을 증명하면서 고개를 끄덕였는가?
  - X
■ 내담자는 상담자의 의견과 항상 불일치하는가?
  - 아니요.
■ 다른 사람이 문제에 기여하는가?
  - 예.

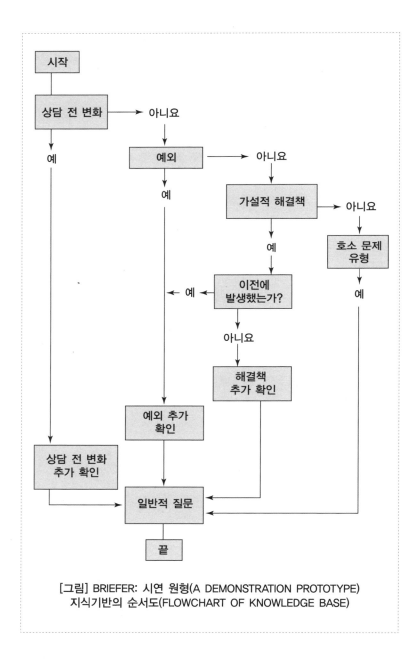

[그림] BRIEFER: 시연 원형(A DEMONSTRATION PROTOTYPE)
지식기반의 순서도(FLOWCHART OF KNOWLEDGE BASE)

　이러한 구성으로 이 사례를 살펴본다면, 남편의 예측할 수 없는 행동과 여자친구의 존재는 내담자가 이 상황을 다루는 데 있어 혼란을 주는 데 기여한다.

- 이 회기에 참여하지 않았지만 해결에 필요한 것처럼 보이는 다른 사람이 있는가?
  - 아니요.
- 내담자가 행동 과제를 하지 않을지 모른다는 예감이 있는가?
  - 아니요.
- 내담자가 관찰 과제를 하지 않을지 모른다는 예감이 있는가?
  - 아니요.

　이 시점에서 프로그램은 반응을 규칙과 맞추기 위해 시간이 걸린다. 질문에 대한 반응이 특별한 규칙을 이용할 때 다른 규칙은 배제된다.

💬 BRIEFER I의 자문 회기: 제안

- 규칙 200은 제시한다: 유용한 예외가 있다.
- 규칙 203은 제시한다: 과제로 예측하기, 동전 던지기나 우연적 활동을 포함하시오.
- 규칙 204는 제시한다: 과제로 예측하기, 동전 던지기나 우연적 활동을 포함하시오.

- 규칙 212는 제시한다: 예외가 발생할 때 어떤 일이 일어나는지 주의를 기울이는 과제를 주시오.
- 규칙 213은 제시한다: 예외가 발생할 때 무엇이 다른지에 주의를 기울이는 과제를 주시오.
- 규칙 589는 제시한다: 다른 사람이 내담자의 문제에 기여하지 못하도록 하는 과제를 생각해 보시오.

- 다른 유용한 제안이 제공되지 않으면 FFST[5]를 사용하시오.
- 같거나 비슷한 제안이 두 가지 규칙에 의해 제공된다면 그 제안은 강하게 제시된다.

- 이용된 규칙의 전체 문장을 보길 원하는가?
  - 예.

- 규칙 200
  (만일 (예외가 있다면)
      (예외가 행동적 용어로 묘사될 수 있다면)
      (예외가 최근에 발생한 적이 있다면))
  (그렇다면 (유용한 예외가 있다면)

- 규칙 203
  (만일 (예외가 있다면)
      (예외행동이 우연히 발생한다면))
  (그렇다면 (과제로 예측하기, 동전 던지기나 우연적 활동을 포함하시오.)))

---

5 역주) FFST: 첫 회기 공식 과제

■ 규칙 204

(만일 (유용한 예외가 있다면)

　　　(예외행동이 우연히 발생한다면))

(그렇다면 (과제로 예측하기, 동전 던지기나 우연적 활동을 포함

하시오.)))

■ 규칙 212

(만일 (유용한 예외가 있다면)

　　　(사람들이 자신들이 무엇을 해야 할지에 대해 명백하게 알

　　　지 못한다면))

(그렇다면 (예외가 발생할 때 어떤 일이 일어나는지 주의를 기울

이는 과제를 제시하시오.)))

■ 규칙 213

(만일 (유용한 예외가 있다면)

　　　(사람들이 자신들이 무엇을 해야 할지에 대해 자신이 없

다면))

(그렇다면 (예외가 발생할 때 그런 상황에서는 무엇이 다른지 주

의를 기울이는 과제를 제시하시오.)))

■ 규칙 589

(만일 (개인이라면)

　　　(다른 사람들이 문제에 기여하고 있다면))

(그렇다면 (다른 사람들이 내담자의 문제에 기여하지 못하도록 하

는 과제를 생각해 보시오.)))

🗨 개입 메시지

상담자: 저희들은 부인께서 가고 있는 방향, 즉 혼자 살아가면서 남편에게 여지를 남기는 척하는 것이 가장 유효한 선택인 것 같다는 데 동의합니다. 저는 물론이고 저희 모두는 그것이 좋은 결정이라고 생각합니다. 이제 부인의 질문에 관해서 말씀드리자면, 정말 좋은 질문인데요. 저희는 부인께서 그것에 대해 더 이상 생각하지 않을 때에도 남편이 고민하는 한, 부인께서는 전처럼 어쩌면 더 많이 혼란스러울 것이 명백하다고 생각합니다. 부인께서는 영원히 아니면 남편이 명백한 행동을 취하기까지 질질 끌려 다닐 수 있어요. 부인의 생각과 같나요? 좋아요. (긴 침묵) 우리는 부인께서 혼란스러울 거라는 말에 덧붙여 어떤 부분을 행동으로 옮길 필요가 있다고 생각해요. 예를 들어, 남편이 전화해서 부인과 어떤 것을 함께 하길 원할 때, 이런 일은 지금도 일어나고 있고 나중에도 일어날 수 있는 일인데요.

내담자: 맞아요.

상담자: 이때 부인께서는 동전을 던져야 해요. **앞면**이 나오면 "예." 라고 하는 것이고, **뒷면**이 나오면 "아니요."라고 하는 것이죠. 부인께서 "예."라고 말하고 싶을지라도 뒷면이 나오면 "아니요."라고 답해야 해요. 이럴 때 부인의 목소리가 떨릴 수 있어요. 남편이 "왜 안 나가려고 그래?"라고 말하면 부인께서는 "글쎄, 잘 모르겠어요. 많이 혼란스러워요. 전 그냥 그렇게 하고 싶지 않을 뿐이에요."와 같이 말할 수 있어야 해요. 그다음에

부인께서는 몇 주마다 단지 한두 번만 전화를 거는 거예요. 부인이 아무 때나 전화하기 때문에 남편은 언제 부인의 전화가 올지 알 수 없어요. 그 후 부인께서 남편에게 전화를 하는 거예요. 부인께서 이렇게 통제하면서 이런 임의적 이벤트를 언제 가질지 결정하는 거예요. 남편에게 전화해서 커피를 마시자고 하거나 다른 것을 하자고 초대하는 거예요.

다만 이런 일을 너무 자주 해서는 안 돼요. 이렇게 함으로써 부인께서는 원하는 대로 사는 느낌을 가질 수 있어요. 너무 종종해서도 안 되지만 그렇다고 전혀 안 해서도 안 돼요. 다시 한번 말하면 만약 남편이 이런 상황을 전혀 파악할 수 없다면, 이러한 유형을 인식하지 못한다면, 남편은 부인께서 여전히 혼란스러워하고 있다고 생각하게 될 거예요. 부인께서는 남편이 그렇게 생각하길 원하죠. 부인께서는 더 이상 혼란스럽지 않음에도 불구하고 이번 기회가 남편의 마음을 결정하게 만들고, 두 분 모두에게 적절한 것이 되게 하는 유일한 기회라는 것을 알고 있기 때문에 부인께서는 남편이 여전히 혼란스러워 한다고 생각하길 바라잖아요. 이번이 남편이 상황을 잘 정돈한 후 돌아와서 부인과 새롭게 시작할 수 있는 유일한 기회입니다. 그렇지 않으면 부인께서는 척하던 행동을 그만두어야 하고, 혼자 살아가는 겁니다. 좋아요. 그만 끝내죠. 제 생각엔 지금 당장 추후상담을 할 필요가 없을 것 같아요. 어떻게 될지 두고 보지요.

내담자: 전 이미 기분이 나아졌어요.

상담자: 예, 부인께 행운이 있기를 빌어요.

내담자: 감사합니다. 정말 도움이 되었어요. 정말 감사합니다.

이러한 개입은 내담자가 자신의 반응을 통제하도록 방법을 제시하고, 그렇게 함으로써 상황을 더 많이 통제할 수 있도록 돕는다. 내담자는 이제 남편을 다룰 수 있는 방법을 알게 되었고, 보너스로 남편이 자신을 대하는 방법을 변화시킬 기회를 얻는다. 왜냐하면 남편에게는 내담자의 행동이 더 예측 불가능해졌기 때문이다. 또한 개입은 두 사람이 예전으로 다시 돌아갈 기회가 전적으로 그들의 결정에 따른 것이 되도록 돕는 기회를 제공한다.

5. 비형식적 테스트

프로그램의 규칙은 이 사례를 다룰 때 충분한 것으로 나타났다. 프로그램에서 주어진 제안도 실제로 제시했던 개입과 비슷하였다. 만약 제안이 실제 개입과 다르다면 규칙이 불충분하다고 결정을 내리기 전에 수정할 사항이 없는지 살펴볼 필요가 있다.

'테스트'의 목적은 프로그램의 제안이 실제 사례의 사실들(facts)에 얼마나 적합한지 알아내려는 데 있다. 제안이 적합하지 않다면, 그것은 아마도 프로그램과 규칙이 그 특별한 사례나 '사례 종류'에 불충분한 것이다. 규칙 개정은 단지 어떤 작은 부분을 변화시키거나 불필요한 것을 버리는 문제일 수도 있고, 아니면 대대적으로 프로그램과 이론을 개정해야 할지도 모른다. '사실들'이 지속적으로 적합하게 들어맞지 않을 때에는 당연히 이론의 어떤 부분을 개정해야만 할 것이다.

BRIEFER(Goodman, 1986; Goodman et al., 1987)라고 부르는 이 첫 번째 버전은 우리가 조금이라도 이 프로그램을 적용할 수 있을지 알아보고자 만든 원형(prototype)일 뿐이다. 어떤 면으로 이것은 완성된 형태로 고안된 것이 아니었기 때문에 규칙 변화를 통해 더 발전된 형태를 무척 기대하였다. 이 BRIEFER는 오직 1회기에 적용하는 데 의미가 있었다.

결과

(A) 체계를 테스트하는 것은 호소 문제 설명, 예외와 목표(즉, 기적질문에 대한 반응) 간의 관계의 중요성을 명백히 하도록 도왔다.

예를 들어, 다음의 호소 문제 간에는 상당한 차이가 있다.

(1) 내담자는 전반적으로 삶이 우울하다.
(2) 내담자는 일 때문에 우울하다.

각 사례의 경우 예외가 다를 수 있음을 생각해 볼 수 있다. 예를 들어, 내담자가 결혼생활이 괜찮다고 말한다면 그것을 (1)의 실행 가능한 예외로 볼 수 있지만 (2)에 대한 예외로는 볼 수 없을지 모른다. 때로 (1)과 (2) 중 어느 것에 해당되는지가 명백하지 않을 수 있는데, 이때 상담자의 결정을 돕기 위해 기적질문이 사용될 수 있다. 만약 기적질문에 대한 반응으로 내담자가 아내와 함께 떠나는 여행을 묘사한다면 괜찮은 결혼생활이 (1)의 예외로 유용할지 모른다. 그러나 기적에 대한 반응이 다른 직업에 근거를 둔 것이나 다른 직장으로 인한 것이라면 (2)의 예외로 보는 게 우세할 것 같다.

(B) 프로그램을 운용하면서 '적합성 부족'으로 나타난 경우, 대부분은 내담자가 한 사람 이상, 즉 부부나 가족 단위였을 때 내담자-상담자 관계에서 중점적으로 나타난 듯하였다. 이렇게 여러 사람을 대상으로 할 때에는 각 사람을 대상으로 프로그램을 적용할 필요가 있다. 이에 대한 중요성은 이후의 이론, 즉 자문 회기의 끝부분에 있는 일반적 질문보다 지도의 윗부분을 개정하도록 하였다.

(C) 다른 접근을 취하는 상담자의 사례를 적용했을 때에는 대답할 수 없는 많은 질문을 유발하였고, 전문가체계는 유용한 제안을 제시할 수 없었다. 사용자가 질문에 대해 대답할 수 없는 것은 상담자가 해결중심모델을 따르지 않았음을 제시한다. 이것은 우리가 연구하고자 한 것을 실제로 연구하고 있음을 강하게 시사하는 것이다.

(D) 전문가체계는 오직 상담 유형을 고려하여 개입을 제안하였는데, 이러한 체계의 능력은 이론(6장)이 어떤 범위 조건(scope condition; 4장 참조) 내에서 적합하다는 것과 일치한다. 상담자와 내담자가 구성한 현실의 유형과 형태만이 해결책을 발전시키기 위해 고려될 필요가 있다.

(E) 전문가체계는 다양한 사례를 충분히 잘 다룰 수 있었는데, 이는 68개의 규칙이 여러 상황에 적합할 만큼 충분히 복잡하다는 것을 의미한다. 체계가 잘 다룰 수 없는 사례들은 단기상담자가 실제로 상담한 것이 정확하게 무엇인지 구체화할 수 있도록 우리가

계속 노력해야 할 필요가 있음을 제시한다. 이렇게 이 이론을 펼치기 위해서는 더욱 발전해야 하고, 개정을 거듭해야 할 필요가 있다.

(F) 앞에 소개했던 사례는 단지 6개의 규칙으로부터의 제안을 활용한 것이었다. 두 번째와 세 번째 규칙은 같은 제안을 주었고, 네 번째와 다섯 번째는 비슷한 제안을 주었다. 그러므로 사실상 4개의 규칙만이 실제 개입에 놀라울 만큼 근접한 제안을 주는 데 필요하였다. BRIEFER가 이용할 수 있는, 남아 있는 62개의 규칙이 제시하는 다른 제안은 사실상 배제되었다. 이것은 전체는 복잡하지만 이론이 제시하는 구체적인 경로를 따라갈 때 단순해지는 것과 일치한다.

(G) BRIEFER의 제안은 종종 휴식기간 동안에 팀이 작성한 제안과 매우 비슷하다. 어떤 사례에서는 많은 규칙이 활용되어서 BRIEFER의 제안이 길기도 하고, 때로는 제안이 모순적이기도 하다. 이러한 결과는 관찰된 회기를 적절하게 반영한 것이며, 팀의 논의도 이와 비슷하게 이루어졌다. 팀은 언제나 '무엇을 할지' 결정을 내릴 수 있었지만, BRIEFER는 사용자에게 마지막 결정을 남기곤 한다.[6] 분명한 것은 우리가 이러한 사례를 다룰 때 상담자 및 팀의 의사결정과 규칙을 더 정확하게 구체화할 필요가 있다는 것이다.

---

6 BRIEFER가 '온라인'으로 이용된다거나 실제로 개입을 안내하는 과정으로 사용된다면 '전문가체계'는 해당 범위 조건이 첨가되어야만 한다.

이 프로그램은 처음부터 이 모델과 이론을 사용하는 상담자의 훈련을 도와주기 위해 고안되었다. 간략히 말하자면, 전문가체계가 제시한 질문들은 해결책을 고안해 내는 데 이론적으로 중요한 부분을 반영한다.

BRIEFER I은 원형을 입증하기 위한 우리의 기대를 충족시켰다. 이러한 종류의 지식은 전문가체계에 의해 포착될 수 있음을 보여 주었고, 훈련 도구로서 커다란 가능성이 있음을 보여 주었다. 또한 BRIEFER I은 우리가 관찰을 체계적으로 하도록 훈련하는 것을 도왔으며, 관찰 기술의 개정과 이론의 **핵심 지도**(6장 참조)의 변경을 도왔다. 더욱이 우리는 BRIEFER I을 적용한 경험을 통해서 BRIEFER I에 대한 주요 개정 이상의 새로운 전문가체계를 구상할 수 있게 되었다.

6. BRIEFER II

BRIEFER I이 '만일 이렇다면, 저렇게(If this, then that)'라는 접근을 취하는 것이라면, BRIEFER II는 '만일 이렇다면, 저렇지 않게(If this, then not that)'라는 접근을 사용하여 만들어졌다(Kim, de Shazer, Gingerich, & Kim, 1987). 이렇게 BRIEFER II의 구조는 BRIEFER I과 매우 다르다. 이 구조는 부분적으로 BRIEFER I을 비형식적으로 테스트한 결과로 만들어진 것이다. BRIEFER I, II라는 2개의 프로그램 간의 유사점과 차이점을 설명하기 위해 앞에서 예시된 같은 사례를 활용하고자 한다(굵은 고딕체의 글씨가 컴퓨터 화면에 나타난다).

첫 번째 질문은 다음과 같다.

■ 호소 문제가 있는가?
　- 예.

만약 반응이 '아니요'라면 프로그램은 상담자-내담자 관계가 방문자 범주에 해당하기 때문에 상담자가 단지 칭찬만을 하도록 제시한다. '방문자'란 상담자-내담자 관계를 기술하는 부호 용어(code word)로, 상담자가 상담하는 동안에 내담자가 호소 문제를 설명하도록 도울 수 없는 경우, 그리고 내담자로 하여금 변화에 대한 최소한의 기대를 발전시키도록 하는 것조차도 도울 수 없는 경우를 말한다.

다음의 변수(nn)는 추정적임을 의미한다. 만약 당신이 어떻게 대답할지 확신하지 못한다면 'nn'으로 응답하시오.
■ 그들은 고객인가?
　- 예.

이 점이 첫 번째 버전과 비교할 때 두 번째 버전의 분명한 변화로, 내담자-상담자 관계에 대한 설명은 프로그램을 고객과 불평자라는 2개의 주된 경로로 나누는 데 사용된다.

'불평자'란 상담의 결과로 내담자가 변화에 대한 기대를 발전시키게 되었을 경우, 내담자–상담자 관계를 기술하는 부호 용어다. 불평자의 특별한 종류로 '고객'이라는 부호 용어를 사용하는데, 이는 상담의 결과로 내담자가 해결책 구축을 위해 무언가를 시도하길 원할 때 내담자–상담자 관계를 기술하는 부호 용어다.[7]

이 2개의 첫 질문은 다음의 제안을 배제시킨다. 즉, (1) 단지 칭찬만 한다. (2) 오직 관찰 과제만을 준다.

- 내담자는 고객 집단에 속한다.
- 다음의 변수는 추정적이다. 만약 당신이 어떻게 대답할지 확신하지 못한다면 'nn'으로 응답하시오.
- 예외가 있는가?
  - NN
- 불평이 우연히라도 없을 때가 (너무 적을지라도) 있는가?
  - 예.
- 이런 경우 행동 용어로 기술되는가?
  - 예.

이 응답을 토대로 프로그램은 예외가 있으며, 행동 용어로 기술되기 때문에 실행 가능하다는 것을 '추론'한다. 이에 대한 반응은 여러 갈래의 경로와 그에 따른 특정한 개입을 배제한다. 이제 다음의 5개 방안만이 고려 대상이 된다.

---

7 Fisch, Weakland와 Segal(1983)도 비슷하게 구별하여 사용한다.

■ 당신은 다음의 방안 중 하나를 원할지 모른다.

(1) 더 많이 하라

(2) 예측하라

(3) 관찰하라

(4) 더 많이 하라 + 관찰하라

(5) 다르게 하라

다음의 변수(nn)는 추정적이다. 만약 당신이 어떻게 대답할지 확신하지 못한다면 'nn'으로 응답하시오.

■ 그들은 할 필요가 있는 것을 수행하는 데 자신이 있는가?

– NN

■ 그들이 자신이 있는 것 같은가?

– 아니요.

■ 그들이 결심한 것 같은가?

– 예.

상담자가 생각하기에 내담자가 결심한 것 같다고 보는 것은 프로그램이 다음과 같이 추론하기에 충분하다. 즉, 프로그램은 내담자가 예외를 실행할 가능성이 높아 어느 정도 자신감이 있고, 예외를 지속함은 해결을 위해 무언가를 할 가능성이 있는 것으로 추론한다.

■ 기적질문에 대한 반응이 예외와 일치하는가?

– 예.

이 버전은 상담이 시작되었을 때 상담자가 아직 구체화하지 못했던 기적질문을 사용하였음을 가정한다. 그러나 문제가 해결되었을 때의 모습이 어떨지에 대해 내담자의 견해가 충분히 명확해야 하고, 내담자의 목표가 예외와 일치해야 한다. 즉, 이 사례에서는 아내가 남편에 대한 자신의 반응을 통제할 수 있어야 한다. 그러므로 체계의 질문은 상담자가 기적질문을 사용한 것으로 가정하고 대답할 수 있도록 만들어졌다.

■ 제시: '더 많이 하라'는 과제를 주시오.

■ 당신은 이 방안이 어떻게 만들어졌는지 알길 원하는가?
  - 예.
■ 이 방안은 다음과 같이 만들어졌다.
  - 규칙 22는 다룬다.
    증거들이 있었다.
    내담자는 고객 집단에 속한다.
  - 규칙 80은 다룬다.
    증거들이 있었다.
    불평에 대한 하나의 예외가 있다.
    예외는 행동적 용어로 기술된다.
    이러한 사실들은 제시한다.
    실행 가능한 예외가 있다.
  - 규칙 100은 다룬다.
    증거들이 있었다.
    실행 가능한 예외가 있다.
    이러한 사실들은 제시한다.
    당신은 다음과 같은 방안 중 하나를 원할지 모른다.
    (1) 더 많이 하라

(2) 예측하라

(3) 관찰하라

(4) 더 많이 하라 + 관찰하라

(5) 다르게 하라

- 규칙 51은 다룬다.

증거들이 있었다.

그들은 결심한 것 같다.

이러한 사실들은 제시한다.

사람들은 할 필요가 있는 것에 관해 자신이 있다.

- 규칙 101은 다룬다.

증거들이 있었다.

내담자는 고객 집단에 속한다.

도움에 감사드립니다. 수고하셨습니다!

단기가족치료센터   날짜: 7-28

이름: 마리(Mary)

성별: 여   연령: 40세

처방: 효과 있는 것 더 하기

[예시]

당신은 당신에게 효과적인 것을 발견했기 때문에 같은 종류의 것만
을 계속할 것을 제안합니다.

BRIEFER II 전문가체계의 처방

BRIEFER II의 예시 규칙은 '효과 있는 것 더 하기'라는 과제를 이용하는 규칙이다.

■ (규칙 101
   (만일   (규칙   r020   t)
            (규칙   r100   t)
            (사람   자신 있음   t)
            (질문   기적-e   t))
   (그렇다면
            (처치   과제   더 하기)
            (처치   끝   t)))

이것은 다음과 같음을 말해 준다.

(1) 규칙 20은 참이다. 즉, 내담자는 고객이다.

(2) 규칙 100은 참이다. 즉, 실행 가능한 예외다.

(3) 내담자는 자신이 있다.

(4) 기적질문은 예외와 일관성이 있었다.

(5) 그러므로 '더 하기'라는 과제를 제시한다.

(6) 그리고 마침내 질문은 끝이 난다. 끝부분에 '더 하기'라는 메시지를 준다.

내담자는 남편이 언제 연락할지 절대 알지 못한다(즉, 우연한 불평). 그래서 상담자는 내담자가 계속 혼란스러울 수 있기 때문에 우연한 요소를 갖는 동전 던지기 과제를 개입 방안에 추가한다. 이 제안은 호소 문제의 우연한 요소들에 대해 묻지 않은 것을 제외하고는 아주 적합하였다. 더 많은 사례(즉, 불평에 우연적 면이 있는 사례)가 같은 경로를 따른다면 프로그램은 개정이 필요할 것이다.

BRIEFER II는 아직 진행 중이므로 변화 가능하다. 현재 형태는 이론의 변화를 반영하며, 단기상담자가 무엇을 결정해야 할지 알 수 있도록 '만일 이렇다면, 저렇지 않게'라는 설명을 기초로 한다.

과제가 선택되는 방법과 상관없이 과제의 선택은 기술된 내용보다 어떻게 상황이 기술되었는지를 기초로 이루어진다. 예를 들면, 내담자의 호소 문제가 콜라의 남용에 관한 것이든 의사결정의 문제이든 간에 어떤 종류의 과제가 적합한지를 결정하는 것은 상담에서 보여 준 내담자의 기술 형태(description form)이며, 상담 후의 휴식 시간은 과제라고 하는 뼈대 위에 살을 붙이기 위한 시간으로 사용된다.

7. 결론

BRIEFER I과 BRIEFER II는 BFTC에서 상담자들이 실제로 사용했던 개입과 매우 유사한 개입을 종종 제시한다. 두 프로그램의 대부분의 질문은 '예'와 '아니요'의 단순한 대답으로 응답할 수 있도록 구성되어 있다. 이것은 BFTC의 상담자들이 사용했던 방법을 보여 준다. 우리는 주로 관찰자를 훈련할 때 이와 비슷한 방식으로서 '예'와 '아니요'로 답하는 간단한 질문을 한다. 이러한 관찰 훈련 방법은 어떤 부류의 개입을 해야 할지, 그리고 가끔은 같은 부류 내에서도 어떤 특별한 것이 더 적절한지를 파악하는 데 효과적이다. 때때로 BRIEFER I은 어떤 종류의 것을 해야 할지를 제시해 줄 뿐 아니라 그것을 어떻게 해야 할지를 부분적으로 제시하기도 한다. 그러나 '어떻게 해야 할지'와 같은 상담의 예술적인 면은 완전히 상담자의 몫으로 남는다. 상담자를 대체하는 개입이란 존재하지 않으며, 이 프로그램들을 시도한 이유는 단지 상담자가 무엇을 관찰하고 생각해야 할지 그 훈련을 돕기 위한 것이다.

한편으로, BFTC의 상담자들은 두 BRIEFER에서 발췌한 다음의 질문에 초점을 맞추어 관찰하도록 훈련한다.

---

(1) 호소 문제가 있는가?

　　예　　아니요

(2) 예외가 있는가?

　　예　　　아니요

(3) 목표가 있는가?

　　예　　　아니요

(4) 목표는 예외의 지속과 관련이 있는가?

　　예　　　아니요

상담의 주 경로는 응답의 여러 가능한 순서에 따라 나타난다. 세부적인 것은 뒷장(6장과 이후의 장)에서 다룰 것이지만 현재로서도 모델로서 이 프로그램들을 사용하여 관찰을 훈련한다면 상담 시

과제, 개입 계획과 선택에 관한 것들을 단순화할 수 있다.

예를 들어, 첫 번째 질문은 명백하게 상담자-내담자 관계를 강조한다. '예'라고 답하면, 관계는 '불평자'나 '고객'에 해당되고, 상담이 시작될 수 있다. 휴식기간 동안에 상담자가 4개 모두의 질문에 '예'라고 답하면 내담자에게 효과적인 것을 더 하라는 부류의 개입을 추천한다. 만약 첫 번째와 세 번째 질문에 '예'라고 답하고 다른 질문들에 '아니요'라고 답하면, 목표를 달성할 수 있도록 돕는 과제가 제시된다. 그러나 첫 번째 질문에 대한 응답이 '아니요'라면, 아직 상담이 시작되지 않았기에 어떤 과제도 요구하지 않는다. 물론 이 주된 질문에 대한 각각의 반응은 더 세부적인 후속 질문으로 이어지는데, 후속 질문 역시 관찰한 상담이 '예'와 '아니요'로 응답이 가능한 상담의 유형과 형태를 묻는 질문이다. 이와 같이 이 모델 내에서의 전문적 관찰은 이야기의 내용이 무엇인지에 초점을 맞추는 것보다 상담자와 내담자가 어떻게 상담을 구성해 가는지, 그리고 상담이 진행되면서 그 유형이 어떠한지에 주의를 기울이도록 요구한다.

제3장

무엇을 할지 아는 방법

내담자를 만날 때 상담자의 주된 관심사는 무엇을 언제 할지를 어떻게 아느냐 하는 것이다. 일단 언제 할지를 알고 나면, 상담자가 아는 것을 어떻게 수행할지에 대한 두 번째 관심사가 생긴다. 첫 번째 질문에 대한 답변은 상담자가 따르는 이론이나 모델로부터 나온다. 무엇을 해야 할지를 글로 표현한 것을 보면 상당히 엄격해 보인다. 그러나 상담은 융통성과 상상을 통해 이루어진다고 볼 수 있기 때문에 두 번째 질문에 대한 답변은 첫 번째 질문에 대한 답변보다 덜 엄격한 분야에서 얻을 수 있다.

상담을 은유적으로 표현하자면, 예술의 일부 또는 과학의 일부로 볼 수 있기에 공예품으로 보는 것이 가장 적절하지 않을까 생각한다. 실용성 있고 기능적인 도자 항아리를 만들기 위해서 반드시

위대한 예술가이어야 하는 것은 아니다. 그러나 실패와 성공을 가늠할 수 있는 명백하고 교육 가능한 규칙과 방법이 존재한다. 이러한 점에서 본다면 항아리는 항아리이기에 기능적으로 물을 담을 수 있는지의 여부로 성공 여부를 가늠할 수 있다. 그러나 어떤 항아리는 그 이상의 의미가 있다.

우리는 고대 그리스나 중국 사람이 만든 항아리를 유용성과 유물이라는 점만으로 보물로 여기지는 않는다. 우리는 그것이 예술 작품이기 때문에 보물로 여기는 것이다. 예술 작품이 기능적이라 하여 그것을 만드는 사람이 얼마나 규칙을 잘 따랐는가에 의해서만 그 가치를 판단하는 것은 아니다. 실제로 때로는 공예가가 그 시대에 알려진 규칙을 따르지 않을 때 오히려 항아리가 값진 것이 되기도 한다. 그러나 일단 어떤 사람이 규칙을 깬 항아리를 만들면 모방과 복제의 규칙이 창조될 수 있으며, 그 후 다른 사람들은 새로운 규칙에 따라 충분히 기능적인 항아리를 만들 수 있다. 이렇게 항아리를 만드는 공예학파는 거장의 규칙을 따르면서 그 주변으로 모인다. 어떤 학파 내에서도 어떤 개인의 작품은 동료와 똑같은 규칙을 따름에도 불구하고 예술품으로서 뛰어날 수 있다. 예술가들이 반드시 규칙을 깨는 혁명적인 사람일 필요는 없다.

이러한 의미에서 상담은 공예품이다. 예를 들어, 프로이트 (Freud)와 에릭슨(Erickson)은 그 시대의 규칙을 위반하였는데, 결과적으로는 '예술가'나 '거장'으로 볼 수 있다. 이들의 뒤를 쫓는 우리는 이들의 업적을 연구하여 교육 가능한 규칙을 만들어 낼 수 있다. 그리하여 상담이 진짜 예술은 아니지만 적어도 적용할 수 있고 기능적이며 실용적일 수 있도록 하는 것이 가능하다. 규칙을 창조하는 학파는 쿤(Kuhn, 1970)이 사용했던 용어인 '정상과학(normal science)'과 유사한 무엇인가를 하는 것으로 보일 수 있다. '정상과학자들(normal scientists)'은 자신들이 추종했던 패러다임의 창조자가 따랐던 것에 대해 숙고하고 그것을 믿으며 규칙을 따르는데, 그들의 주요 '문제들'은 거장이 남겨 놓은 수수께끼들에서 발견된다.

1. 시간 속의 가상 지향

1982년 이후 우리가 BFTC에서 해 온 작업은 에릭슨(Erickson, 1954)의 논문인 「최면 과정과 같은 시간 속의 가상 지향(Pseudo-Orientation in Time as a Hypnotic Procedure)」, 에릭슨의 논문을 토대로 한 드세이저(de Shazer, 1978a)의 논문인 「두 명의 성기능장애자의 단기 최면치료: 수정구슬기법(Brief hypnotherapy of two sexual dysfunctions: The crystal ball technique)」에서 제기된 수수께끼를 해결하기 위한 것이었고, 첫 회기 공식 과제(de Shazer, 1985)를 사용하여 얻은 경험의 결과물이었다.

에릭슨의 기법은 연습을 통해 완성되고, 일단 행동으로 옮기면 계속 하게 되며, 위대한 행위는 희망과 기대의 산물이라는 일반적인 인식을 활용함으로써 형성되었다. 이러한 아이디어를 활용하여 그는 환자가 바라는 상담목표를 **이미 성취한 실제인 것처럼**

(actualities already achieved) 심리적으로 효과적으로 반응할 수 있는 상담 상황을 만들었다.

이러한 과정은 최면을 이용하여 시간을 과거로 보내는 것이 아니라 반대로 미래를 지향하도록 하는 것이다. 이렇게 환자는 이미 성취하였다고 믿었던 그 시간에 이미 성취하였다고 믿는 그것에 대해 분리되고 연관성이 없는 객관적인 관점을 가지면서 동시에 주관적인 관점을 가질 수 있게 된다. 그러나 그러한 성취가 자신의 희망과 소망의 상상 속에서 표현된 것이라는 점을 인식하지 못한다(Haley, 1967, p. 369).

수정 구슬을 사용한 에릭슨의 작업은 정신을 몽롱하게 유도하는 것과 같은 일반적인 최면을 통해 이루어져 왔지만, BFTC에서 우리가 작업할 때에는 이러한 최면 없이 이루어진다. 실제로 우리는 그 반대 방향으로 노력한다. 상담자와 내담자는 내담자가 해결책을 얻기 위해 무엇을 해야 할지 의식적이고 의도적으로 함께 계획한다. 상담 상황에서 문제가 이미 해결된 미래를 세부적으로 묘사하게만 하여도 문제가 **해결될 것**이라는 기대를 갖도록 도와주며, 이러한 기대가 일단 형성되면 내담자가 기대를 성취하도록 사고하고 행동하는 데 도움을 줄 수 있다.

기법 자체보다 더 중요한 것은 수정 구슬에 관련된 2개의 논문(Erickson, 1954; de Shazer, 1978a)이 은연중에 암시하고, BFTC의 연구(de Shazer, 1985; de Shazer, Berg, Lipchik, Nunnally, Molnar, Gingerich, & Weiner-Davis, 1986)에서 보다 명백하게 나타난 발상과 가정일 것이다. 이 연구들에서 설명하는 상담이란 내담자가 자

신의 자원과 성공을 기초로 해결책을 구성한다는 가정을 토대로 하여 이루어진 것임을 알 수 있다. 이는 우리에게 보다 친숙한 생각인, 내담자가 뭔가 잘못하고 있어서 상담자가 치료하고 고쳐야 할 필요가 있다고 보는 관점과 극명히 대조된다. 사실 BFTC의 개입 계획 과정과 상담 행동강령을 보면 문제와 불평을 명백하게 최소한으로 이야기한다.

에릭슨의 논문을 주의 깊게 읽어 보면 내담자의 상황을 아주 꼼꼼하게 기술하고 있기 때문에 독자로 하여금 그가 구체적이고 아주 독특한 과제를 주어 개입한 것이 아닌가 생각하게 할지 모른다. 그러나 에릭슨은 단순히 최면 속에서 내담자 스스로 해결책을 고안해 내게 한 뒤, 내담자가 현실로 돌아가 실제로 성공했다는 이야기를 기다리는 것이었다. 이것이 수수께끼의 또 다른 부분이다. 단순히 문제가 해결된 상황이나 삶을 상상하는 것만으로 어떻게 문제가 실제로 해결되도록 이끌 수 있을까?

2. 초점

대부분의 초기 상담은 내담자가 상담에 오게끔 한 불평이나 문제를 묘사하는 것으로 시작한다. 그 후 상담자가 중요하게 여기는 점이 모델에 따라 다양하긴 해도 호소 문제에 대해 종종 아주 세부적으로 탐색한다. 해결중심모델이 더욱 발달함에 따라 이 단계가 점점 짧아졌고, 점점 덜 중요시되었다. 아주 짧은 시간 내에 상담자는 예외 찾기를 시도함으로써 해결책을 구성하기 시작한다. 즉, 상담자는 문제가 발생하지 않았던 때를 가능한 한 구체적으로 탐색한다. 내담자가 상담자에게 얼마나 많은 불평을 하든지 간에 대화는 문제가 일어나지 않은 때로 다시 돌아오도록 한다. 그 후 상담자는 내담자가 문제가 해결된 미래에 대한 비전을 묘사하도록 방향을 전환할 것이다. 이러한 일은 문제에 대해 충분하게 설명하거나 원인에 대해 알지 않고도 이루어지며, 놀랍게도 때로는 문제를 해결하기 위해 어떤 단계가 필요할지 논의하지 않아도 이루어진다. 해결에 대한 이러한 비전은 종종 미래까지 계속될 예외와 직접 관련되기도 하지만 어떤 때는 그렇지 않을 때도 있다. 짧은 시간의 휴식을 가진 후, 상담자는 구축된 비전이 실제 해결로 나타날 수 있도록 다음 단계를 제시한다. 2회기에서는 내담자가 불평 없는 삶을 위해서 어떤 단계를 밟아야 하는지를 기술하고, 다음 단계를 정의하며, 만족할 만한 해결이 이루어져서 내담자가 만족할 때까지 이 주기는 반복된다. 물론 모든 사례에 있어 이러한 묘사가 쉽게 이루어지는 것은 아니지만 전반적인 과정은 똑같다.

이상의 간단한 묘사는 보다 더 복잡한 설명이나 기술을 통해서 더 잘 이해될 수 있을 것이다. 그러나 앞의 한 문단조차 이 모델이 에릭슨이 제기했던 수수께끼의 영향을 받았다는 것을 시사한다. 즉, 해결책은 내담자가 해결해야 한다고 생각하는 호소 문제와 직접 관련될 필요가 없다. 물론 내담자의 문제는 해결책의 한 부분으로서 해소될 필요가 있으며, 그렇지 않으면 내담자가 상담자에게 기대한 것을 하지 않은 것이 된다. 그러나 문제를 성공적으로 해소한다는 것은 내담자의 문제를 세부적으로 탐색하거나 문제를 정확하게 정의하거나 아주 길게 이야기하는 것을 의미하지는 않는다.

3. 이것이 어떻게 가능할까?

　호소 문제를 충분히 이해하지 못함에도 불구하고 상담이 어떻게 내담자의 불평을 해소할 수 있을까? BTFC의 상담자는 어쩌면 당신에게 "모든 불평은 비슷하다."라고 말할지 모른다. 대부분의 사례를 볼 때 내담자의 불평은 합리적인 대안이 무엇인지도 모르면서 **부재한**(absence) 것을 원한다. 내담자가 원하는 것은 단지 우울하지 않거나 자녀가 오줌을 싸지 않거나 계속 다투지 않는 것뿐이다. 그러나 상담자가 "좋아요. 그런데 당신은 더 이상 우울하지 않을 때, 자녀가 더 이상 침대에 오줌을 싸지 않을 때, 당신들이 더 이상 계속해서 싸우지 않을 때 무엇을 하고 있을까요?"라고 물으면 그들은 당황한다. 자주 듣는 첫 번째 반응은 "제가 더 행복해지겠지요."라는 것인데, 이것은 의심할 여지없이 사실일 것이다. 그러나 내담자는 그때 무엇을 하고 있는 것일까? 여기에서 어려운 점은 존재하지 않은 것을 입증할 수 없다는 것이다. 내일 우울이나 다툼, 혹은 오줌을 싸는 것을 멈춘다면 모레 다시 그런 일이 시작되지 않을 것이라고 어떻게 알 수 있을까? 그러나 우리가 매일 조깅을 한다거나 가끔씩 안아 준다거나 아버지가 매일 아침 7시 15분에 자녀를 깨우는 일이 예외의 일부분이거나 상상해 본 해결책의

일부분이며 목표의 일부분이라는 것을 알게 될 때 우리는 그것이
진짜 해결의 일부인지를 알기 위해 행동의 빈도나 시작을 측정할
수 있고, 습관이 되도록 할 수 있다. 만약 그렇지 않다면, 모든 사
람은 무언가 다른 것을 할 필요가 있다.

4. 어떤 일도 항상 일어나지는 않는다

  단순함은 종종 우연히 발생하지 않는다. 그것은 다소 시간이 흐
르고 많은 복잡한 사고의 과정을 거치면서 이루어진다. 지난 4년
여 동안에 동료들과 나는 모든 '규칙은 예외를 갖는다.'라는 흔히
사람들 간에 전해져 온 생각이 실제 임상적으로 중요함을 깨달았
다. 우리는 '호소하는 문제가 없을 때 발생하는 모든 것'을 예외라
고 정의해 왔다(de Shazer, 1985; de Shazer et al., 1986).
  아들이 오줌 싸는 것에 관해 불평하는 가족의 경우를 예로 들자
면, 우리는 무슨 일이 일어나고 있었는지, 가족들은 각자 무엇을
하고 있었는지, 문제가 발생하기 전과 후에 어떤 일이 발생했는지,
그 유형을 조사하고 설명하려고 시도하곤 하였다. 이러한 생각은
일단 우리가 상호작용의 유형을 알아야 가족으로 하여금 그 유형
에 변화를 주어 결국 오줌 싸는 것을 없앨 수 있도록 돕는 적당한
개입을 고안해 낼 수 있다는 믿음 때문이었다. 이 접근이 아주 효
과가 있음에도 불구하고 불행히도 상담자와 가족이 이 접근을 효
과적으로 사용하는 데 있어 그 유형을 아주 자세하게 알아야 할 만

큼 모든 호소 문제가 충분히 묘사되지 못하였다. 실제로 많은 경우에 상담자는 가족이 유형을 명백하게 묘사하도록 도울 수 없으며, 일방경 뒤의 관찰자도 회기 동안에, 그리고 녹화된 영상을 반복적으로 검토한 뒤에도 상담대화에서 유형 묘사를 추출할 수 없다.

5. 그러나 그것은 그렇게 단순할 수가 없다!

많은 상담 사례에서 예외를 탐색하고 발견한 결과는 우리에게 문제가 없을 때, 즉 침대가 말라 있을 때가 있다는 사실을 알게 해 주었다. 예를 들어, 아이는 어떤 때, 그리고 어떤 상황에서 마른 침대를 갖는지 **방법을 알고 있었다**. 매우 단순한 생각이다! 우리가 시도했던 이전의 모든 연구와 다른 사람의 연구들을 되돌아볼 때 이러한 사실은 충격으로 다가왔다. 그러나 수없이 많은 날을 잠 못 이루고 더 많은 관찰과 연구를 거듭하면서, 그리고 더 많은 생각을 통해 우리는 이전에 만든 지도를 재조정하고, 이론을 재구성하였다. 우리는 다음과 같은 의문을 갖기 시작하였다. 우리가 해결을 촉진하기 위해 열쇠(개입)가 필요 없을 때도 있는가?

예외가 해결로 이끌지도 모른다는 생각은 가족이 침대가 **말라 있는** 것을 발견할 때 어떤 일이 발생하고 이때 가족은 무엇을 하는지 설명하도록 질문하게 하였고, 가능한 한 1회기 초반에 이러한 질문을 하게 하였다. 전에는 젖은 침대와 마른 침대가 같은 유형의 번갈아 나타나는 버전이라고 가정했는데, 이제 우리는 더 단순한 가정을 하기 시작한다. 즉, 이들은 **다른** 유형으로 기술될 수 있다. 두 유형 모두 기술될 수 있지만 우리는 먼저 마른 침대 유형에 관심을 갖고, 그다음에 유형 간의 차이에 관심을 갖는 방법을 취하였다. 사실 우리는 가족이 예외를 언급했기 때문에 가족이 언제 침대가 말라 있는지 일단 설명할 수 있을 거라는 가능성을 안다면 우리는 종종 가장 단순한 첫 단계를 취한다. 즉, 가족이 **젖은** 침대를 발견할 때 마른 침대 유형의 행동을 적용할 것을 제안한다. 우리는 어떤 사례의 경우 그 유형을 자세히 알지 못할지라도 이러한 제안을 할지 모른다.

사례 2[1]

한 가족이 10세 아들이 침대에 오줌을 싸는 문제를 도와주기 위해 상담실을 찾았다. 가족들은 지난 6개월 동안 가끔씩 침대가 말라 있었던 것(예외)을 발견하였다. 그러나 아이가 거의 매일 밤 오줌을 싸서 침대가 젖어 있었다. 그들은 4년여 동안 여러 가지 방법을 취해 보았으나 모든 것이 효과가 없었다. 아이는 신체적으로 아무 이상이 없었고, 적어도 지난 6년 동안 바지에 오줌을 싼 적도 없었다(다른 예외). 부모와 아들은 밤 동안에 침대가 젖은 날과 마른 날의 차이를 설명할 수가 없었는데, 6세의 딸이 오빠의 침대는 수요일 아침마다 젖지 않았다고 지적하였다. 그리하여 그 차이에 주

---

1 이 상담은 일방경 뒤의 팀 없이 이루어졌다.

목할 수 있었다. 다른 날은 어머니가 아들을 깨우는데, 수요일 아침은 아버지가 아들을 깨우는 날이었다. 아이들을 상담실에서 내보낸 후 상담자는 다음 상담을 하러 오기까지 2주 동안 아버지가 아들을 깨우는 것이 어떨지 제안하였다. 부모 모두 일상생활의 이러한 일시적 변화에 동의하였고, 이 계획을 비밀에 부치기로 하였다.

2주 동안 침대는 말라 있었다. 이 기간은 아들이 이제까지 살아오는 동안 오줌을 싸지 않은 가장 긴 기간이었다. 그러나 아버지는 아이를 깨우는 것이 계속 불편하였다. 그리하여 부모는 앞으로 2주 동안 매일 다음 날 누가 아들을 깨울 것인지 동전을 던져 결정하는 데 동의하였다. 그렇게 1~2주 동안에도 마찬가지로 매일 아침 침대가 말라 있었다. 다음 달에는 계획을 변경하여 부모가 미리 계획을 세울 수 있도록 하였다. 그 결과, 아버지가 계속해서 매주 세네 번 정도 아침에 아들을 깨우기로 하였으나 아들에게는 누가 자신을 깨우는지 알리지 않았다. 두 달 동안 마른 침대를 경험한다면 부모는 그동안 아들이 요청해 온 알람시계를 상으로 주는 데 동의하였고, 아들은 예정대로 알람시계를 선물로 받았다.

여기에 무슨 일이 일어난 걸까? 아이를 깨우는 것이 그 전날 밤 일어난 일에 어떻게 영향을 주었을까? 아들이 다음 날 자기를 깨우는 사람이 아버지란 사실을 아는 것은 확실히 아들이 침대를 마른 상태로 유지하도록 하는 데 영향을 미칠 수 있었다. 그러나 1회기 다음 날인 금요일 아침에 아들의 침대가 말라 있었다. 그런데 아들은 아버지가 자기를 깨울 것이라는 것을 알지 못하였다. 금요일에 아버지가 아들을 깨운 사실과 마른 침대 간의 연결이 있다면 그것은 무엇일까?

이 사례의 개입은 아주 단순한 규칙을 따른다. 즉, **효과가 있는 것을 안다면 그것을 더 하라.** 가족은 아버지가 수요일에 아들을 깨울 때 침대가 말라 있었다고 상담자에게 말하였다. 이것은 젖은 침대 규칙에 관한 유일한 예외였다. 이와 같은 '규칙'은 관찰자가 만든 지도의 유일한 부분이다. 개입은 마른 침대 유형을 촉발하기 위한 시도였다. 자신을 깨우는 사람이 아버지라는 것을 아들이 알아차린다면 이제 아들이 오줌을 싸지 않을 것이라고 기대하는 것이 일리가 있는 듯하지만, 상담 온 바로 다음 날 이와 같은 일이 발생했다는 것은 설명하기 어렵다.

아들이 상담자가 부모에게 말한 것을 상상한 것인지, 또 사건의 발생 과정을 상상한 것인지 물론 알 길이 없다. 어쩌면 아들의 마른 침대와 관련 있는 아버지의 깜짝 깨움이 실제로 마른 침대 유형을 강화시킬지 모른다. 아마도 아들이 무슨 일을 예상해야 할지 알지 못했어도, 그것 자체로도 자신이 젖은 침대에서 깰지 모른다는 예상을 약화시키는 데 충분한 것 같다. 일단 기대가 달라지면 유형은 변할 수 있다.

단기상담자에게 이 이야기는 단지 '그냥 그렇게 된 거구나.'라고 받아들이고, 다른 사람이 아이를 깨우면 마른 침대를 갖게 할지 모른다고 앞으로 참고할 정도로 기억하면 족할 듯하다.

한동안 침대가 마른 상태로 있어서 이제 무엇이 달라졌는지 설명하도록 요청하였더니 어머니는 다음 날 젖은 침대를 보지 않겠구나 하고 기대하여 안도감을 느껴서 저녁에 아들에게 다르게 대했는지도 모르겠다고 대답하였다. 아버지는 아내가 아들을 다르게 대하는 태도가 1회기 이후 즉시 나타났다고 하면서 어머니의 말을 인정하였다. 이후에는 아들의 숙제와 아이들의 잠자는 시간에 관한 소소한 일들에 대해 이야기가 오갔다.

6. 효과가 없으면 다른 것을 하라

사례 3

40세의 A 부인은 이갈이 문제 때문에 치과 의사의 의뢰로 상담실을 찾았다. 그녀는 단 하나의 예외도 기억할 수 없었다. 매일 밤 이를 갈았고, 그로 인해 두통에 시달렸으며, 턱이 아프고, 치아에 이상한 장치를 하고 있었다. 그녀의 이러한 생활 묘사는 상담자에게 지극히 '정상적'인 것처럼 들렸다. A 부인은 직장, 자녀 및 남편에 대해 불만이 있으나 그것이 문제가 되지는 않는다고 하였다.

상담자는 A 부인에게 한 가지 실험을 해 볼 것을 제안하였고, 그녀는 동의하였다. 상담자는 그녀에게 남편과 침대 자리를 바꾸어 다른 쪽에서 잠을 자고, 결과가 어떤지 면밀히 관찰하도록 요청하였다. 그녀는 당황스러워했지만 그렇게 하기로 동의하였다.

2주 후, A 부인은 결과를 보고하였다. 그녀와 남편은 실험을 이해하지 못했지만 침대의 자리를 바꾸었다. 첫째 날 밤에 그녀는 잠자는 데 약간의 어려움을 겪었지만 더 이상 이를 갈지 않았다. 사실 그 2주 동안에 그녀는 실제로 한 번도 이를 갈지 않았다.

무슨 일이 일어난 걸까? 침대의 잠자는 자리를 바꾸는 것과 이갈이 치료는 어떤 관련이 있는 걸까? 침대의 잠자는 자리를 바꾸는 것과 이를 갈지 않는 것은 어떤 관련이 있는 걸까? 이것은 상담이라기보다는 마술일까? 과학이라기보다는 마력일까? 상담자가 제안하고 A 부인이 따랐더니 이갈이가 그쳤는데, 이때 무슨 일이 일어난 걸까?

이 이야기는 우리 문화의 사람들이 오랫동안 문제의 본질이 해결책을 규정한다고 생각해 왔기 때문에 당황스럽다. 우리는 종종 문제를 이해하는 것이 그것을 해결하는 첫 단계라고 믿어 왔다. 이 가정은 **논리적인** 듯하지만 사실 그것은 논리 그 이상인 듯하다. 그것은 상황의 본질 안에 있는 것 같다. 이러한 틀로 본다면 어떤 문제, 예를 들어 이갈이에 대한 해결은 문제의 본질과 논리적인 관계를 가져야만 할 것 같다. 그렇다면 이 사례에서 해결책은 이갈이의 특성과 특별히 관련이 있어야 한다. 그러나 이갈이와 잠자는 위치 간의 연결은 아무리 좋게 말해도 근거가 빈약하고, 최악의 경우로 말하자면 어리석고 괴상해 보이기까지 한다.

그렇다면 이것은 우연히 초자연적으로 한번 일어나는 사건에 불과한 이야기인가? 혹은 문제와 해결책 간에 우리가 가정해 온 연결을 재고해 보게 하는 어떤 변칙적인 예인가? 만약 이 예가 우연이나 기적이 아니라면 상담 상황에서 무슨 일이 일어나는지 보다 더 재고하게 하는 기회로 이끌지 모른다.

그러나 여기에 무슨 일이 일어난 걸까? 실험적으로 침대 면을 바꿔 본 것은 구전으로 전해진 단기상담의 일부분을 보여 주는 사례들 (이 사례들은 반드시 출간된 문헌 자료는 아님)을 기초로 한다. 단기 상담자들은 반복되는 악몽, 불면, 코골이, 오줌 싸기 및 성관계 빈 도 문제를 해결하기 위해 실험적으로 잠자는 위치를 바꾼다는 이 야기를 하곤 한다. 우리가 해소하려는 문제와 해결책이 논리적으 로 관련이 있다는 가정을 취한다면 이갈이와 이상의 다른 호소 문 제들을 연결시키는 것은 혼돈을 더 가중시킬 뿐이다. 그러나 단기 상담자에게 있어 연결성은 명백하다. 즉, 이 모든 사례의 경우 침 대와 잠자는 위치는 문제가 발생하는 맥락의 부분이다.

우리 문화의 사람들이 갖는 또 다른 가정은 문제를 해결하기 위 해서 그 원인을 알 필요가 있다는 것이다. 우리가 일단 원인을 안 다면 문제를 해결하기 위해 그에 대해 어떤 조치를 취할 수 있다 고 본다. 상담자는 특히 무의식적 갈등, 과거의 트라우마, 결혼, 가 족 및 직장 문제에서 종종 인과관계를 찾는다. 인과관계의 가정은 때로 확실히 유용할 수 있지만, 이갈이 사례나 다른 비슷한 사례의 경우를 보면 침대에서의 잠자는 위치가 문제의 원인과 관련이 있 다고 상상하기는 어렵다.

단기상담자들은 보통 이러한 인과관계의 가정을 받아들이지 않 으며, 이들이 하는 작업은 근본적으로 다르다. 대부분의 다른 종류 의 상담과 달리 단기상담은 사람 중심이나 가족 중심이라기보다는 상황 중심인 경향이 있다. 즉, 문제의 원인이 무엇이든지 간에 문 제의 지속은 문제가 발생하는 맥락이나 상황과 관련이 있고, 문제가 계속될 것이라는 기대와 관련이 있다고 가정한다. 단기상담자는 A 부인의 경우 이갈이를 촉발하는 수면 상황에 미묘한 단서가 있다고 가정하고, 그 상황을 변화시키도록 제안할 수 있었다.

우리는 종종 문제의 종류가 무엇이든지 간에 대가를 얻거나 보상을 받음으로써 문제를 유지하는 것으로 가정한다. 즉, 계속된 이갈이는 그 보상이 무엇인지 모르지만 지속적인 보상을 보장한다. 이러한 가정은 A 부인이 이갈이를 중단하기 위해 같은 종류의 보상을 제공받을 다른 방법을 개발할 필요가 있다는 생각을 갖게 하였다.

이 가정은 특별한 사례에만 유용하거나 또는 유용하지 않을지도 모른다. 단기상담자는 문제가 단순히 자체적으로 유지되고, 그게 전부라는 생각을 더 많이 가정하는 것 같다. 이러한 가정은 행동, 사고, 감정, 지각 및 맥락을 다르게 할 때 문제가 해결되어 차이를 가져올 기회를 준다는 생각에 이르도록 하였다.

단기상담자는 통상적인 가정을 하지 않는 경향이 있기는 하지만 다른 사람들이 그런 추정을 하고 있다는 것을 알고 있다. 단기상담자가 이를 고려하고 있기 때문에 이를 생각하는 내담자의 경우에 한해서 이러한 가정은 중요하다. 상담자는 상담 동안에 내담자가 갖고 있는 가정에 대해 이야기를 나누고, 이를 고려하여 개입할 것이다. A 부인에게 이갈이는 수수께끼였다. A 부인과 치과 의사는 이를 설명할 수 없었고, 그들이 한 노력은 어떤 것도 효과가 없었다. 이러한 상황에서 실험적인 접근은 그녀에게 합리적인 것처럼 보였다.

이갈이가 단지 한 사람의 문제이고, 성관계 빈도 문제는 두 사람의 문제에 속하는 것 같기 때문에 이 문제들은 비슷하기보다 다른 것처럼 보인다. 실제로 사람들은 종종 관여된 사람의 수가 다른 종류의 문제와 다른 형태의 해결책을 만든다고 가정한다. 마음속으로 이런 가정을 할 때 A 부인과 같은 사람은 합리적으로 생각하여 수수께끼 같은 문제에 수수께끼 같은 해결책을 제시해 줄 최면치료사나 개인에게 초점을 맞추는 상담자를 찾는 반면, 다른 부부들은 부부상담자나 성상담자를 찾을지 모른다. 더 복잡한 상황을 예로 들자면, 악몽을 꾸는 아동의 부모는 아동상담자를 찾거나 혹은 적어도 세 사람이 문제와 해결에 포함될 수 있기 때문에 가족상담자를 찾을지 모른다. 부모가 어떤 상담자를 선택할지는 그들이 문제에 대해 어떤 가정을 하고 있느냐에 달려 있다. 이러한 가정을 기초로 한다면 악몽 문제는 이갈이 문제와 다르며, 이 2개의 문제는 성관계 빈도 문제와 다름이 명백하다.

그러나 단기상담자는 이상의 사례 중 경우에 따라 혹은 모든 사례에 수면 상황의 변화를 제시하였을지 모른다. 상담자는 부부에게는 침대의 눕는 자리를 서로 바꾸도록 하거나 아이에게는 침대 발치에 머리를 두고 자도록 하거나 가족에게 아이방의 침대 위치를 바꿔 주도록 요청하였을 수도 있다. 이질적으로 보이는 이 모든 예에서 단기상담자는 **맥락**이나 행동 환경을 어떤 면에서는 비슷한 것으로 보아 이를 실험조작과 치료적 개입의 대상으로 보았다. 단기상담자는 행동, 감정, 사고, 지각 및 특수한 맥락이 모두 같은 유형의 한 부분들이라고 보기 때문에 맥락, 행동, 사고, 감정 및 지각에서의 차이가 반드시 유형 전체에 영향을 미친다고 생각한다.

잠자는 위치의 변화가 이갈이처럼 특수한 예에 효과가 있는 것과 같이 해결책 발견은 물론 그렇게 간단하지는 않다. 어떤 유형의 다양한 요소(elements) 간의 연결은 다른 형태를 띠기도 하고, 종종 다양한 요소에 다른 강조점을 두기도 한다. 유형이 '의미'하는 것과 유형의 요소들이 '의미'하는 것, 유형의 형태가 '의미'하는 것은 참여자와 관찰자의 해석에 달려 있다. 간단히 말해 이갈이가 A 부인에게 어떤 것을 의미한다면, 치과 의사에게는 다른 것을, 단기상담자에게는 또 다른 것을 의미할지 모른다. 참여자 각자가 자신의 눈앞에 벌어진 상황과 관련이 있다고 생각한 것을 기초로 자신에게 의미 있는 것을 구성한다.

상황이 개인에게 제시하는 의미는 적어도 일정 부분 다른 참여자가 같은 상황에서 어떠한 의미를 구성하느냐에 달려 있다. 단기상담자가 갖는 의미와 치과 의사가 갖는 의미는 두 사람 다 A 부인이 제공한 모든 정보를 기초로 하기 때문에 A 부인이 갖는 의미와 밀접한 관련이 있다. 상담자가 맥락과 인간관계에 대한 지식을 참고하는 동안 치과 의사는 치아, 턱, 근육에 관한 지식을 참고할 것이다.

우리는 A 부인이 남편과 싸우는 것을 피하는 대신에 '이를 가는' 것이며, 부인은 싸움을 피하고 있는 것일지 모른다고 상상할 수 있다. 상황이 A 부인에게 이러한 의미를 가리킨다면, 단기상담자는 부부관계가 이갈이 맥락과 관련이 있다고 생각할지 모른다. 이 실험을 통해 A 부인과 남편 간의 갈등이 드러날지 모른다. 그렇기에

A 부인이 기꺼이 그러한 위험을 무릅쓰려고 하지 않는 한 다른 과제를 제안해야만 할 것이다. 부부관계는 유형의 다른 측면이어서, A 부인과 상담자는 그와 같은 과제를 선택하였고, A 부인이 남편과 친밀한 관계이기 때문에 자신의 잠자는 위치를 변화시킬 수 있는 것처럼 간단하게 부부관계에 영향을 미칠 수 있다고 보았다.

7. 체계에 대한 고려

상담자가 내담자의 상황에 대해 무엇을 하고 어떻게 생각하느냐는 상황 지도에 달려 있다. 단기상담자의 관점에서 A 부인의 이갈이는 다음의 사항과 연관이 있다.

(a) A 부인의 남편과 그의 충고에 관한 이야기

(b) 부부관계의 다른 면에 관한 이야기

(c) 이갈이나 부부관계에 있어 자녀의 생각에 관한 이야기

(d) 누가 어디에서 자는지에 관한 이야기

(e) 치과 의사와 그의 충고에 관한 이야기

(f) 상담자의 경험

(g) 문제해결에 있어 A 부인의 생각에 관한 이야기

(h) 친구의 충고에 관한 이야기

(i) 기타

참여자들과 이들의 관계 모두는 참여자들이 이갈이에 대해 의미를 구성하는 데 영향을 미치는 잠재적인 구성요소다. 이 구성은 A 부인, 치과 의사, 상담자가 찾는 해결책이 어디에 있는지를 알려 주거나 제한하며 제약을 주기도 한다. 불행히도 만약 A 부인이 이 갈이가 상황의 한 가지 특별한 측면, 즉 빈약한 부부관계에 기인한 것이라고 확신한다면 그녀는 그 측면 하나만을 잠재적인 해결책으로 바라보게 될지 모른다. 결과적으로, 이것은 모든 다른 잠재적인 해결책이 아무리 간단하고 쉽더라도 이와 상관없이 그녀의 시야 밖에 있을 수 있다는 것을 의미한다.

이론 구성: 해결의 이론을 향하여

이 장의 목적은 단기가족상담이론의 제한점들, 즉 상담을 체계로 이해하는 데 있어서의 한계점을 설명하는 데에 있다. 전통적으로 가족상담에서 가족을 하나의 체계로 보는 것은 고려되어 왔으나 상담 상황을 체계[1]로 보는 것은 그다지 고려되지 않았다. 이 이론 프로젝트(project)의 초점은 내담자와 상담자, 그리고 함께 상담을 수행하는 맥락을 포함한 상호작용 상황에 맞춰져 있다.

우리가 실제로 행하는 것, 즉 실행과 우리가 그 실행 내용에 대해 말하고 설명하는 방법인 이론 사이의 관계는 매우 견고하고,

---

1 이 표현은 '체계로서의 단기상담'에 초점을 두고 있으나 좀 더 일반적으로는 '체계로서의 상담'을 내포하고 있다.

이 둘은 모두 우리가 진행하고 있는 연구와 귀납적으로 연관되어 있다. 이것은 1978년에 시작한 이래로 우리 연구의 의도와 이론 구성 프로그램의 한 부분을 차지해 왔다. '해결에 대한 이론'의 현재 버전은 6장에 제시되어 있다. 이 장과 5장의 내용은 그것을 위한 발판이 될 것이다.

여기서 사용하는 '이론'이라는 말은 '설명'이라기보다는 특정한 맥락 안에서 발생하는 연속적인 사건에 대한 논리적인 '기술'을 의미한다. 이 이론은 어떤 사람들에게는 충분히 '과학적'[2]이지 않을 수 있고, 또 다른 사람들[3]에게는 과도하게 환원주의적[4]일 수도 있다. 하지만 이것은 매우 엄격하고 일관성 있는 이론이다. 물론 나는 상담 장면에서 상담자와 내담자의 상호작용, 즉 상담체계를 상담의 묘사 혹은 상담이론 안에 포함시키는 우리의 전통(de Shazer, 1982a, 1982b; de Shazer et al., 1985)을 계승해 왔다. 실제로 최소한 은연중에라도 상담자를 포함시키지 않는 상담이론은 상담의 직접적인 관찰에 전혀 기초하지 않은 이론이 될 것이며, 공허한 이론에 지나지 않을 것이다.

이 이론은 '호소 문제'에서 '목표 달성'과 '해결'에 이르기까지 내담자와 상담자가 함께 예측 가능하게 따라갈 수 있는 다양한 경로를 묘사하는 데 의미가 있다. 예를 들어, 상담자가 예외를 탐색하

---

2 '과학적'이란 말이 이 맥락에서 무엇을 의미하는지는 어떻게 그 말을 정의하는가에 달려 있고, 어떤 점에 초점을 두느냐에 따라 다양한 정의가 있을 것이다.
3 예를 들어, Shields(1986)를 참조하시오.
4 예를 들어, Dell(1985), Keeney(1983), Tomm(1984)을 참조하시오.

기 시작할 때 우리는 내담자가 불평을 묘사할 것이라는 것을 알고 있다. 나아가 우리는 상담자가 **예외 탐색을 시도할 때** 그것이 성공적인 묘사가 될 수도 있고 아닐 수도 있다는 것을 예상할 수 있다. 그 탐색이 성공적인지 아닌지 여부가 그다음 단계를 예측하게 할 것이다.

상담자가 다루는 것은 내담자가 자신의 현실을 어떻게 구성하고 있는지에 대한 상담자의 구성이다. 즉, 이 두 가지 구성을 가지고 내담자와 상담자가 함께 치료적 현실을 구성하는 것이다. 이 뒤의 전제는 '급진적(radical) 구성주의'(von Glasersfeld, 1975) 또는 '언어적 현실주의'(Wilder-Mott, 1981)로 불리는 것인데, 바로 사회적 현실이 의사소통을 통해 구성된다는 뜻이다.

윌더-모트(Wilder-Mott)는 이에 대해 다음과 같이 설명하고 있다.

> 만약 사회적 현실이 환경의 제약을 받는 언어적 상호 놀이를 통하여 매우 다양하게 정의될 수 있음을 받아들인다면, 어떤 이름으로 불리는 장미꽃은 또다시 다른 무언가로 불리게 된다. 특정한 행동 유형이 잔소리로 느껴지는가 혹은 어떤 것을 상기시켜 주는 말로 느껴지는가? 그것이 억압으로 느껴지는가 혹은 애정 어린 보호로 느껴지는가?(Wilder-Mott, 1981, p. 29)

의사소통이론가 반룬드(Barnlund, 1981)는 이에 대해 다음과 같이 제안한다.

모든 의미는 고유한 환경 내에서 고유한 사람들에 의한 창조물이기 때문에 서로 구별이 된다. 나아가 세상에 대한 우리의 지식은 상상할 수 없을 만큼 주관적이기 때문에 인간의 상호작용은 변형되거나 상상에 의한 것이 된다. 그것은 '실제' 세계가 아니라 우리가 싸우고 웃고 우는 것을 변형시킨다. 우리의 의미들은 허구다. 가치가 있고 유용하지만, 그럼에도 불구하고 '허구'인 것이다(1981, p. 95).

분명히 의사소통은 이러한 의미들이 서로 협상 가능하다는 것을 말해 주는 대인관계의 과정이다. 나아가 맥락이나 '행동 환경(behavior setting)'은 우리의 이해에 영향을 준다. 예를 들면, 교황을 위한 연회가 아닌 14세 조카의 생일 파티에 참석한 상황이라는 것을 인지하는 것은 그 상황에서 기대되는 적절한 행동을 결정하는 데에 도움이 된다. 상담 상황은 **그 자체로** 환경을 정의하고, 그 환경 내에서의 행동 분석은 개인 중심이나 가족 중심이 아닌 상황 중심이 될 필요가 있다.

사람들은 상황 내에서 다른 사람과 관련된 방식으로 행동하며, 그 상황이 발생하는 맥락과 관련하여 행동한다. 실행자이자 '관찰자'로서의 의미는 이어지는 행동의 원인이 된다. 예를 들면, 하나의 단어 또는 하나의 행동의 의미는 그 단어가 특정한 맥락 내의 사회적 상호작용을 통해 어떻게 사용되었는가를 통해서만 구성되거나 창조될 수 있다.

1. 구별과 차이

체계로서의 가족(family-as-a-system)에 기초한 이론과 체계로서의 상담 상황(situation-as-a-system)에 기초한 이론 사이의 차이점들을 확인하기 위한 첫 단계는 **구별을 짓는** 것이다.

내 입장에서 이것을 분명하게 하기 위하여, 다음의 두 내용 사이의 구별을 정의하거나 재정의하는 것으로 시작하려고 한다.

(a) 체계로서의 가족 연구[체계로서의 가족이 분리된 객관적 관찰자를 갖고 있다는 것을 기초로 한 묘사]

(b) 체계로서의 상담 연구[상담자/관찰자를 탐색 중에 있는 체계의 구성원으로 포함하는 묘사](de Shazer, 1982a)

여기서 언급된 내용은 나와 내 동료들이 참여하고 있는 체계로서의 상담 연구에 대한 것임을 밝히고자 하며, 묘사된 내용이나 개념들 또는 이론들은 가족상담 전체에 적용될 수도 있고 아닐 수도 있을 것이다. 우리는 '체계로서의 상담'과 '가족상담' 사이에 어떤 관계가 있거나 적합성이 있다고 가정하지만, 그 둘이 반드시 일치해야 한다고는 가정하지 않는다. 나아가 우리는 이 두 가지 접근법 사이의 차이점들이 실제로 차이를 만드는 차이들이어야 한다고 선험적으로 가정하지 않는다. 또한 그것들이 어떠한 차이가 있다고도 가정하지 않는다.

2. 범위 조건

전통적으로 가족상담이나 사회학과 같은 영역의 이론들은 어떤 범위(scope)든 간에 연구 결과나 전문적(disciplined) 관찰 및 실험적 조사들에서 추출된 일반화된 내용, 원리 혹은 법칙을 기초로 구성된다.

버거 등(Berger et al., 1977)은 이에 대해 다음과 같이 설명한다.

> (여기서 사용된 종류와 같은) 이론 구축 전략은 **범위가 정의된 (scope-defined)** 모델에 달려 있다. 범위 조건의 명확한 정의는 심지어 공식적인 모델에서도 거의 없기 때문에 이론들에서 그들의 위치를 설명하는 것이 유용하다. 이론의 '범위(scope)'는 적용 가능한 상황의 특성과 성질을 기술하는 내용들로 구성된다. 범위 조건은 일반적인 이론의 조건이다. 즉, 이론을 특정한 숫자나 특성, 지향하는 대상 또는 목표의 유형에 적용하는 것을 매우 추상적으로 제한한다.
>
> 그러나 특정한 내용에 대한 언급은 하지 않는다. 이론의 범위를 정의하려는 주장은 이론에 대한 다른 주장을 할 때와 마찬가지로 이론적이다. 사실상 그것은 모델의 본질이 어떤 것이라면 범위는 또 다른 것일 수 있다는 오해를 가져올 수 있다. 범위에 대한 주장은 그 범위 내의 현상에 관한 기초적 가정들과 마찬가지로 '적절한 이론'의 일부분이다(p. 27).

이 시점에서 나의 초점은 체계로서의 상담에 대한 지속적 연구로서 다음과 같은 범위 조건하에서 적용될 것으로 보이는 해결이론에 특별히 강조점을 두고 있다.

(1) 서로 상호작용하는 사람들은 다음과 같다.

    (a) 과제 지향적이다(불평이 묘사되고, 인지 가능한 목표가 설정되거나 적어도 체계를 해체시키기 위한 기준들이 설정될 수 있다).

    (b) 공동 작업을 지향한다(모든 참가자가 목표 달성을 위해 노력하고 참여한다).

(2) 물리적 위치나 환경은 다음을 갖춘 관찰실과 연결된 상담실을 포함한다.

    (a) 일방경

    (b) 인터콤

    (c) 비디오나 오디오 녹화 장비

    (d) 문

(3) 상담은 다음의 사람들을 포함하는 팀으로 진행된다.

    (a) 내담자와 함께 상담실에 있는 상담자

    (b) 일방경 뒤에 있는 1명 또는 그 이상의 다른 상담자들

    (c) 때로는 슈퍼바이저, 자문가(consultants)

    (d) 때로는 연구자들

(4) 내담자는 호소 문제를 해결하기 위해 도움을 요청한 다음과 같은 사람이다.

(a) 개인

(b) 부부

(c) 가족 단위

(d) 가족 구성원 중 1명 또는 여러 명

(e) 직장 단위에서 구성원 중 1명 또는 여러 명

이러한 범위 조건은 오직 체계로서의 상담 연구에만 적용된다. 우리가 구성하는 이론은 자연스러운 상담 환경, 즉 일방경이나 팀이 없는 상황이거나 심지어 상담자가 우리의 연구를 통하여 습득한 내용들을 의도적으로 적용하더라도 반드시 적용되는 것은 아니다. 우리는 이론 구성 상황과 자연적 환경 사이에 관계가 있다고 가정하지만, 어떤 관찰은 자연적 환경을 바꿀 수 있기 때문에 그 관계를 확실하게 밝혀낼 수는 없다. 하지만 만약 이것이 적용되지 않는다면, 우리의 연구는 더 이상 애쓸 필요도 없이 폐기되어야 한다. 이 책에 설명된 사례들 중 다수는 팀 없이 진행되었으며, 실제 상담에서 이론을 적용한 것이다.

(비록 가족상담의 초점은 다르지만, 관찰자가 범위 조건을 많은 가족 상담 기관에서 유용하게 적용할 수 있다는 것은 분명하다. 하지만 '내담자'와 다양한 요소 간의 관계는 다르게 정의될 필요가 있을 것이다.)

3. 이론화하기

체계로서의 상담에 대한 이론적 사고는 이러한 범위 조건 내에서 맞출 필요가 있다. 즉, 이 범위 조건은 '탐색 중인 체계(system under consideration)'의 한계를 정의한다. 각 요소와 요소들 사이의 관계는 고려될 필요가 있다. 이론적으로 사고하는 데 있어서 어떤 요소는 관계가 없거나 제거되어야 하며, 어떤 요소는 범위 조건으로 추가되어야 할 필요가 있다. 예를 들어, 2명의 공동상담자가 동시에 한 방에서 내담자와 상담을 하는 것을 정기적으로 진행한다면 이것은 우리의 이론 범위 밖이다. 만약 공동상담자가 상담을 진행한다면, 즉 언제나 2명의 상담자가 있거나 어떤 특별한 조건하에서 2명의 상담자가 언제나 한 상담실에 있는 거라면 우리는 이론을 재정의하거나 우리의 연구에서 그 건을 제외하는 선택을 해야 할 것이다. 만약 그것이 일반적인 일이라면 포함되어야 하지만, 드문 일이라면 제외될 수 있다. (차후의 연구 주제로는 다뤄져야 하겠지만 적어도 당장은 아닐 것이다.) 드문 일들은 버려지는 것이 아니라 앞으로 참고 자료로 남겨두는 것이다. 왜냐하면 그런 일들이 더 일반적인 것이 된다면 그 이론은 최소한 수정되거나 아예 버려지기도 하기 때문이다. 궁극적으로 전문가체계가 '연속선(on line)'상에 놓여야 한다면, 즉 무엇을 할지 결정하는 데에 실제로 사용되어야 한다면 그것은 범위 조건에 추가될 필요가 있을 것이다.

　　간략하게 살펴보았을 때 '범위 조건'은 다양한 역할의 사람, 기계 장치, 물리적 대상, 그리고 공통 과제가 전부 포함된 것임을 알 수 있다. 즉, 맥락, 환경, 그리고 행동이 모두 '탐색 중인 체계'와 관련된 부분이다. 사람들과 그들 사이의 관계들만이 '탐색 중인 체계'를 구성하고 있는 것이 아니다. 그 환경 자체도 '체계'의 일부이므로 진행되고 있는 무언가를 설명하는 데 있어서 고려할 필요가 있는 부분이다.

　　명백히 '체계이론'의 어떤 부분은 이 프로젝트에 유용하게 보인다. 그러나 상담에서 체계이론의 가장 전형적인 형태는 가족을 어떻게 '체계'로 묘사할 수 있는지에 관한 '가족체계이론'으로 알려져 있다. 이 버전은 탐색 중인 체계로서 '가족'을 둘러싸고 있는 경계를 생각해 보게 한다.

　　여기서 탐색 중인 '체계'는 폭이 더 넓기 때문에, 즉 '가족 구성원과 그들 간의 관계'로 제한되지 않기 때문에 체계이론의 더 일반적인 버전이 좀 더 유용할 것이다. 그래서 우리는 가족체계이론―가족을 체계로 보는 연구―과 사이버네틱스―체계적 유형과 형식에 관한 연구―를 구별한다.

　　물론 우리의 이론이 범위 조건 안에서 적합한 유일한 이론이라고 말할 수는 없다. 단지 동일한 제약 안에서 동등하게 실행 가능한 여러 이론 중 하나일 뿐이다. 앞서 살펴본 바와 같이 우리의 이론은 제약 안에서 우리의 경험이 적합한 한, 그리고 실제로 우리의 목적을 달성하게 해 주는 한 실행 가능한 이론으로 남을 것이다. 이것은 범위 조건 안에서 적합할 수도 있는 다른 이론들보다 '더 낮다'고 할 근거가 되지는 않는다. 단지 이 이론은 체계로서의 상담에 대한 연구를 하는 동안 우리의 경험이 살아남는 데 실패하지 않았다는 것을 의미한다.

폰 글래서스펠트(von Glasersfeld, 1981)는 이에 대해 다음과 같이 설명하고 있다.

> 실증주의자들과 통계학자들은 우리가 절대로 이론을 '증명'할 수 없음을 오랜 시간 주장해 왔다. 우리는 단지 그것을 반박할 수 있을 뿐이다. 즉, 우리가 이론이나 모델이 경험 세계의 제약과 충돌할 때를 알 수는 있지만, 그것이 **충돌하는 것이 아니라** '살아남아' 여전히 실행 가능하다고 해서 이론이나 모델이 '실제 세계'를 묘사하고 있다는 신념을 정당화할 수는 없다는 의미다(p. 93).

나는 체계로서의 가족에 근거한 상담이론과 사이버네틱스에 기초한 상담이론을 구별하여 이원론적 관점을 제시하려는 것이 아니다. 가족상담이나 단기상담 **또는** '일반체계이론'이나 '사이버네틱스'를 분리하고자 하는 것도 아니다. 하지만 이러한 구별은 질서 있게 보이도록 해 줄 것이다. 간단히 말해 구별은 우리에게 유사성과 차이점을 보도록 해 준다.

4. 범위 조건 외의 것

범위가 제한된 이론은 그 범위 조건에 들어 있지 않은 것에 대해서는 어떤 것도 말해 주지 않는다는 사실을 기억하는 것이 중요하다. 범위 조건은 연구의 영역 안에 무엇이 있는지 정의해 주고, 그 밖의 것은 이 영역 밖에 있는 것으로 여긴다. 분명히 상담과 관련된 분야에서 많은 사람의 다양한 주제, 문제, 그리고 관심은 이 이론의 범위를 벗어나 있다. 이것은 전적으로 의도된 것이다. 이 이론은 오직 체계로서의 상담에 관한 것이다.

이 제약이 심각해 보일 수도 있고 어쩌면 극단적으로 보일 수도 있지만, 그것은 상담 연구에 있어서 이론가, 연구자, 그리고 상담자에게 훌륭하게 정의된 상황을 갖도록 해 준다. 비록 상호작용이 우리 연구의 일부이지만, 이론 구성 상황은 인간의 상호작용 연구 실험실에서처럼 통제가 잘 되지는 않는다. 상담에서 일어나는 일은 대부분 자유로운 형식으로 자연스럽게 진행되며, 따라서 이러한 제약은 관찰되지 않은 것들이 우리의 묘사를 과도하게 '오염시키지' 않도록 통제하기 위하여 필요하다. 다시 한번 여기서 질문이 제기된다. '여기서 일어나는 일은 무엇인가?' 상담자는 내담자가 일상생활에서 직면하는 문제들을 해결하게끔 도와주도록 되어있는 것이 아닌가? 글쎄, 어느 정도는 그럴 수 있다.

전통적으로 상담자들은 그들이 상담 상황을 꿰뚫어 보아야 한다고 생각했으며, 표면적으로 드러난 것들의 아래나 그 너머를 볼 수 있어야 한다고 생각해 왔다. 이것은 **본질**은 마음속이나 체계 속에 숨겨져 있다는 가정에 근거한 것이다. 하지만 다른 가정도 가능하다. 어쩌면 아무것도 숨겨져 있지 않고, 포(Poe)의『도둑맞은 편지』[5]처럼 모든 것이 잘 드러나 있을지도 모른다. 그래서 무슨 일이 일어나고 있는지에 대한 분명한 견해가 필요하고 유용하다. 무엇인가가 숨겨져 있는 것처럼 보이는 이유는 잘 드러나 있는 것에 대한 친숙함과 단순함, 그리고 무언가 그 밑에 있다고 믿고 그것을 찾으려는 시도가 가져오는 수수께끼 때문이다.

밀러(Miller, 1986)는 "문제, 해결, 조정(fit), 그리고 변화"는 모두 "인간이 만들어 내는 것이고, 따라서 상담 실천의 가공물(artifacts)로 보일 수 있으며"(p. 11), 내담자의 문제는 구체적인 사회관계와 환경들 속에서 생산된 사회적 삶의 측면을 다루는 구성물로 간주될 수 있다고 주장한다. 이렇게 문제 관점의 사회학에서 볼 때 상담 상황에서 일어나는 모든 일은 단순히 다양한 참가자가 구성하는 것일 뿐이다.

이런 주장은 관찰자가 자신의 관찰에 영향을 준다는 생각과 관련되지만 근본적으로는 그 이상의 개념이다. 상담 상황에서 상담자는 내담자가 말하고 행동하는 것을 관찰할 뿐만 아니라 내담자의 말과 행동에 영향을 준다. 즉, 상담자는 질문을 하고 응답함으로써 내담자가 무엇을 말하고 행동할지를 구성하도록 돕는다. 실

---

5 역주)『도둑맞은 편지(The Purloined Letter)』는 에드거 앨런 포(Edgar Allan Poe, 1844)의 추리 소설로서 감추고 싶은 어떤 것을 눈에 잘 띄는 곳에 두는 것이 가장 잘 감추는 방법이라는 것을 역설적으로 말하고 있다.

제로 상담자와 내담자는 그들이 함께 작업하는 상담 현실을 구성하는 데 있어서 서로 협력한다. 간단히 말하자면 상담체계는 내담자가 더 이상 그 상황을 '문제'로 인식하지 않는 방식으로 현상의 측면을 재구성하는 데 있어서 상담자와 내담자를 모두 포함한다.

제5장

이론 구축하기: 방법에 대한 짧은 기록

우리가 이론을 구성해 가는 과정[1]은 '풍부한 기술(thick description)'이라고 알려진 기법에서 시작하였다. 이 과정은 관찰자들이 상담 회기나 비디오테이프 혹은 일련의 사건의 순서를 관찰하고, 이렇게 관찰한 것들을 가능한 한 여러 가지의 서로 다른 관점과 방법으로 묘사하는 것이다. 엄청난 양의 기술의 결과물을 들여다보면서, 이론가들과 연구자들은 다양한 회기에서 관찰된 유형에 대한 기술에서 일관성을 탐색하여 해결중심상담의 '지도' 혹은 '계보도'를 개발할 수 있었다.[2] 일단 이러한 '가족 유사성(family

---

1 이것은 BRIEFER I의 발달보다 먼저였다. 사실 전문가체계와의 작업은 이 과정에서 발달하였고, 이 과정에 의존한다.
2 우리는 이 기법이 상담자들에게 면담기법을 가르칠 때 유용함을 발견하였다.

resemblances)'(Wittgenstein, 1968)이 확인되면, 연구자들은 계보도
의 다양한 경로를 탐색하기 시작하였다.

1. 가족 유사성

상담이 모두 동일하지는 않기 때문에, 우리는 비트겐슈타인
(Wittgenstein)의 '가족 유사성 개념'이 유용함을 발견하였다.[3] 일란
성 쌍둥이를 제외한다면, 대부분의 가족 구성원은 서로 일부의 특
성만을 공유한다. 예를 들어, 사람들은 아기가 태어났을 때 그 아
기가 아버지의 코를 닮았다거나 어머니의 머리카락을 닮았다거나
찰리(Charlie) 삼촌의 턱을 닮았다는 등의 말을 한다. 이는 마치 이
러한 점들이 가족의 일원이라는 표식이나 표시임을 의미하는 듯하
다. 그 아기의 여자 형제도 아마 아버지의 코와 찰리 삼촌의 턱과
매티(Mattie) 고모의 눈을 닮았을 것이다. 그러나 관찰자가 두 아이
모두 옆집 아저씨의 귀를 닮았다고 지적하기는 어려울 것이다.

유형이 어느 정도 '똑같다' 혹은 상담에 따르는 유형의 기술이

반면에 여전히 상담자들에게 연구와 이론 구성에 대해서 가르친다. 예를 들어,
3개의 비디오테이프(각각 Brian Cade, John H. Weakland, Steve de Shazer에
의한 것)의 1회기는 각각 풍부하게 기술되어 있고, 이 기술들을 통해 차이를
만들지 모르는 차이들과 유사성을 탐색한다.

3 '해결중심상담'이 반드시 비트겐슈타인이 정의한 바와 같은 가족 유사성 개념
인 것은 아니다. 그러나 확실히 유사성은 있다. 즉, 단순히 일원화된 정의는 없
으며, 최선의 설명은 일련의 예다.

'똑같다'는 것은 문제가 되지 않는다. 오히려 그런 기술들은 "중복되고 겹치는 복합적인 네트워크, 즉 때때로 전반적인 유사성이나 세부적인 유사성"(Wittgenstein, 1968, 66)[4]이 있음을 의미한다. 이는 계보도가 서로 닮음에 기초했다는 것을 확인시켜 주는 것이다. 일반적으로 사용하는 기술어(descriptors)는 '보편성(universals)'이나 '본질(essenses)'과 동일한 것은 아니다. 오히려 어떤 음악이 있을 때 그 음악의 주제와 변주 사이에 유사성이 있다는 것이 더 적절한 설명이다. 아마도 다수의 예를 제시하는 것이 **해결중심상담**(solution-focused interview) 개념의 의미를 설명하는 유일한 방법일 수 있겠다. 이것은 장소에 대한 경계(boundaries)를 그림으로 그리기보다 손가락으로 가리켜서 알려 주는 것과 유사하다.

비트겐슈타인은 '가족 유사성 개념'을 설명하기 위해 '게임'이라는 개념을 사용한다. 우리가 비록 게임이 무엇인지 알고 있어도 그것을 하나의 통일된 개념으로 정의하는 것은 불가능하다. 그러므로 누군가는 일련의 예를 하나로 묶어야 한다. 만일 어떤 사람이 처음에 야구를 묘사하고, 그다음에 체스를 묘사했다면, 어떤 기술어들은 더해지겠지만 어떤 기술어들은 빠지게 될 것이다(예: 체스의 말이나 야구공). 그러다가 솔리테르[5]를 추가로 묘사한다면, 다른 기술어들이 더해지겠지만 어떤 기술어들은 빠지게 될 것이다. 예컨대, '게임에 참가한 사람들 간에 경쟁이 있다.'가 추가될 수 있다.

---

4 비트겐슈타인의 『Philosophical Investigations』의 참고문헌은 페이지 번호가 아닌 문단 번호다.

5 역주) 혼자 하는 카드 게임을 말한다.

그러고 나서 집 앞에서 혼자 농구 연습하는 내용을 추가한다면? 그
것은 이기고 지는 것이 없는데도 불구하고 우리는 마치 그것을 게
임처럼 인식할 수 있다(Wittgenstein, 1968, 67-71). 농구에 가족 유
사성이 있으며, 그러므로 또 다른 게임에도 가족 유사성이 있다.
다른 가족 유사성 개념과 마찬가지로 '게임'을 둘러싼 명확한 경계
는 없다.

또 다른 실례로서, 직선으로 그려진 기하학적 도형들이 같은 계
보도에 속한다. 예를 들어, 사각형과 삼각형이 일부 가족 유사성을
갖고 있다.

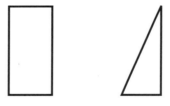

이 둘은 이미 서로 잘 들어맞는데, 중요한 것은 다이아몬드 모양
이 이 중 한쪽이나 양쪽 모두에 잘 들어맞을지 모른다는 것이다.

사실 '적합성(fit)'의 개념은 가족 유사성 개념에 대한 하나의 좋은 예다. 비록 삼각형과 사각형에 같은 모양이라고 묘사될 수 있는 두 변이 있어서 서로 잘 들어맞는다 할지라도 다이아몬드는 앞의 두 도형과 같은 모양은 아니지만 삼각형과 사각형이 서로 잘 들어맞는 것만큼 어느 한쪽이나 둘 모두에게 잘 들어맞는다.

2. 유형

유형 묘사는 가족 유사성을 형성하는 하나의 방법이지만, 유형 인식은 그렇게 쉽지만은 않다. 때로는 서술의 두 유형을 일대일로 대응시킬 때 그 대응 정도가 높지 않다. 비슷함의 수준은 오히려 관념적일 수 있다.

다음에 제시한 예는 더글러스 호프스태터(Douglas Hofstadter, 1981)로부터 차용한 것으로 유형 인식 과정을 꽤 명확하게 설명해 준다.

수열 A: 1234554321
수열 B: 12344321

이 2개의 수열은 같은 유형을 따르고 있는가? A에서 4에 해당하는 것이 B에서는 무엇인가?

일반적인 답은 숫자 44의 각 옆에 있는 '3'이다.

수열 C: 11223344544332211

C도 같은 유형을 따르는가? 만약 그렇다면, A에서 4에 해당하는 것이 C에서는 무엇인가? 직관적으로 어느 정도는 같은 유형을 따르거나 혹은 유형에서 어떤 종류의 변주를 따르는 것으로 보인다. 그래서 가장 전형적인 답은 5의 각 옆에 있는 '44'이다. 따라서 이 수열은 다음과 같은 방식으로 끊어지게 된다. 즉, 11-22-33-44-5-44-33-22-11이다. 흥미롭게도 이 수열은 다르게도 끊어질 수 있는데, 예를 들면 11-22-33-44544-33-22-11이며, 이때의 답은 '가운데 집단'으로서 44544의 양옆에 있는 '33'이 된다! 이상의 3개의 수열에 대한 질문은 무엇이 중심축의 역할을 하는가다.

그러나 상담 유형은 때때로 이렇게 잘 되지 않는다. 그래서 연구자들은 다음과 같이 아주 명확하게 다른 유형의 종류를 발견해 내려고 노력할 뿐이다.

수열 D: 12345678
수열 E: 1357654321

이 둘은 '1234' 혹은 '4321'이라는 흐름(motion)을 서로 공유하고 있기 때문에 같은 계보의 특정 분파들로 인식할지 모른다. 혹은 D가 중심축 없이 시작점으로 돌아가기 때문에 서로 다른 '계보도' 혹은 변형인 것으로 인식할지 모른다. 연구자들이나 이론가들은 비슷한 유형을 형성하는 중심축 역할이 없는 수열들과 또 다른 비슷한 점이 있는 수열들만으로 그런 의사결정을 하게 된다. 이것이 앞에서 제시한 집 앞에서 혼자 농구 연습하기가 게임이라는 가족에 속한 것인지 아닌지에 대한 질문과 비슷하다.

우리가 보아 왔듯이 상담자를 '호소 문제와 예외 사이의 차이를 정의하기 위해' 내담자와 작업하는 것으로 묘사하는 것에서 계보도의 한 분파임을 인식할 수 있다. 분명한 것은 이러한 일이 모든 회기에서 다 발생하지는 않는다는 것이다. 왜냐하면 모든 회기가 성공적인 '유용한 예외의 탐색에 대한' 기술을 포함하지는 않기 때문이다. 그래서 연구자들은 자신들이 모아 온 기술들을 들여다보고, 계보도의 구별되는 분파임을 확인할 수 있는 차이점들을 탐색한다. 이런 방식으로 연구자들은 차이를 만들 것 같은 차이들이라면 기꺼이 지도에 포함하려고 한다.

예를 들어, '호소 문제와 예외의 차이'를 서술할 수 있을 때 그 이후에 빈번히 이어지는 절차는 상담자가 내담자에게 이러한 차이점들을 통합하는 과제를 주는 것이다. 그러나 '차이'를 기술할 수 없을 때 상담자는 내담자에게 매일 다음 날 예외 유형을 따를지 혹은 문제 유형을 따를지 예측해 보게 하는 과제를 준다. 이러한 과제는 '유용한 예외의 탐색'이 실패하면 소용이 없기 때문에 계보도의 분파들을 명확하게 구별하고 기술할 수 있어야 한다.

3. 변화 대화

넓은 관점에서 상담의 원리는 '변화'다. 즉, 내담자는 자신의 문제를 해결하기 위해 상담에 온다. 이러한 틀 안에서 볼 때 상담은 내담자가 자신의 문제를 말로 설명하고, 내담자와 상담자 간의 대화를 통해 상호작용적으로 형태를 갖추게 되는 과정이다. 상담은 이러한 기술이나 그 구성물을 다루기 때문에 상담의 주된 초점은 내담자가 문제라고 하는 경험을 구성해 가는 방식(way)을 바꾸도록 돕는 것이다. 그래서 내담자가 상담 초기에는 자신이 늘 우울하다고 말했지만, 상담이 끝날 무렵에는 80%만 우울하다고 했다면 그 상담은 성공적이다.

어떤 면에서는 그 상담을 단순히 다음과 같은 방식으로 설명할 수 있다.

내담자는 현재 자신이 저술하고 있는 책의 결말에 대해 매우 만족하지 못하는 작가와 같다. 그는 지금까지의 글을 보아 온 편집자에게 자신의 고민에 대해 이야기하고, 편집자는 그 글에 새로움을 불어넣어 줄 수 있기 때문에 다른 대안적 결말을 제안할 수 있다. 그리고 나면 제안들 가운데 어떤 것을 살릴지 혹은 어떤 것이 자신에게 적합할지를 결정하는 것은 작가의 몫이다. 빈번하게도 단지 대안적 결말이 있다는 소리만 들어도 작가는 불행했던 자신의 마음을 극복하는 데 충분하다. 물론 편집자는 일종의 공동작가가 된다. 왜냐하면 결말은 편집자가 작가의 현실에 대한 대안적 관점을 제공한 것에 기초하기 때문이다.

내담자는 자신의 삶을 구성하고 있으며, 상담자의 과제는 내담자 스스로가 만족하여 '삶을 살아가도록' 돕는 것이다. 물론 어느 상황의 어떤 내담자에게나 잘 맞는 가능하고 유용한 구성물(constructions)이 많이 있다. 아마도 특정한 구성물이 중요하지 않을지도 모른다. 중요한 것은 내담자와 상담자가 만족스러운 것을 만들어 낼 수 있는 해결책을 내담자가 발견하는 것이다. 이러한 관점은 다음을 가정한다. 즉, 내담자가 자신의 경험을 구성하는 방식의 변화는 내담자가 이에 대해 어떻게 이야기하거나 어떻게 보고하는가에서 나타나는데, 이러한 변화는 내담자로 하여금 다른 경험을 갖도록 촉진할 것이며, 이는 결국 이후의 회기에서 다른 묘사나 이야기를 촉진할 것이라는 것이다.

상담은 내담자의 '문제'에 대한 묘사 혹은 구성(construction)인데, 내담자가 묘사하는 상황에서 변화를 만드는 것이 상담의 목적이다. 상담은 단지 대화이기 때문에 언급된 변화는 보다 정확히 말하면 '변화에 대한 대화' 혹은 단순히 '변화 대화'에 대한 생각이다(Gingerich et al., 1987). 변화 대화는 상담 장면 밖에서 모든 것이 어떻게 변화되어 왔는지에 대한 내담자의 이야기로 구성된다. 혹은 변화 대화는 상담 장면 안에서 내담자가 상황을 묘사하는 방법에 있어서 눈에 띄는 변화들로 구성된다. 두 경우 모두 변화에 대한 대화는 상담의 목적이고(Gingerich et al., 1987), 과제의 목적은

내담자가 자신의 경험을 다르게 구성하도록 도와서, 결국은 내담
자가 자신의 상황에 대한 설명을 변형하도록 하는 것이다. 즉, 이
후 회기들에서 변화 대화가 증가하는 것이다.

종종 내담자는 다음과 같은 방식으로 문제를 진술한다.

> "나는 우울해요(I am depressed)."
> "나는 불안해요(I am anxious)."
> "나는 폭식을 해요(I am bulimic)."

이러한 '나는 X이다.'라는 표현은 다음의 형태와 유사하다.

> "나는 빨간 머리예요(I am redheaded)."
> "나는 남자예요(I am male)."
> "나는 프랑스인이에요(I am French)."

'나는 X이다(I am X.).'라는 방식을 사용한 여섯 문장 중 아래 세
문장의 진술은 '지속적인 상태' 특질을 설명하는데, 위의 세 문장이
이와 동일한 방식을 사용하여 진술되었기 때문에 이러한 유사성은
그것들이 '다 같은 것'이라는 어리석은 생각을 하게 만들 수 있다.
즉, '나는 ~이다.'라는 말은 평행적인 설명이라는 신호를 보낸다.
그러므로 '우울' '불안' '폭식'은 '빨간 머리' '남자' '프랑스인'과 같이
변경할 수 없는 상태인 것처럼 잘못 이해될 수 있다. 비트겐슈타인
(Wittgenstein, 1958)은 다음과 같이 말하였다. "언어에서 사용하는

단어들은 겉으로 보기에는 유사한 문법을 갖고 있기 때문에 우리는 그것들을 유사한 방식으로 해석하려는 경향이 있다. 즉, 우리는 그것들을 전부 유사한 것으로 만들려고 한다."(p. 7)

내담자에게 우울한 것을 어떻게 아는지 설명해 달라고 하면, 흔히 내담자들은 때때로 '그날에 따라'라고 말할 것이다. 따라서 우울하다는 것은 어떤 부분에 있어서는 우울하지 않은 것에 의해 정의된다. 내담자의 논리에 따르면 예외는 발생하지 않아야 한다. 왜냐하면 그것은 마치 프랑스인이 아닌 것에 의해 프랑스인이라 정의되는 사람과 같은 것이기 때문이다.

그러나 이러한 '그날에 따라'는 차이를 만드는 차이들처럼 보이지는 않는다. 문제가 '우울하다'는 것으로 정의될 때 '그날에 따라'는 하찮은 것으로 무시된다. 이는 그들의 진술방식에 따라 오도되는 것과 같다. 즉, "나는 우울하다."라는 진술과 "나는 프랑스인이다."라는 진술의 유사성이다. 그러나 '그날에 따라'라는 예외가 일단 차이를 만드는 차이들로 재구성되면 그 예외는 만족스러운 해결책을 이끌어 낼 수 있다. 일단 의심이 되고 예외가 차이를 만드는 것으로 보이면, 내담자는 "가끔 나는 우울함을 느낀다."로 진술의 방식이나 문법을 바꿀 수 있다. 또한 이런 변화 대화는 가끔은 내담자가 우울함을 느끼지 않도록 허용한다.

과정 연구

변화 대화의 개념 발달은 상담하는 동안에 발생하는 상담자-내담자 상호작용에 대한 연구를 이끌어 냈다(Gingerich et al., 1987). 만약 상담 동안 상담자가 발전시키고자 했던 것이 변화 대화라면, 우리는 변화 대화를 촉진시키는 데에 유용하면서도 내담자와 상담자가 비슷하게 했던 것이 무엇인지를 알고자 하였다. 가트맨(Gottman, 1979)의 것과 유사하게 우리의 부호화 도식이 개발되었고, 그 안에는 상담자 부호와 내담자 부호가 있다.

상담자 내용 부호

- I(Information): 정보 수집하기/회기 유지하기
  - 내담자에게 문제에 대해 묘사하고 설명하기를 요청
  - 유지 과제, 즉 요약, 명료화, 사교(socializing) 등을 포함
  - 상담자가 변화라고 인식하지 않은 것을 내담자가 설명하는 변화 포함
  - 긍정적 변화에 대해 구체적으로 물을 때 E라고 부호화
- C(Change): 변화를 일으키는 개입하기
  - 재명명화, 즉 상담자가 내담자에게 상황을 다른 방법으로 보라고 제안. …… 상담자는 이것이 차이를 만드는 차이들이라고 강조. …… 이 차이는 일반화하기, 변화를 확인하고 명명하기, '예스 셋(Yes set)' 만들기 등을 포함
  - 행동 변화, 즉 상담자는 내담자에게 목표가 성취되면 (미래에) 무엇을 다르게 할지를 묻거나 '무엇인가 다른 것을 하라'고 요청
  - 상담자가 내담자에게 **미래에의** 변화를 일으키려고 시도할 때 C로 부호화
- E(Elicit): 변화/숙제/예외에 대한 이야기를 이끌어 내기
  - 내담자에게 긍정적 변화를 보고하거나 명확히 하거나 상세하게 말하기를 요청

- 내담자에게 문제에 대한 예외를 질문
- 내담자에게 '세계관'을 설명해 달라고 요청
- E는 **이미 일어난** 변화를 의미
■ A(Amplify): 긍정적 변화를 확대하기 혹은 강화하기('치어리딩')
  - 내담자가 보고했거나 표현했던 변화를 상담자가 확대하거나 강화할 때 A로 부호화
  - 상담자는 **내담자가 보고하고 인정해 온** 변화를 칭찬하거나 칭송
  - A는 종종 감탄의 형태
■ G(Goal): 목표/긍정적 변화의 표시를 협상하기
  - 상담자가 내담자에게 목표를 구체화하거나 목표에 동의하게 하도록 노력할 때 G로 부호화
  - 얼마나 많은 변화가 필요한지를 협상
  - 이후 상담 회기에서 목표를 재협상하는 것도 포함

내담자 내용 부호

■ I(Information): 정보/유지/비즈니스
  - 문제 지속/긍정 변화 없음
  - 가벼운 대화(small talk)
  - 문제를 설명하거나 상담자에게 문제를 설명하도록 요청
■ C(Change): 문제에서 혹은 다른 영역에서 긍정적 변화
  - 내담자가 문제/상황에서 긍정적 변화 묘사/보고
  - 내담자가 긍정적 변화 설명/명료화
  - 내담자가 문제를 보는 관점에 있어서 긍정적 변화 묘사/보고
  - 내담자가 문제 유형에 대해 **알아차린** 예외를 묘사/보고
  - 내담자가 상황이 지금 어떻게 다른지를 설명하기 위하여 상

황이 어떠했었는지를 설명할 때 C로 부호화

- 내담자가 상황이 얼마나 다를 수 있는지 묘사하지만, 달라질 것이라는 기대를 보이지 않을 때 I로 부호화
- U(Unrecognized positive change): 인식하지 못한 긍정적 변화
  - 내담자가 변화를 보고하지만 그것을 그만큼 인식하지 못하는 것으로 보임
  - 인식하지 못한 문제에 대한 예외를 보고
- G(Goal/signs of change): 내담자가 변화의 목표/표시를 구체화
  - 내담자가 상황이 어떻게 다를 것인지 설명. 즉, 변화의 목표/표시를 협상
  - 내담자가 목표 성취에 대한 믿음이나 의지를 보여 줄 때만 G로 부호화
- Y('Yes set')
  - 내담자가 상담자가 전달하려 하는 메시지를 수용하는 자세를 보임
  - 내담자가 상담자가 말하는 것에 대해 열린 마음을 보임

축어록과 회기별 녹화물을 보면서 상담을 부호화하였고, 평정자 간 신뢰도를 형성한 후 부호 유형을 연구하였다.

4. 연구가 실제를 바꾼다

이 프로젝트를 시작하기 전에 진행된 상담 회기를 분석한 결과, 내담자의 변화 대화(C)가 일반적으로 두 번째 회기와 이후 회기들에서 나타나는 데 반해 첫 번째 회기에서는 드물다는 것이 밝혀졌

다. 내담자 정보(I)는 첫 번째 회기에서 탁월하게 나타났고, 변화 대화는 상담자가 변화 대화를 이끌어 내려고(E) 시도한 이후에 4배 정도 더 많이 나타났으며, 상담자가 긍정적인 방법으로(A) 반응한 이후에 보다 더 많이 지속되는 것으로 보였다.

이 프로젝트 동안에 진행된 상담 회기에 대한 분석에서 내담자의 변화 대화(C), 치료자의 이끌어 내기(E)와 확대하기(A)가 이전보다 더 자주 첫 번째 회기에서 나타나는 것으로 드러났다. 그로 인해 내담자 정보(I)는 이전보다 덜 나타났다.

예외에 대한 철저한 탐색과 문제가 해결되었다는 것을 내담자가 어떻게 알 것인지에 대한 정밀한 탐색은 첫 번째 회기에서 내담자의 변화 대화를 촉진하는 데 모두 유용한 것으로 발견되었다. 그 결과, 우리는 초기 회기에서 우리가 해 왔던 많은 것을 생략하였고, 대신에 변화 대화를 이끌어 내기 시작하였다. 이것은 지금껏 첫 번째 회기에서 해 온 대부분의 것을 없앤다. 내담자와 상담자 모두 두 번째 회기에 보였던 행동들이 첫 번째 회기로 옮겨졌다. 이 프로젝트 이전에 내담자당 평균 회기 수는 6회기였는데, 프로젝트 이후에는 5회기가 되었다(de Shazer et al., 1986). 우리는 이러한 감소가 이 프로젝트로 인한 것인지는 확신할 수 없다.

🗨 지도에 없는 것

여타의 지도처럼 지도가 실제 영토가 아니라는 것을 기억하는 것은 중요하다. 우리의 지도(혹은 해결중심상담의 계보도)는 고속도로 지도와 유사하다. 고속도로 지도는 우회도로나 고도, 지형의 유형, 언덕과 계곡, 비포장도로에 대해 아무것도 혹은 거의 알려 주지 않는다. 그러나 이러한 정보는 유용하고 흥미 있는 것으로 밝혀질지도 모른다. 은유를 바꾸어서, 이런 유형의 지도는 마을과 같다. 즉, 어느 누구도 어느 한 마을이 완전하다고(complete) 혹은 완전하지 않다고(incomplete) 절대로 말할 수 없다. 즉, 지도는 차이를 만들어 낼 것 같지 않은 기술어 그리고/또는 특정 상담 회기와는 다른 것처럼 보이는 내용을 제외시킨다. 이러한 드물거나 독특한 사건은 지도의 수정과 확장을 촉진할지도 모르는 '잠재적 예외(potential anomalies)'로 주목받아 왔다. 그리하여 이 지도에는 내담자가 '문제의 규칙에서 예외를 탐색하도록' 돕기 위한 상담자의 상담기법에 대한 것이 없다. 마찬가지로 상담자와 내담자가 '예외와 호소 문제 간의 차이를 설명하는' 방법에 대한 것도 없다. 그리고 내담자와 상담자가 문제에 대한 과거를 이야기하거나 신경생리학적 측면과 사회학적 측면에 대해 이야기를 하는지의 여부를 나타내는 것도 없다.

지도는 '미리 설명하는(pre-sciptive)' 것이라기보다는 '설명이 **제거된**(de-scriptive)' 것이다. 지도는 해결중심상담자가 해야만 하는(should do) 것보다 하는(do) 것을 설명한다. 따라서 이 지도는 '옳은 길'이나 '유일한 길' 혹은 '최선의 길'에 대한 것이 아니다. 이 지도는 단순히 BFTC의 상담자들이 상담하는 동안 행동하는 방법에 대한 것인데, 이는 다양한 '해결중심'상담 간에 가족 유사성이 있음을 보여 준다. 또한 중요하게도 이 지도는 해결중심상담을 구성하는 '잘못된 방법'에 대해 어떤 것도 말해 주지 않는다. 즉, 언급되지 않았다는 이유 하나만으로 내담자와 상담자가 그것을 하는 것이 유용하지 않다는 것을 의미하지는 않는다.

핵심 지도(다음 장 참조)와 다양한 부분 지도 혹은 그 지도에 기초한 도해들은 많은 사례에 대한 풍부한 기술기법을 사용한 결과이며, 과정 연구의 결과다. 확실히 상담을 충분하게 관찰할 필요가 있는데, 관찰자가 차이를 알 수 있거나 차이가 있다는 소식을 듣기도 전에 그 동일함에 압도된다. 이러한 이유 때문에 여러 상담에서 우리의 기술이 **동일하다**는 것은 실제로 서술적인 것이며, 단지 가설적인 것이거나 '모든 것이 그래야만 한다'는 섣부른 일반화에 기초한 것이 아니라는 것에 대해 우리는 확신할 수 있다.[6]

---

6 이 확신에 대해서는 2장을 참조하기 바란다.

해결에 대한 이론

비록 우리가 해결중심상담의 계보도를 지도와 닮았기 때문에 '지도'로 부를지라도 이론으로 부르는 것이 더 적절하다.[1] 이러한 해결에 대한 이론은 앞장에서 설명한 방법들을 사용한 우리의 범위 조건 내에서 만들어진 것이다. 이 이론은 BFTC에서 진행된 치료적 면담에 대해 우리가 묘사한 유사점과 차이점의 기술에 기초한다. 이론은 단기상담의 해결중심모델을 설명하기 위한 원칙으

---

1 '이론'이라는 용어는 가족상담자들이 종종 부정확하게 사용한다. 델(Dell, 1985), 키니(Keeney, 1983), 톰(Tomm, 1984)과 같은 이들이 사용하는 이론적 사고는 아마도 이론보다는 차라리 메타이론 혹은 인식론으로 부르는 것이 최선일지 모른다. 이러한 작업은 비록 치료에 대한 사고에서 가치 있는 것이지만, 이론이라 부르기에는 그에 필요한 특수함이 부족하다.

로 사용된 단순한 일련의 제안을 포함한다. 이론 혹은 지도는 우리가 했어야만 했던 것들에 대한 제안이라기보다는 우리가 하는 것에 대해 기술하려는 시도다. 그럼에도 불구하고 해결에 대한 이론의 표상으로서 지도는 결정순서도로 사용될 수 있는데, 사용자로 하여금 그 지도가 그 영토를 의미하는 것이 아니라는 것을 기억하도록 해 준다. 어떤 특정 회기에서 일어난 많은 것은 그 지도에 포함되지 않았을 것이다. 즉, 지도에는 예외를 찾는 데 유용했을지도 모르는 과정들에 대한 묘사는 없다. 이러한 종류의 묘사는 지도의 부분을 자세히 살펴본 다른 장들에서 발견할 수 있다.

　이론과 지도는 아주 중요한 측면에서 서로 매우 비슷하다. 지도와 마찬가지로 이론의 목적은 그 영역(domain)에 대해 무엇인가를 주장하려는 것이 아니라 명확한 방법으로 그것을 보여 주려는 것이다. 주장은 지도에 대한 설명이나 해설, 즉 이론적 사고에 들어 있다. 이론은 지도와 마찬가지로 실증적이지 **않거나** 실용적이지 **않은** 요소들을 포함할 것이다. 그러나 이러한 것들은 전혀 주장이 아니며, 오히려 그 영역을 나타내기 위해 사용된 장치에 속한다. 모든 '사실'과 '자료'와 '구조' 및 '법칙'은 이론의 요소—설명 혹은 공식 또는 구성물—로서 해석들이 모아진 것이다. '사실' 혹은 '자료' 또는 '구조' 혹은 '법칙'과 같은 것은 없다. 즉, 거기에는 오로지 집합물만 있을 뿐이다. 엄밀히 말하면 거기엔 항상 오로지 구성물 혹은 해석만 있다.

1. 지도 읽기

지도의 맨 위에는 세 가지 관계 유형(type)을 유용하게 구별할 수 있게 하는 부호화된 설명이 있다. 그러나 안타깝게도 부호들은 상담자와 내담자 간의 상호작용 대신에 내담자를 명명하는 것으로 나타났다. 그러나 그것이 지도가 나타내는 방법이다. 즉, 지도에서는 샌프란시스코를 나타낼 때 종종 하나의 큰 물방울 모양을 사용하는데, 우리가 잘 알다시피 그 도시와 물방울 모양은 아무런 관계가 없다. 이러한 관계에 대한 부호 이름은 이론이 설명하는 영역의 부분을 표현하는 데 사용된 방법일 뿐이다. 상담 회기가 진행되면서, 특히 첫 번째 회기가 진행되면서 상담자와 내담자는 즉각적으로 과제에 근거하여 관계를 구성한다. 그 관계를 오해하거나 잘못된 방법으로 관계를 기술하는 것은 이런저런 것에 쉽게 문제를 일으킬 수 있다. 예를 들어, 아이는 스스로 학교에 가야 하고 어머니는 아이를 학교에 보내기 위해 어떤 것도 할 필요가 없다고 믿는 어머니에게 비록 아이가 울고 있다 해도 아이를 학교에 데려다주라고 말하는 것은 아마도 유용한 개입이 아닐 것이다.

2. 상담자-내담자 관계 유형

상담의 결과, 다양한 유형의 상담자-내담자 관계는 세 가지 종

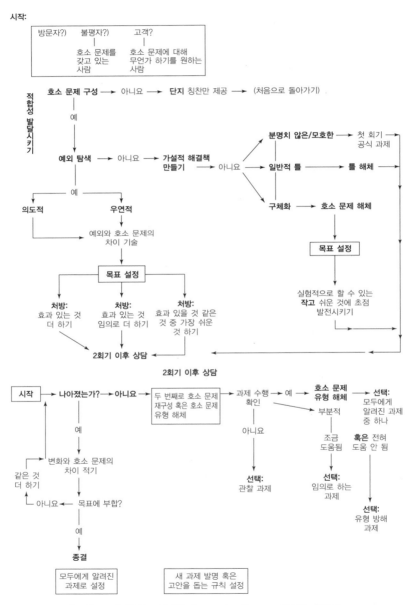

[그림 6-1] 핵심 지도(ⓒ Steve de Shazer, BFTC, 1987)

류의 집단 중 하나에 적합한 것으로 유용하게 설명될 수 있다. 일반적인 용어인 '내담자'는 '방문자(visitors)' '불평자(complainants)' '고객(customers)'과 같은 단어로 적용된다. 이러한 구분을 동기 혹은 상담에 대한 준비도 혹은 내담자의 특정 특질에 따른 것으로 돌리는 것은 잘못된 해석일 것이다. '방문자'는 누군가와 함께 방문한 사람이고, '불평자'는 무언가에 대해 불평하는 사람이며, '고객'은 무언가를 사기 위해 온 사람이다. '명칭(labels)'은 오로지 관찰자에게 상담자와 내담자의 관계에 대해 아주 간략한 설명을 제시하는 것을 의미할 뿐이다.

💬 방문자?

때때로 사람들은 호소 문제가 없는 것처럼 보이고, 상담실에 그들이 있는 것은 단순히 누군가가 그들에게 상담실로 가라고 말했거나 누군가가 그들을 상담실로 데리고 왔기 때문이다. 이러한 상황이라면 불평이 있는 사람이 상담실에 전혀 없을지도 모른다. 상담자를 만나러 가라고 보낸 사람은 보호관찰 기관이나 집행유예 담당자, 판사, 교장선생님, 배우자 혹은 부모일 수 있다. 이러한 강제성은 법원의 명령처럼 명백한 것일 수도 있고, 이혼에 대한 무언의 협박처럼 암묵적일 수 있다.

다루어야 할 내담자의 호소 문제가 없기 때문에 상담이 시작될 수 없다. 이러한 상황은 이론의 범위 조건 밖이다. 따라서 아무리 '문제'가 관찰자에게 명확하게 보일지라도 상담자가 개입을 시도하려는 것은 옳지 않다. 이와 같은 '방문자'에게는 어떤 개입도 거부당하기 쉬우며, 따라서 이러한 사람들을 방문자라고 인식하지 못하는 상담자의 착오가 내담자와 상담실 내의 다른 사람 사이에 전통적인 '저항관계(resistant relationship)'를 만들게 된다.

한 번쯤은 모든 상담자가 이러한 유형의 상황에 마주하고 문제가 있는 관계를 만드는 것 대신에 뭔가 유용한 것을 할 필요를 느꼈을 것이다. 그 상황에 대해 '방문'이라고 단순하게 생각하는 것이 '비자발적 내담자'를 만났다고 생각하는 것보다 더 유용할지도 모른다. 이때 상담자는 '비자발적 내담자'가 진정으로 상담을 필요로 하는 사람이라는 확신이 있어야 한다. 물론 '비자발적 내담자'가 있다면, 모든 상황을 어렵게 만드는 '비자발적 상담자'도 있다. 방문자가 자신은 상담이 필요하지 않다고 말하지만, 상담자는 상담이 필요하다고 생각하고 그렇게 말할 때 협력은 잘 이루어지지 않을 것이다.

다행히 우리의 상담방식은 이러한 상황에 유용할 수 있으며, 이러한 상황에서 어떻게 행동할지를 제안하는 몇 가지 지침이 있다.

(1) 가능한 한 친절하게 대하라.
(2) 상담실 안에서 상담자는 **항상** 상담받는 사람의 편에 선다.
(3) 작동이 안 되는 것보다 차라리 작동되는 것이 무엇인지를 탐색하라.

예를 들어, 만약 청소년 보호관찰관이 보낸 가족이 상담실에 있다면, 그들은 종종 이러한 명령에 불쾌함을 보일 것이다. 특히 부모가 모든 문제는 온전히 자녀에게 있고, 자신에게는 문제가 없다고 생각할 때 이러한 상황이 두드러진다. 때때로 이것이 불평을 만드는 시작점이 될 수 있다. "보호관찰관이 우리를 꼼짝 못하게 해요. 어떻게 하면 그로부터 자유로워질 수 있을까요?" 그러면 상담은 보호관찰관에게 그들이 상담에 올 필요가 없다는 것을 증명하는 것을 중심으로 이루어질 수 있다. 그들은 그에게 이것을 어떻게 증명할 수 있을까? 그것은 오로지 변화에 의해서 증명될 수 있으므로 이때에 이르러서야 비로소 상담이 시작될 수 있다. 그러나 이러한 종류의 계약은 일반적으로 첫 번째 회기에서 일어나지 않는다. 그러므로 우리는 첫 번째 상담 끝에 과제를 주지 않고 일련의 칭찬을 하는 것이 유용하다는 것을 발견하였다. 때때로 누군가가 "전문가가 나에게 친절한 말을 해 준 것이 이번이 처음이야."라는 말을 할 것이다. 그래서 **적합성**이 만들어지기 시작하고, 이후 회기에 함께 다룰 만한 호소 문제를 가져올지도 모른다.

🗨 불평자?

치료적 대화는 중간중간 불평으로 시작된다. 불평이 명확하지 않고, 모호하며, 두루뭉술하건 혹은 구체적이건 간에 불평은 상담자와 다른 참여자들이 상담을 시작할 수 있다는 신호다. 따라서 '불평자'는 내담자가 상담의 결과로 해결을 기대하는, 사업과 유사한 관계(business-like relationship)를 칭하는 부호명이다. 일반적으로 말하면, 현재의 과제는 상담에 참여한 모두에게 명확하다. 물론 상담자가 부부나 가족과 대화를 하고 있다면, 그 관계 중의 일부는 '방문자'라는 부호명을 받을지도 모르는 반면, 다른 사람들은 '불평자'라는 부호명을 받을 것이다. 이런 경우에 상담자가 유일하게 기대할 수 있는 것은 상담자와 불평자로 관계를 맺고 있는 사람들이 상담의 한 부분이라는 것이다. 그러므로 불평자는 협력을 필요로 하는 과제를 받을 수 있다는 점에서 방문자와 구별된다. **방문자**가 과제를 수행하면 그것은 예측이 안된 보너스이며, 상담자는 관계에 대한 자신의 관점을 수정해야 할 필요가 있다. 때때로 방문자를 지속적으로 상담에 초대하는 것은 상담을 방해하거나 모든 사람에게 혼선을 준다. 따라서 이후 회기에는 불평자만 초대하는 것이 유용할 수 있다.

💬 고객?

회기가 진행되는 동안 불평자가 호소 문제에 대해 무엇인가를 할 의사가 있을 뿐 아니라 기꺼이 하려 할 때 상담자-내담자 관계에는 '고객'이라는 부호명이 주어진다. 고객은 자신의 상황과 목적을 설명하는 방식 때문에 전적으로 다른 불평자와는 구별된다. 이러한 상황에서 상담자는 고객에게 행동 과제를 줄 수 있는데, 이때 상담자는 고객이 과제를 할 것이고, 과제가 유용하다는 것을 발견할 것이라는 높은 신뢰감을 갖는다. 상담자가 부부나 가족과 대화를 할 때 어떤 사람들은 '불평자'인 반면, 어떤 사람들은 '고객'인데,

관계의 각 유형은 어떤 종류의 과제가 적합할지를 알려 준다. 즉, 고객에게는 행동 과제가 적합하고, 불평자에게는 관찰 과제나 생각 과제가 적합하다.

물론 일련의 회기 동안에 이러한 관계들은 변화하고 발전한다. 방문자는 불평자가 될 수 있고, 불평자는 고객이 될 수 있으며, 고객이 불평자가 될 수도 있다. 그들이 이전 과제 수행을 어떻게 묘사하는지가 좋은 단서가 된다. 만약 대답을 행동적인 말로 한다면, 행동 과제가 유용한 것임을 입증하는 것인지도 모른다. 만약 대답을 지각적인 혹은 개념적인 말로 한다면, 아마도 행동적이지 않은 과제가 보다 더 적합할 것이다.

3. 적합성 발달시키기

지도의 왼쪽 편을 따라 '적합성 발달시키기'라는 명칭의 또 다른 물방울 같은(blob-like) 표시가 있다. 이것은 단지 의미하는 바가 무엇인지 설명할 수 없는 영역의 또 다른 측면을 나타낸다. 적절한 개입을 하는 상담에서 해야 할 것들을 결정순서도로 그릴 수 있을지라도 그것이 전부는 아니다. 어쨌든 상담자는 자신이 대화를 나눈 사람들을 어떻게 다루어야 하는지 결정해야 한다. 방문자, 불평자, 고객인 사람들과 상담을 할 때 상담자는 상담 동안에 일어나는 것에 책임을 져야 한다. 상담은 이러한 사람들과 동네 술집에서 만나 나눌 법한 가벼운 대화가 아니다.

상담 전반을 통해 상담자는 자신이 상담하고 있는 사람과의 적합성을 발달시킬 필요가 있다. 이러한 종류의 관계가 비록 상담기간 동안에만 유지되는 일시적인 관계일지라도 특별한 종류의 친밀함, 반응성 혹은 조화로움을 내포한다. 일단 적합성이 확립되면 모든 참여자는 다른 사람들이 하는 말에 세심한 주의를 기울인다. 가장 극단의 형태로 최면의 피험자는 최면술사의 목소리에만 반응한다. 이를 '라포(rapport)가 형성되었다.'라고 한다. 적합성은 상담자와 상담자가 대화를 나누는 사람 모두가 개입되는 상호 과정으로, 이 과정 동안 그들은 서로를 신뢰하게 되고, 서로에게 몹시 주의를 기울이게 되며, 서로의 세계관을 타당하고 가치 있으며 의미 있는 것으로 받아들이게 된다. 내담자의 세계관을 수용함으로써 상담자는 유용하게 될 수 있으며, 가능한 한 쉽고 빠르게 불평을 해소하도록 도울 수 있다.

> 예전에 이 병원에 자신이 예수라고 말하는 환자가 있었다. 하나님이 이 세상에 준 다양한 선물에 대해 이 환자와 잠시 이야기를 나눈 후, 그 병원에 책장이 필요하게 된 일이 생겼고, 밀턴 에릭슨 (Milton Erickson)은 목수로서 경험이 있었던(왜냐하면 그가 예수였으므로) 이 환자에게 그것에 대해 이야기해 주었다. 그래서 그 환자는 책장을 만들었고, 그는 그 병원의 손재주꾼이 되었다(Haley, 1973).

누군가에게 적합성을 발달시키는 방법을 말하는 것보다 적합성을 묘사하는 것이 훨씬 쉽다. 이는 내담자가 문제를 해결하는 데 필요한 모든 것을 갖고 있다는 것을 내담자에게 명확히 하는 상담자의 행동방식을 포함한다. 단지 어려운 것은 내담자들이 자신들이 자신의 문제를 해결하는 방법을 안다는 것을 모른다는 것이다. 에릭슨이 내담자에게 여러 번 말한 것처럼, "당신의 의식은 매우 영리하지만 당신의 무의식은 그보다 훨씬 더 지혜롭습니다."

> 혼자 아이를 키우는 어느 젊은 어머니가 상담에 와서 8세인 딸이 이유도 없이 갑자기 성질을 부리는 것에 대해 불평을 하였다. 상담이 두 회기 동안 진행되면서 그들은 하나의 아이디어를 도출하였는데, 그것은 어머니가 물총을 하나 사서 다음에 딸이 또 성질을 부리면 어머니가 딸의 양 미간을 향해 물총을 쏘는 것이다. 어머니와 상담사는 그 어린 딸이 충격을 받을 것을 상상하며 웃었다.
>
> 다음 회기에 어머니는 물총을 하나 사서 물총에 물을 채웠다고 말하였다. 어머니는 진짜로 딸에게 물총을 쏠 준비가 되었는데, 딸의 성질 부리기가 어머니를 '열받게 했기 때문이었다.' 며칠 동안 어머니는 그 물총을 가지고 다녔고, 물총을 사용할 준비가 되어 있었다. 그러나 딸이 성질을 부렸을 때 어머니가 할 수 있었던 것은 딸에게 물총을 쏘는 상상을 하며 웃는 것이 전부였다. 그런데 아이의 성질 부리기가 빨리 멈추었다. 그건 아마도 어린 딸이 자신이 어머니를 웃게 한 것이 무엇인지 궁금해했기 때문인 것 같았다.

어머니가 이 이야기를 상담자에게 했을 때 상담자는 딸을 물에 젖게 하는 상상을 하며 웃고 있는 내담자의 이미지를 떠올리고 박장대소하였다.

어머니가 실제로 딸에게 전혀 물총을 쏘지 않았음에도 불구하고, 그 과제는 성공적이었다. 상담자는 이유야 어찌되었든 간에 어머니가 자신의 상황에서 그 과제를 가장 잘 활용하는 방법을 안다는 것을 수용하였다. 그 어머니는 물총을 사서 물을 장전할 정도로 상담자를 신뢰하였다. 그러나 한편으로는 그것을 가장 잘 사용하는 방법에 있어서 자기 자신을 신뢰하였다. 적합성이 있을 때 상담자는 내담자가 자신에게 가장 큰 이익이 되도록 그 과제를 사용할 것이라는 것을 신뢰할 수 있다.

> Y 씨는 자신의 직업 수행에 필요한 전화를 거는 일에 어려움이 있었다. 그녀는 자신의 직업의 모든 것을 좋아했고, 일반적으로 일에 있어서 꽤 성공적이었다. 그러나 이러한 전화 걸기는 어쩌면 그녀를 더 성공적으로 만들 수 있었다.
>
> Y 씨가 과거에 그 문제를 한번 해결하였을 때 어떠했는지를 묘사한 후, 상담자는 그녀에게 그냥 "당신이 노력했던 것이 효과가 없으면 내일 일하러 가서는 무엇인가를 다르게 해 보세요."라고 말하였다. Y 씨가 웃으면서 "그게 다예요?"라고 물었고, 나는 "그게 다예요."라고 말하였다.
>
> 2주가 지난 뒤 Y 씨는 자신이 매일 평소보다 한 시간 일찍 일하러 가거나 아니면 자신이 필요할 때 한 시간 일찍 갔다고 보고하였다. 이러한 행동은 의식적인 결정은 아니었지만 자연스럽게 하게 된 것이었다. 그러나 그곳에는 수다 떨 사람이 아무도 없었기 때문에 그녀는 **전화 걸기 외에는** 할 것이 없었다. 그래서 그녀는 전화를 걸었다.

Y 씨가 다르게 했던 것은 어느 수준에서는 자신이 하기로 결정했던 것이었다. 분명히 그것은 실천하기에 아주 적절한 것이었는데, 자신이 하기를 원하고 할 필요가 있는 것을 행동으로 옮길 수 있는 장소에 있어서 그 일을 할 수 있었기 때문이다.

예외 탐색은 상담자가 내담자와 대화를 나눌 때 내담자가 올바르게 혹은 유용하게 하고 있는 것에 집중하게 한다. 그래서 적합성이 보통 비교적 쉽게 발달할 수 있다. 분명히 긍정적인 측면에 대해 얘기를 나누고 있는 사람들은 더욱 즐겁다. 내담자가 협력적 관계를 형성할 것이라고 가정하고 예외를 탐색하며 항상 내담자의 편에 서 있을 때 적합성은 1회기에 빠르게 발달할 수 있다.

4. 목표 설정하기

내담자와 상담자 둘 다 문제가 해결되었을 때를 알 수 있는 방법을 파악하는 데 도움이 되도록 목표가 설정될 때 적합성은 촉진된다. 이러한 단계가 없다면, 상담은 상당히 영원히 계속될 수도 있다. 사실 목표만을 설정하는 것보다 오히려 목표 성취를 측정하는 방법을 설정하는 것에 대해 고려하는 것이 훨씬 더 유용할 것으로 보인다. 왜냐하면 몇몇 사례에서 나타난 것인데, 내담자는 상담이 성공적이었다는 것을 확인할 방법을 찾을 수 있고, 성공을 측정할 수 있는 방법으로 생각하지 못했던 새로운 것이나 다른 어떤 것이 발생할 때 더 만족해한다. 그러므로 비록 단기상담이 목표 지향적이기는 하지만, 목표는 문제가 해결되었다는 것을 상담자와 내담자가 알게 되는 여러 방법 중에서 다른 어떤 방법보다 최선의 생각이다.

구체적인 목표를 설정하는 것은 확실히 결과에 영향을 주며 (Locke, Shaw, Saari, & Latham, 1981), 특별히 내담자가 성취 가능하고 어려운 것으로 지각하는 목표들이 모호하고 성취가 쉬운 것으로 지각하는 목표보다 더 이루기 쉽다(Bandura & Schunk, 1981; Deci, 1975; Latham & Baldes, 1975; Locke et al., 1981). 특히 호소 문제가 모호하거나 어떠한 예외도 묘사되지 않을 때 목표 설정하기는 해결로의 문을 열어 준다.

사례 4[2]

어떤 젊은 여성이 상담을 받으러 왔는데, 그녀가 '비상식적으로 질투'를 하기 때문이었다. 그녀는 질투하지 않기를 원하였고, 3년 된 그녀의 남자친구 역시 그녀의 질투가 멈추기를 원하였다. 그녀는 자신의 질투가 둘의 관계를 깰 정도로 위협적인 것이라고 보았지만, 그래도 남자친구와 결혼하기를 원하였다. 그녀는 자신이 남자친구의 친구들(남자와 여자)에 대해 질투를 느끼지 않았던 때나 그녀 없이 남자친구 혼자 있는 시간, 그리고 그녀와 같이 있는 시간 이외에 남자친구의 관심 등 어떠한 것도 묘사할 수 없었다.

---

2 이 사례에서 상담은 상담팀 없이 실시되었다.

기적질문에 대한 그녀의 첫 번째 대답은 외부의 어떠한 징후와 상관없는 자신의 내면 상태에 근거하여 계속 이야기되었다. "질투에 관련된 문제가 해결되었다는 것을 당신의 남자친구는 어떻게 알까요?"라고 상담자가 그녀에게 질문했을 때에만 유일하게 행동적으로 묘사할 수 있었다.

(1) 남자친구에게 전화하지 않고 지나갔던 날이 하루라도 있다면(그녀는 가끔 하루에 열네 번이나 남자친구에게 전화를 걸었다.) 그녀는 남자친구가 자신에게 더 자주 전화를 걸어야 그녀 스스로 둘의 관계에 대해 좀 더 괜찮게 느끼고 덜 질투하게 된다고 믿고 있었다.
(2) 사교적 모임에서 뿌루퉁하게 있는 것 대신에 남자친구의 친구들과 웃으면서 대화를 나눈다면
(3) 남자친구와 외출하지 않을 때 집에 혼자 있는 대신에 자신의 친구들과 밖으로 나간다면
(4) 친구들과 이야기를 나눌 때 그녀가 오로지 남자친구에 대해서만 이야기하지 않으면, 그녀의 친구들은 문제가 해결되었다는 것을 알게 될 것이다.

다음의 도표는 이 사례를 기술하기 위해 사용된 핵심 지도의 한 부분이다. 이 사례에서 사용되지 않은 핵심 지도의 다른 부분은 명확성을 위해 뺐다.

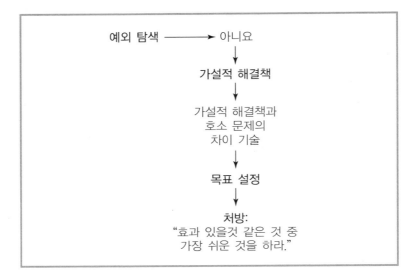

이 사례의 경우, BRIEFER II에서 나온 질문에 기초하여 이론은 다음과 같은 방식으로 해석될 수 있다.

(1) 호소 문제가 있는가?
 - 예.
(2) 예외가 있는가?
 - 아니요.
(3) 가설적 해결책이 있는가?
 - 예.

그리고 나서 호소 문제와 가설적 해결책의 차이를 기술하며, 이를 통해 목표를 설정한다. 이러한 조건하에서 이론은 상담자가 가설적 해결책의 가장 잘 기술된 부분이나 혹은 '가장 쉬운' 것을 과제로 처방하는 것을 제안한다.

(이 책의 나머지 부분에 나오는 부분 지도를 통해 상담자와 혹은 상담 팀이 묘사된 특정 상담 회기에 대해 그들이 어떻게 관찰하는 것을 훈련 했는지 보여 주고, 특정 사례에 이론이 적용되는 것을 명확히 보여 주도 록 돕고자 한다.)

다음 네 가지 중 어느 하나 혹은 모두는 적절한 목표다. 즉, 문제 가 해결되었음을 아는 방법이고, 과제로서 적절한 것이다. 단순히 그녀에게 다음과 같은 사항을 제안할 수 있을 것이다.

(1) 남자친구에게 전화하지 않기
(2) 남자친구의 친구들에게 미소 짓기
(3) 자신의 친구들과 외출하기
(4) 자신의 친구들과 있을 때 남자친구에 대해 말하지 않기

(1)번 방법은 다른 사람의 협력이 필요하지 않다. 따라서 가장 높은 우선순위를 가질 수 있다. (2), (3), (4)번 방법은 다른 사람으 로부터 최소한의 협력이 요구되므로 상담자에게는 그것이 과제로 할당되는 첫 번째 선택이 아니다. (2)번은 남자친구와 외출하여 그 의 친구들과 함께 있어야 하는 상황이 요구되는데, 이 상황에서는 그녀가 자신의 과제를 수행할 수 있는 통제력이 없다. 반면, (3)번 과 (4)번에서 그녀가 자신의 친구들과 함께 있는 것은 그녀에게 달 려 있다. 만약 (1)번 방법이 성공적이라면, 남자친구가 그녀에게 더 자주 전화하는 것과 같이 그녀가 원하는 무언가를 얻을 기회가 그녀에게 주어진다.

그녀에게 이 목록 가운데 '자신에게 가장 쉬운 것'을 뽑으라고 했을 때 2회기에 와서 그녀는 남자친구에게 전화를 걸지 않기로 결정했다고 말하였다. 그리고 나흘 동안은 남자친구가 자신을 진정으로 신경 쓰지 않는다고 생각하게 되면서 아주 신경질적으로 지냈으나, 닷새째 되던 날 남자친구가 전화를 걸어와 둘이 함께 외출을 하였다. 그녀는 그러한 관계가 더 낫다고 느꼈으며, 남자친구 또한 그렇게 느꼈을 것이라 생각하였다. 그녀가 남자친구에게 한 번도 전화하지 않았던 다섯 번째 날에 그가 그녀에게 전화를 걸었던 것이다.

다시 그녀에게 '가장 쉬운' 것을 하도록 제안하였고, 다음에 남자친구가 전화를 걸었을 때 그녀는 같이 외출하자는 그의 제안에 그날 저녁에 친구와 외출할 계획이 이미 있다고 하면서 "안 돼."라고 말하였다. 그 이후 남자친구는 매일 전화를 걸어왔으며, 한번은 그녀에게 꽃을 보내기도 하였다.

그녀는 자신의 질투에 관련된 문제가 해결되었다는 것을 남자친구가 알 수 있도록 하는 네 가지 표식을 너무 잘 설명하였고, 그 네 가지 모두 잘 기능하였기 때문에 그녀에게 가장 쉬운 것을 선택하게 한 것은 그녀에게 더 큰 통제감을 주었다. 왜냐하면 그녀가 질투심을 '통제 불능'으로 보고 있었기 때문에 통제감은 그녀에게 중요한 것으로 보였다.

과제는 내담자가 **가설적 해결책**에 대한 묘사가 행동적인 것으로 충분히 구체화될 수 있을 때, 즉 구체적이고 명확한 목표가 있을 때 즉각적으로 구성될 수 있다. 이때 과제는 예외인 것처럼 주어질 수 있다. 이러한 수정구슬기법(Erickson, 1954; de Shazer, 1978a, 1985)의 사용은 하나 이상의 예를 포함할 뿐 아니라 모두 유지 가능할 때 상담자는 내담자에게 이 중 가장 쉬운 것을 하도록 제안할 수 있다. 이 사례에서는 네 가지 중 어느 것도 새로운 행동이 전적으로 다른 사람의 시도나 협력에 달려 있다는 이유로 제외되지 않았다.

5. 칭찬

상담자가 일방경 뒤에 있는 상담팀과 자문을 마치고 상담실로 돌아오거나 사례에 대해 자신만의 시간을 갖고 돌아왔을 때 일련의 칭찬으로 개입 메시지를 시작한다. 메시지는 내담자가 상담 동안에 말했던 유용하고 효과적이며 좋거나 재미있는 것에 대한 상담자나 상담팀의 진술(statement)이다. 메시지는 내담자와 상담자 간의 적합성을 촉진하도록 돕고, 당면한 과제에 협력하게 한다.

종종 첫 번째 회기에서 칭찬은 선택한 목적 달성의 어려움에 대한 진술을 포함할 것이고, 예외에 기초하여 목표로의 진전과 목표의 일반적인 실행 가능성에 대한 것도 포함할 것이다. 이후 회기에서 칭찬의 주된 초점은 종종 목표를 향한 진전에 근거할 것이다.

'적합성'은 질적인 개념으로 상담자와 내담자의 관계, 상담이 이루어지는 경로, 목표를 포함한다. 이 모든 것은 현재가 미래에 대

해 중요성을 갖게 만들며, 따라서 상담 상황에 의미가 부여되도록
돕는다.

6. 모두에게 알려진 과제 설정하기

사례에 대한 유형 분석(de Shazer, 1978b, 1979a, 1979b, 1982b,
1985; Dolan, 1985; O'Hanlon, 1987)은 치료적 개입에 있어 상황적인
특수성이 있음을 알려 준다. 치료적 노력을 바라보는 이러한 방법
들은 매우 광범위하게 다양한 문제나 증상, 주 호소 문제 간에 과
제나 과제 유형의 이동성을 허락한다. 즉, 사례 Q의 묘사가 우연히
일어난 예외를 포함하고 있고, 사례 D와 J도 그러했다면, 예측을
포함하는 과제가 아마도 사례 Q에 유용할 것이다. 왜냐하면 그 과
제가 사례 D와 J에서 효과가 있었기 때문이다. 물론 그 과제는 그
사례에 적합하도록 다듬어질 필요가 있을 것(변주)이나, 과제의 유
형(주제)은 같거나 아니면 적어도 같은 원칙에 기초할 것이다.

상담자의 경험과 해석이 영향을 미치는 역할을 하게 되는 곳이
바로 여기 지도다. 어느 상담자가 유용하다고 발견한 어떤 과제라
도 구체적 임상 상황에 관련된 특정 유형에 적합하도록 변형되고
수정되어야 할 것이다.

7. 새 과제를 구상하거나 만드는 것을 돕기 위한 규칙 설정하기

목표는 상담자와 내담자 모두 문제가 해결된 상황을 어떻게 알 수 있는지 정의하도록 돕는다. 매우 실질적으로 목표는 상담자와 내담자가 쏘아서 맞춰야 할 과녁이며, 적어도 단기상담자에게 있어 과제는 화살과 같다. 즉, 화살이 과녁에 도달하기 위해 고안된 것처럼 과제도 목표에 도달하기 위해 고안된 것이다. 화살이 활시위를 떠나는 것처럼 일단 과제가 부여되면 그것이 과녁에 도달하든 그렇지 않든 간에 그것이 그저 목표를 향해 가고 있다는 것만으로도, 예를 들어 변화 대화가 증가하는 것만으로도 상담자와 내담자는 만족할 수밖에 없을 것이다. 활을 쏘는 사람이 과녁의 한가운데를 겨냥하는 것에 비해 상담자는 과녁의 어떤 지점이든 상관없이 겨냥한다.

일단 좋은 화살이 만들어지면, 그것이 활시위를 떠나기 전에 활의 적절한 위치에 놓일 필요가 있다. 이와 유사하게 상담 계획은 상담자와 내담자가 대화를 하는 동안 실질적으로 시작된다고 볼 수 있는데, 상담자는 변화 대화에 초점을 맞추어 상담을 하는 동안 과제를 부여하기 위한 기반을 마련할 필요가 있다. 예외를 탐색하는 것과 문제가 해결되었을 때 이를 아는 방법을 정의하는 것은 변화 대화를 이끌어 내고 촉진하기 위해 고안된 두 가지 기법이다. 적어도 부분적으로는 잘 고안된 과제의 효과성이란, 내담자에게 그것이 얼마나 논리적이고 합리적으로 보이는지에 달려 있다. 그리고 이 논리는 상담하는 동안 변화에 대한 이야기를 통해 만들어진다.

🗨 일반적 지침

(1) 내담자가 한 것 중 좋고, 유용하며, 효과적인 것들을 적는다.

(2) 어떠한 예외가 발생했을 때 일어난 것과 호소 문제가 발생했을 때 일어난 것 간의 **차이점**을 적는다. 전자(즉, 예외가 발생할 때)를 촉진한다.

(3) 가능하다면 예외에 대해 단계적으로 기술한 것을 찾아낸다.

　(a) 무엇이 효과가 있는지 알아낸다. 그리고/혹은

　(b) 무엇이 효과가 있었는지 알아낸다. 그리고/혹은

　(c) 무엇이 효과가 있을지 알아낸다. 그리고 나서

　(d) 가장 쉬운 것을 처방한다.

　만약 예외(혹은 주 호소 문제)의 일부 측면이 무작위로 일어난 것이라면, 그때는

　(e) 과제에 임의적인 것을 포함하거나 혹은 무작위성을 허용한다.

(4) 필요하다면 호소 문제에 대해 단계적으로 기술한 것을 **찾아낸다.**

(5) 가설적 해결책과 호소 문제 간의 **차이점**을 적는다.

(6) 다음과 같이 함으로써 문제 상황이 **해결된** 모습을 상상한다.

(a) 규칙에 **예외**를 만든다.

(b) 호소 문제 유형의 **위치**를 바꾼다.

(c) 호소 문제 유형에 **관련되는** 사람을 바꾼다.

(d) 관련된 **단계의 순서**를 바꾼다.

(e) 호소 문제 유형에 **새로운 요소**나 단계를 첨가한다.

(f) 유형의 **기간**을 증가시킨다.

(g) **임의적인** 시작과 마침을 도입한다.

(h) 유형의 **빈도**를 증가시킨다.

(i) 문제행동의 **양상**을 바꾼다.

(7) 불평자/고객에게 무엇이 적합할 것인지, 즉 어떤 과제가 적합할지를 결정한다. 이때 어떤 변인[(a)에서 (i)까지]이 특정 내담자에게 이해될지에 기초한다. 불평자가 어떤 것을 가장 잘 수용할 것 같은가? 고객이 어떤 것을 가장 잘 수행할 것 같은가?

예를 들어, 만약 어느 부부에게 공동의 호소 문제가 있다면, 그들에게 공동의 협력 과제를 준다. 만약 부부 중 1명만이 고객처럼 불평을 제시한다면, '고객'에게는 무언가 하는 과제를 주고, 다른 사람에게는 관찰 과제를 준다.

이후의 장들에서는 이 해결에 대한 이론의 핵심 지도에서 보여 주는 다양한 경로를 설명하기 위해 사례들을 활용할 것이다. 핵심 지도에서 부분 지도는 다양한 조건을 서로 구별하도록 돕는 경로들을 강조할 것이다.

제7장

해체[1]: 초점을 발전시키기 위한 하나의 방법

구성주의 철학자들(Watzlawick, 1981)은 실재(reality)란 실제로 존재하는 것이라기보다 우리가 만드는 것이라는 관점을 제시하였다. 이러한 관점의 배경에 있는 재구성(reframing)의 원리와 구성주의자의 생각, 즉 "어떠한 상황을 경험하는 것에 관련된 개념적·정서적 관점을 변화시키는 것, 그리고 그러한 관점을 동일한 구체적 상황의 '사실'에 똑같이 잘 맞거나 더 잘 맞는 틀로 대체함으로써

---

1 여기서 '해체'라는 용어는 '급진적 구성주의자'의 관점(von Glasersfeld, 1984)과 같은 의미로 사용되었다. 이는 데리다(Derrida, 1981)가 이 개념을 사용한 것처럼 문학 비평에서의 '해체' 관점과 반드시 같다는 의미는 아니다. '결정 불가한(undecidable)' 것처럼 유사한 용어의 사용도 우연의 일치다. 활용과 의미에서 보이는 어떠한 유사점도 계획하지 않은 보너스라 할 수 있다.

전체 의미를 변화시키는 것"(Watzlawick, Weakland, & Fish, 1974, p. 95)은 오랫동안 단기상담의 일부분이었으며, 다양한 가족상담학파에서 중요한 역할을 하고 있다.

고프만(Goffman, 1974)에 따르면, 틀(frames)이란 어떠한 상황에 대한 정의로, 이러한 정의는 "적어도 사회적인 사건들과 이에 대한 우리의 개인적인 참여를 지배하는 조직 원리에 따라 만들어진" 것이다(p. 10). 틀은 우리가 현실을 구성하는 '규칙(rules)'으로 다른 상황에는 다른 규칙을 적용할 수 있다. 그러므로 재구성은 내담자가 특정한 문제 상황에 의미를 부여하는 자신의 '규칙'을 전환하도록 돕는 과정이다.

때로 내담자의 틀 혹은 어떤 일이 일어나고 있는지 정의하는 방식은 보다 일반적인 것으로 보인다. 물론 어떤 틀이든 마치 적어도 사람의 행동을 결정하는 것을 돕는 것처럼 기술될 수 있다. 그러나 몇몇 사례에서는 내담자가 자신의 어려움과 문제들을 틀 속에 넣음으로써 틀이 '삶의 실제(facts of life)'가 되어 버린다. 예를 들어, 어떤 사람이 자신의 모든 어려움은 동쪽에서 해가 뜨기 때문이라고 비난한다고 치자. 이는 관찰자가 보기에는 어리석은 일이다. 그러나 이 틀을 가진 사람은 이로 인해 별나고 이상한 행동을 할 수 있다. 그러한 전제가 그 사람이 사물을 보는 방식과 행동하는 방식을 결정하는 데 도움이 되는 한 유익한 변화를 기대하기는 어렵다. 그러나 그 사람이 일단 그 전제를 **의심**하기 시작하면 변화에 대한 기대가 생겨나며(de Shazer, 1985), 적어도 다른 행동방식과 관점이 가능하거나 아마도 그렇게 될 공산이 크다.

1. 해체하기

대부분의 사례에서 예외들(the exceptions)과 상담목표에 대한 예외의 관계는 상담자와 내담자가 상담 과정에서 초점을 두어야 할 것을 알려 준다. 어떤 면담이라도 당면 과제에 쉽게 초점을 맞출 수 있으며, 상담자와 내담자 양쪽은 언제 문제가 만족할 만한 방법으로 해결되었는지 쉽게 알 수 있다. 그러나 일반적 틀이 관련되면 그와 같이 초점을 맞추는 것이 어렵다. 왜냐하면 무엇이든 상담자의 목표에 속하기 때문이다.

일반적 틀에 대해 의심을 만드는 것은, 가장 적합하게 표현하자면, 이른바 **틀의 해체**라는 과정을 수반한다. 상담 시간에 먼저 내담자의 예외 탐색을 돕고, 그다음 문제가 없는 미래를 상상하도록 도움으로써 상담자는 암묵적으로 틀을 점점 더 작은 조각으로 분해한다. 일반적 틀이 관련된 것이 점점 더 명확해지면 상담자는 내담자가 이를 좀 더 작은 구성요소로 분해하도록 돕는다. 틀을 해체하는 의도에는 다음의 세 가지 측면이 있다.

(1) 상담자는 내담자를 주의 깊게 경청하고 신중하게 질문함으로써 내담자에 대한 수용을 보여 준다.
(2) 상담자는 내담자가 일반적 틀에 대해 약간의 의심을 갖기 시작하도록 노력한다.
(3) 상담자는 해결책이 구축될 수 있는 틀의 구성을 조금이라도

탐색한다.

혼란기법은 이러한 과정의 하나로 내담자에게 명확성과 정확성을 요청할 수 있도록 고안된 것이다. 좀 더 일반적으로 말하자면, 해체 과정은 상담 상황을 결정 불가한 어떤 지점, 즉 일반적 틀의 전체 논리가 현재 내담자가 활용하지 않는 생각, 감정, 행동을 불러일으키는 지점으로 이끌도록 고안되었다. 일반적 틀이 관련될 때 상담자는 내담자의 논리 내에서 철저하게 논리적인 결과에 이르지 않았던 지점을 탐색한다. 또는 호소 문제가 지나치게 협소한 특정 삶의 영역에 초점이 맞추어져 있다면, 상담자는 내담자가 호소하는 문제의 좁은 범위 밖에 있는 것을 탐색한다.

좀 더 공식적으로 표현하자면, 상담자와 내담자가 일반적 틀과 호소 문제를 해체하기 위해 함께 협력하는 목적은 **결정 불가한** 어떤 것, 즉 해결책이 구축될 수 있는 하나의 초점을 만들어 내는 것이다. **결정 불가한** 것은 내담자의 일반적 틀의 토대를 침식하거나 적어도 구멍을 내어 조직을 해체하는 개입으로서 기능한다. 이는 종종 내담자로 하여금 방향 감각을 잃게 하고, 혼란스럽게 만든다. 왜냐하면 내담자는 지금 일어나는 일을 자신의 일상적인 논리로는 판단할 수 없기 때문이다. 상담자는 내담자의 논리체계 내에서 어떤 **비논리적인** 지점을 찾아내는데, 이러한 지점은 문제의 구성물 전체를 무너뜨릴 것이다. 물론 어떤 단순한 결정 불가한 지점이나 요소도 복합적인 전체로서의 체계와 관련된 것으로 볼 수 있다. 결정 불가한 것에 구축을 하는 것은 좀 더 유용한 틀의 발전을 가능하게 한다.

🗨 까다로운 사례

 틀은 그 틀을 가지고 있는 사람이 다른 사람에게 행동하는 방식을 결정하며, 이로써 상대가 그 사람에게 행동하는 방식을 결정한다. 미드(Mead, 1934)는 사람의 자아상(self-image)은 타인이 자신을 어떻게 본다고 생각하느냐에 달려 있다고 하였다. 따라서 상담자가 어떤 사례를 '까다롭다'고 평가한다면, 그 상담자는 내담자에게 까다로운 사례를 다루는 상담에 적합하다고 여기는 행동을 한다. 흔히 색다른 행동을 하거나 특이한 생각을 표현하는 내담자들은 자신을 '까다로운' 사례로 여기는 상담자를 상대하는 것에 경험이 많다. 그러므로 상담자가 자신을 '까다로운 사례'로 다룬다는 생각이 들면, 내담자는 자신을 '까다로운 사례'로 여기게 될 것이며, 결과적으로 까다로운 사례가 생겨난다. '까다로운 사례'라는 틀은 자기충족적 예언(self-fulfilling prophecy)이 된다. 그러나 상담자가 상황을 다른 틀로 보고 내담자의 기대와 다르게 반응한다면, 내담자는 자신을 다르게 보게 될 것이라는 점을 재구성과 자아상에 대한 관점이 알려 준다. 그렇게 해서 내담자의 틀에 대해 의문이 제기되는 상황이 되고, 좀 더 유용한 행동이 뒤따르게 될 것이다.

 언뜻 보기에 내담자가 상황을 보는 방식에 대해 약간의 의심을 발전시키도록 돕는다는 생각은 보잘것없고 단지 까다로운 사례에 대한 기존의 '전통적인' 생각에 불과한 것처럼 보일 수 있다. 그러나 일반체계이론은 체계 일부분에서의 차이와 변화가 체계의 다른 부분에 반향과 전환을 가져올 것이라는 생각을 오랫동안 명제로 받아들여 왔다. 이러한 단순한 생각이 단기상담의 기반을 형성한다(Weakland, Fish, Watzlawick, & Bodin, 1974; de Shazer et al., 1986).

일반적 틀은 구체적인 상황보다는 일반적으로 삶을 정의하는 규칙처럼 보일 수 있어서 어떠한 특정 상황을 재구성하는 것은 틀의 소유자에게는 어떠한 차이도 보여 줄 수 없을 것이다. 재구성이 수용되더라도 일반적 틀이 계속해서 다른 모든 상황에 적용될 것이므로 차이가 없을 것이다. 예를 들어, 한 아이를 거짓말쟁이로 여기게 되면, 그 아이가 진실을 한 번 말하더라도 대개 아이에 대한 기존의 지각은 변하지 않는다. 그 아이는 계속 거짓말쟁이로 남게 된다. 또는 어떤 아이를 '나쁘다'고 여기면, 그 아이가 나쁜 행동 하나를 없앴다고 해서 그것이 그 부모에게 영향을 미치는 일은 거의 혹은 완전히 없을 것이며, 부모가 아이와의 경험을 받아들이는 방식에도 영향을 미치지 않을 것이다.

내담자가 일반적 틀을 보이는 경우에 내담자와 상담자는 예외 탐색에 성공하기 힘들 것이다. 상담자와 상담팀이 명확하게 어떤 것을 잠재적으로 유용한 예외로 보더라도 그것이 내담자에게는 의미 있게 보이지 않을 것이다.

이 장에서 논의된 사례들은 대개 '까다로운 사례'로 묘사된다. '까다로운 사례'라는 말은 주의해야 할 말이다. 왜냐하면 '까다로운 사례'란 특정 사례들에서 일어나는 상황을 정의하기 위해 상담자들이 종종 사용하는 틀을 일컫는 명칭에 불과하기 때문이다. 이같이 '까다로운 사례'라고 탓하는 이유는 다양하지만, 요약하면 다음과 같다. 낯선 생각과 기이한 행동은 복잡한 기술과 정교한 설명의 은유를 요구하는 것처럼 보이며, 이러한 결과로 인해 어려운 사례가 생겨난다. 이로부터 복잡한 기술이란 그 이면에 복잡한 현실이 존재한다는 것을 의미하며, 이에 따라 상담도 똑같이 복잡해야한다는 쓸모없는 생각이 뒤따른다. 이러한 생각은 '지도'와 '영토'의 구별이 이루어지지 않아서 생긴 것이다. 간단히 말해서 지도는 영토가 아니다. 기술은 기술하는 문제와 동일하지 않다.

어떠한 지도라도 도움이 될 정도로, 즉 사용자들을 원하는 곳에 데려다줄 수 있을 정도로 '충분히 좋아야' 할 필요가 있다. 예를 들어, 일리노이에서 덴버를 경유해서 캘리포니아로 가기 위해서는 80번 서부 간선고속도로를 찾아 따라가라는 정보가 담긴 한 장의 지도가 필요하다. 도중에 오마하를 통과한다는 것을 꼭 알아야 하는 것은 아니며, 강이나 산에 대해 알 필요도 없다. 물론 상세하지 않은 지도를 따라 여행하다 보면 흥미로운 많은 것을 지나칠 수 있지만 원했던 목적지에는 도착할 것이다.

다음 도표는 이 장의 사례들을 기술하기 위한 것이다. 다시 말하지만, 이들 사례에서 설명되지 않는 핵심 지도의 부분은 삭제하였다.

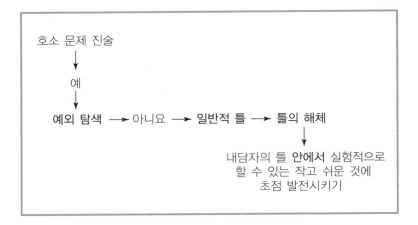

이론에서 도출한 이들 사례에 관한 질문은 다음과 같다.

- 불평이 있는가?
  - 예.
- 예외가 있는가?
  - 아니요.

(이러한 반응에 따라 의도적이고 우연한 예외와 관련된 모든 부분이 삭제되었다.)

- 가설적 해결책이 있는가?
  - 아니요.
- 호소 문제가 구체적이고 특수한가?
  - 아니요.

> ■ 호소 문제가 막연하거나 혼란스러운가?
> – 아니요.
> 그러면 호소 문제의 해체를 시작하시오.

　단일 사례연구 혹은 동일한 점을 설명하는 복수 사례에 대한 연구에서 결론을 도출하는 과정에는 주의가 필요하다. 이러한 결론은 알려지지 않은 일반적 규칙에 대한 예외이거나 요행일 수 있다. 그러나 이것은 새로운 이론적 이해나 새로운 개입 기술로 이끄는 이례적인 것들(anomalies)이므로 중요할 수 있다.

　다음 사례에서 기술되는 바와 같이 독특한 사건은 출발점을 제공한다. 빠른 변화가 단기상담 실천에서 특이한 것은 아니지만, 전통적으로 까다로운 사례로 여겨진 상담에서 접근의 단순성은 이것이 신세계임을 보여 준다.

2. 사례 5

> **상담자**: "틀림없이 대부분의 사람은 당신이 진짜 악마라고 믿지 않을 거예요."

　28세 남성인 F 씨는 자신이 악마, 즉 에덴동산의 뱀이라고 주장하였다. 따라서 자신이 우주 모든 악의 근원이라는 것이다. F 씨의 의료 기록에 의하면, 이러한 주장은 새로운 것이 아니고 8세 때부터 지속되었다. 상담 당시 그는 퇴원하여 중간시설에 머물고 있었다. 그는 지난 4년 동안 1주일 이상 한 직장에서 일을 한 적이 없었다. 이제 그는 직업을 갖길 원했고, 가족과는 4~5년 동안 떨어져 지냈기 때문에 가족농장으로 돌아가는 것을 원하지 않았다. 지난 20년간 그는 상담실과 병원을 들락날락했고, 약을 자주 복용하였다. 그는 반복되는 상황을 깨고 싶었으나 그렇게 될 희망은 거의 보이지 않았다. 하지만 첫 단계는 약 복용을 중단하고 중간시설에서 나가는 것이라고 생각하였다.

F 씨는 자신이 진짜 악마라는 것을 대부분의 사람이 믿지 않는다는 사실에 선뜻 동의하였다. 그의 입장이라면 이렇게 믿지 않는 것에 정말 화가 날 것이라는 나의 의견에도 동의하였다. 다시 한번 내가 그의 입장이라면 의심하는 모든 사람에게 증명하고 싶은 생각이 들 것이라고 하였다. 그는 이에 동의하면서 사람들, 특히 가족에게 그렇게 하고 싶다고 하였다. 어떻게 할 예정인지 물었더니, 그는 악의 극치는 핵 재앙이며, 이것이 증거가 될 것이라고 하였다. 나는 그런 대재앙은 악의 극치로서 충분히 자격을 갖추었음에 틀림없다고 동의하였다.

하지만 나는 한 가지 문제점을 발견하였다. 내가 그의 입장이라면 사람들이 굽실거리면서 진실을 인정해 주기를 원할 것이라 생각하였다. 그는 실제로 악마이고 우주에 있는 모든 악의 근원이니까. 그러나 대재앙 이후에는 이러한 진실을 인정해 줄 사람이 아무도 없을 텐데, 그렇다면 이 모든 것이 무슨 소용이 있겠는가?

앞서 기술한 것은 요약에 불과하지만, 이런 이야기를 하는 동안 F 씨는 눈을 크게 뜨고 깜박이지도 않은 채 꼼짝도 않고 앉아 있었다. 그리고 나서 내가 일어섰고 그도 일어섰다. 우리는 악수를 하고, 다음 상담 약속을 잡았다.

악마라는 주장에 대해 F 씨와 논쟁하는 것이 지난 20년 동안 효과적이지 않았다는 것은 명확하였다. 그래서 나는 그런 논쟁을 벌이지 않을 것이라는 점을 확실히 할 필요가 있었다. 나는 그의 전제, 즉 그의 일반적 틀을 수용하는 것이 필요하였다. 그의 신념이나 그가 상황에 대해 판단하는 방식에 따라 내려진 결론에 관해 뭔가 '잘못된' 것을 발견할 수 있을 때까지 대화는 자연스럽게 흘러갔다. 이런 방식으로 약간의 의심이 생겨나게 할 수 있었다.

이후 두 번의 상담에서 그는 오로지 중간시설에서 나오는 과정에 대한 이야기만 하였다. 담당 의사의 승인하에 그는 점차 약 복용을 중단했고, 일자리를 찾기 시작하였다. 그는 몇 군데 응시를 했고, 한 기관의 도움을 받았다. 첫 상담 후 2주 동안 그는 전혀 '이상하게' 느끼지 않았다. 그리고 중간시설 종사자들에 따르면, '이상하게' 행동하지도 않았다. 그는 어떤 회기에서도 악마에 대한 이야기를 하지 않았다.

몇 주 후에 그는 입주해서 노인을 돌보는 일자리를 찾았다. 그는 쇼핑, 요리, 세탁, 청소, 목욕시키기, 옷 입히기, 운전하기 등의 일을 하였다. 이 기간에 우리의 접촉은 딱 한 번 잘 지내고 있다고 안부 전화를 한 것이 전부였다. 그가 이 일을 한 지 석 달째 되던 때에 전화를 걸어 월요일에 상담 약속을 잡았다. 그런데 그 주 금요

일이 되어서야 왔다.

그는 원래 약이 조금 필요해서 전화를 걸었으나 더 이상 필요 없게 되었다고 하였다. 그 전 주 토요일에 그는 다시 '이상한' 느낌이 들면서 자신이 악마라는 생각이 들기 시작하였다. 그러나 그는 '이상한' 느낌이 들어도 어르신 목욕시키는 것을 계속해야 했다. 그래서 그렇게 하였다. 그러고 나서 '이상한' 느낌이 들어도 옷 입는 것을 돕고, 저녁 식사를 차리고, 설거지를 하고, 청소를 해야 했다. 이 잡다한 일을 끝내자 그는 너무 피곤해서 침실로 가서 곧바로 곯아떨어졌다.

다음 날 아침에도 이상한 느낌이 들었지만 그는 어르신 옷 입는 것을 돕고, 교회와 집을 오가는 길에 운전을 하였다. 먹거리 장도 봐야 하고, 집도 청소해야 하고, 저녁 식사 준비 등도 해야 했다. 그는 이상한 느낌이 지속적으로 들었지만 계속해서 일을 하였다. 월요일에 피곤하기는 했지만 더 이상 이상한 느낌은 들지 않았다.

이전에는 이런 상황이 왔을 때 늦어도 첫날이 지나기 전에 결국은 병원 입원으로 마무리되었다. 그는 약을 많이 복용하였고, 4주에서 6주 동안 입원해야 했으므로 일자리를 잃었다. 그러나 이번에는 단지 일을 지속하기 위해 애썼을 뿐이다. 일요일에 그는 흥미로운 점을 발견했는데, 자신이 모든 악의 근원이 아니라는 점이었다. 그는 신이었다. 사실 그는 그것을 알고 나서 실제로 우주를 악으로부터 보호하고 있었다. 그는 이러한 시나리오를 자세히, 그리고 매우 오랫동안 파고들었다. 상담이 끝날 때 악수를 하면서 나는 이렇게 말했다. "참고 견디세요. 신은 우리가 모든 일에 보호가 필요하다는 것을 알고 있지요." 그는 활짝 웃고는 아무 말도 하지 않았다.

그는 상담에 다시 오지 않았다. 그해 어느 땐가 상담료를 지불하면서 그는 일을 계속 하고 있고, 일이 마음에 든다고 하였다. 최근 4년간 그의 가족 방문은 언제나 입원으로 끝이 나곤 했다. 그러나 그는 일을 하느라 가족을 두 번 방문했는데, 한 번도 이상하게 느끼지 않았다. 그는 약을 복용하지 않았고, 입원도 하지 않았다. 또한 그는 당시에도 '약간 이상한' 느낌이 있었지만 이를 무시하였으며, 그가 하는 일을 계속하고 있다고 하였다.

3. 사례 6

앞의 사례에서 접근한 방법이 분명히 성공을 거두면서 그다음 접근방법으로 내담자가 자신의 전체 인생 상황을 구성하는 방식에 의문을 만들도록 도와 일반적 틀의 해체를 시도하게 되었다. 여기서 잠정적인 규칙은 다음과 같다.

해체의 과정은 문제가 되는 행동이 일어나기 전까지는 사람들의 틀을 논리적인 것으로 수용하는 것을 포함한다. 결정 불가한 혹은 잠재적인 초점이 발전할 때까지 전체 상황을 탐색하라. 그리고 나서 그 사람의 틀 안에서 행동의 논리에 대해 질문하라.

> **상담자:** "CIA가 어떻게 그런 무능한 킬러들을 보냈을까요?"

G 씨와 상담을 시작하였다. 베트남 참전 군인이자 전직 CIA 요원인 G 씨는 자신을 향한 음모에 대해 호소하였다. 최근 6주 사이에 두 번이나 누군가가 그의 새 승합차 뒷부분을 박는 사고가 나면서 음모가 고조되었다. 그의 아내는 상담에 와서 남편이 최근에 휴대용 무기를 사서 차에 가지고 다닌다고 호소하였다. 그녀는 자신과 두 자녀의 삶에 위협을 느껴 지역 경찰에도 알렸다.

그는 아내와 자녀들의 안전에 대해 아내를 안심시키려고 노력하였다. 하지만 남편이 한밤중에 아내에게 폭력적인 행동을 하면서 의심은 더 커질 수밖에 없었다. G 부인은 남편의 행동과 두려움이 '날이 갈수록 점점 악화된다.'고 보았다. 그가 도청 장치를 찾기 위해 TV와 전화기를 분해하고, 여러 날 밤에 집 주변을 감시하는 것을 보며 아내는 걱정이 되었다. 아내는 지난 4일간 남편이 장전된 자동권총을 차고 다니기 전까지는 그가 잠을 자지 않는 것에 크게 신경을 쓰지 않았으며, 대개 그는 순찰을 돌면서 아내나 자녀들을 방해하지 않았다.

그는 자신이 아내와 아이들, 그리고 자신과 가정을 보호하는 것이라고 변호하였다. 그는 CIA에서 일했기 때문에 그들이 일하는 방식을 알고 있었다. TV와 전화기, 라디오를 분해하고, 집을 뒤져 도청 장치를 찾는 것도 바로 그 때문이었다. 그는 차 사고가 그냥 차 사고가 아니라는 것을 알고 있었다. 그것은 이전에 실제로 있었다가 중단된 일이었다.

지난 18개월 동안 아내는 그가 상황을 상상하는 것이라고 논리적으로 설득하려고 노력하였다. 즉, CIA는 그를 데려가려고 하지 않으며, 사고는 단순히 사고일 뿐이라고 말이다. 하지만 아내의 방식은 통하지 않았다. 이에 대해 G 씨가 시도한 것이라곤 아내에게 말하는 것을 전반적으로 줄이고, 음모에 대해 점점 더 많이 생각하면서도 그것에 대해 입을 다무는 것이 전부였다. 최근에는 사실 남편이 철회하기 시작하였고, 아내에게 어떤 것에 대해서도 거의 말을 하지 않았다.

아내의 접근방식은 현실을 직시하는 것과 남편이 자신의 믿음에서 벗어나도록 설득하는 것이었으나 효과가 없었다. 상담자에게 중요한 것은 이미 효과가 없었던 일을 다시 시도하지 않는 것이다. 그러므로 첫 번째 단계는 G 씨의 믿음을 그대로 수용하는 것이다. 즉, 그에 대한 CIA의 음모가 있는 것처럼 행동하는 것이다. 그다음에 CIA의 음모에 대해 그가 설명하는 내용 중 세부적인 부분에서 **잘못된** 점을 생각한다. 간단히 말해 그의 목숨을 노린 두 번의 시도가 비참하게 실패로 돌아갔다는 사실이 세부적으로 잘못된 부분이다. CIA는 심지어 그에 대한 살해 시도조차 하지 못하였다. 도대체 어떻게 된 일인가? CIA가 누군가를 살해하려고 계획하면 그들은 해낸다. 그러므로 질문은 바로 이것이다. '왜 CIA가 그렇게 무능한 킬러를 보냈는가?' CIA에 뭐가 잘못된 것인가?

이러한 생각의 줄기를 따라가면서 나는 G 씨에게 물었다. "어떻게 해서 CIA는 그렇게 무능한 킬러를 보낸 거죠?" "CIA 요원은 보통 그들이 하는 일을 잘 알고 있지 않나요?" "당신이 그런 상황에서 누군가를 죽이려고 했다면 더 잘 해내지 않았을까요?" "그 사람은 이미 죽은 목숨 아니겠어요?" "CIA가 뭔가 잘못된 것 아닌가요?"

그는 자신이 누군가를 죽이려 했다면 이미 그 사람은 죽었을 것이라는 점에 동의하였다. 그는 왜 CIA가 그렇게 무능한 요원을 보냈는지 알아낼 수 없었기에 나는 그에게 이러한 수수께끼에 대해 생각해 보라고 하였다.

그다음 나는 슬쩍 주제를 바꾸어 장전된 총은 가족을 보호하기에 그리 좋은 방법이 아니라고 퉁명스럽게 말하였다. 만약 오발 사고가 나서 아이들이나 아내를 실수로 죽이면 어떻게 되겠는가? 그는 이런 일이 일어나는 것을 원치 않았고, 집 주위에서는 총을 장전하지 않는 것을 고려해 보는 데 동의하였다.

그다음 나는 G 부인에게 1~2분 정도 따로 이야기하자고 요청해서 남편에게 논리적으로 지적하는 것이 효과적이지 않으니 중단해야 한다고 말하였다. 그가 잘못되었다는 것을 확신시키기 위한 반복적인 시도는 단지 그로 하여금 아내도 음모의 한 부분이며, 아내가 그의 경계를 풀려고 시도한다는 생각을 하게 만들 뿐이라고 하였다. 아내에 따르면, 사실 최근에 남편은 아내가 음모에 가담했다고 비난하기 시작하였다. 나는 그녀에게 남편이 음모에 대한 생각을 하고 있다는 생각이 들면 조용히 그의 옆에 가서 말없이 안아 주라고 제안하였다. 음모에 관해 남편과 논쟁하지 말고, 그가 철회할 때 그의 곁을 떠나지 말아야 한다고 하였다.

그는 아내의 불신은 아내가 자신을 미쳤다고 생각하는 증거라고 해석하였다. 또한 아내가 자신이 '그냥 곱씹게 내버려 두는 것'은 CIA가 그를 쫓고 있는 것을 믿지 않는 또 다른 증거라고 해석하였다. 그래서 그가 곱씹고 있을 때 아내가 곁에서 떠나지 않고 대신에 그를 안아 준다면, 그것은 오히려 다른 행동이기 때문에 아내가 더 이상 그를 미쳤다고 생각하지 않는 것으로 해석할 기회가 생긴다. 이러한 해석은 그녀가 상황에 대해 더 이상 '논리적으로' 논쟁하지 않음으로써 강화될 것이다.

해체 과정을 통해 전체 상황을 전반적으로 재구성할 잠재력이 있는 초점에 다다르게 되었다. G 씨가 상황을 구성하고 정의하는 주요 전제는 CIA가 그의 뒤를 쫓고 있다는 것이었다. 그는 이에 대해 한 치의 의심도 없었다. 이러한 전제를 수용함으로써 나는 CIA의 행동과 그의 주요 전제에 대해 질문하며 의문을 일으키기 시작할 수 있었다. 이와 유사하게, 아내에게 제안한 내용은 아내가 남편이 미쳤다고 생각한다는 그의 생각에 의문을 불러일으킬 의도가 있었다. 두 경우 모두 의문은 성공적인 상담의 핵심이다. 왜냐하면 내담자는 대안을 발전시키기 위해 자신이 상황에 부여한 일반적 틀을 꿰뚫어 보는 것이 필요하기 때문이다.

나는 이후의 상담에서 나의 틀을 유지하였다. CIA가 화제로 나올 때면 나는 무능한 첩보원에 대해 궁금해하였다. 그는 이 수수께끼를 공유하였다. 그다음 나는 그가 자신에게 도움이 되는 어떤 일을 했는지 궁금하다고 화제를 바꾸었다. 그리고 그는 집을 팔기 위해 집수리를 하려고 노력한 것들을 이야기하였다. 다섯 번째 상담 이후 그는 음모에 대한 생각을 멈추었다. 적어도 이에 대해 말하며 음모의 현실을 믿는 것처럼 행동하는 것을 그만두었다. 가끔씩 그는 TV에서 목소리를 들었지만 이제 그는 목소리가 현실이 아니라는 것을 알았기에 그에 대해 반응하지 않았다.

G 부인은 제안을 따랐으며, 남편이 지극히 반응을 잘하는 점을 발견했다고 말하였다. 그녀가 논리적이 되거나 나가고 싶은 충동을 이겨 내고 대신에 그를 안아 줬을 때 그는 '불쾌한 기분'에서 빠져나와 그의 일로 돌아갔다.

상담을 시작한 지 석 달이 지난 시점에 진행된 일곱 번째 회기에서 그는 이제 집을 팔 준비를 완전히 마쳤기 때문에 전일제 일자리로 돌아갈 계획을 하고 있다고 하였다. 부부의 팀워크가 늘었고, 성생활에서 진전이 있다고 하였다. 6주가 지났으나 그는 아직 전일제 일자리로 돌아가는 것에 대해 말만 하고, 그것을 위해 어떠한 것도 하지 않았다. 그는 종종 TV에서 목소리를 들었지만 거기서 말하는 것에 주의를 기울이지 않았다. 결혼생활은 잘 지속되었다.

간단히 말해서 한편으로 '의심'은 일반적 틀에 작은 차이나 예외를 불러일으키는 하나의 방법으로 볼 수 있다. 다른 한편으로, '포옹'은 해결책으로 가는 작은 발걸음을 시작하는 것으로 볼 수 있다. 포옹의 횟수가 늘어나면서 우리는 부부가 자신들에게 어떤 좋은 것을 하고 있는지에 대해 더 많이 이야기하였다. 의심이 늘어나면서 우리는 CIA에 대해 점점 적게 이야기하였다. 포옹과 의심은 부부가 현실에 대해 좀 더 효과적인 관점을 구성하도록 도왔다.

4. 결론

물론 어떠한 접근도 항상 효과적인 것은 아니다. '까다로운 사례'에서 실패하는 것은 종종 상담자가 내담자의 호소 문제를 말 그대로 수용하지 않는 것과 연관된 것으로 보인다. 즉, 내가 내담자가 원했던 대로 중간시설에서 나오도록 돕는 대신에 그가 악마가 아니라는 것을 말하려고 시도하였거나 이른바 정신병을 치료하려고 하였다면 협력은 매우 어려웠을 것이고, 상담자의 목표나 내담자의 목표 모두 달성하지 못했을 것이다.

이들 사례는 현실이 시멘트나 돌같이 단단한 것이 아니라 오히려 엉성한 재료로 구성되었다는 점을 보여 준다. 이는 상담자에게 좋은 소식이다. 전통적으로 '까다롭게' 여겨지는 문제라 하더라도 제대로 된 조건하에서라면 빠른 변화가 이루어질 수 있다.

(1) 내담자가 상황을 보는 틀은 일반적이거나 모든 것을 포괄하는 것으로 보인다. 내담자는 틀을 '삶의 실제'인 것으로 생각한다. 이러한 하나의 핵심 관점은 여러 다양한 맥락에서 여러 다양한 행동, 사고, 감정, 지각을 결정하는 것으로 보인다.

(2) 이전의 상담자들과 내담자 주위의 의미 있는 사람들은 이러한 틀에 포함된 오류를 이성적으로 알려 주려고 시도하였다.

(3) 해체란 내담자의 틀로 인해 행동, 사고, 감정, 지각의 문제가 생기기 전까지는 상담자가 내담자의 틀을 논리적인 것으로

수용하는 것을 의미한다.

(4) 해체는 상담자가 내담자의 상황을 탐색하는 것을 포함하는데, 때로는 매우 상세하게, 그리고 오랫동안 **주요 초점**(focal point)이나 **결정 불가한 것**을 탐색한다.

(5) 일단 초점이 발전되면, 상담자는 내담자의 틀 **내**에서 행동, 사고, 감정, 지각의 논리를 질문한다.

(6) 상담자는 내담자와 가까운 관계에 있는 사람들이 마치 내담자의 틀 안에 있는 현실을 수용하는 것처럼 행동하도록 돕는다. 여기에는 대개 전형적인 행동을 정반대로 하는 것이 포함된다.

(7) 상담자는 내담자가 하고 있는 유용하고 효과적이며, 유익하고 흥미를 유발하는 행동은 무엇이든 촉진한다.

(8) 상담자는 내담자와 내담자에게 중요한 사람들이 내담자의 틀이 작동할 것이라고 기대했으나 그렇지 않았던 때가 언제였는지 알아내려고 노력한다.

이론 활용하기

해결에 대한 이론(6장)은 상담 회기 동안 상담자-내담자 상호작용이 따르는 대안적 방법들을 기술하려고 하였다. 다음의 사례에서는 이 사례에 적용되는 핵심 지도의 부분을 먼저 제시한다.

1회기 초기에 상담자가 즉각적으로 사례를 어떻게 기술하는가가 가능한 해결책의 범위를 결정한다. 호소 문제에 대한 이러한 초기의 기술이나 진술이 가끔은 모호할 때가 있기는 하지만 예외 탐색을 어디에서 시작해야 할지를 결정하는 데 도움이 된다. '잘못된' 선택은 적합성의 결여라는 결정을 이끌어 내고, 과제에 대해 빈약한 선택을 하게 하며, 결국 실패로 이끌 수 있다.

1. 사례 7

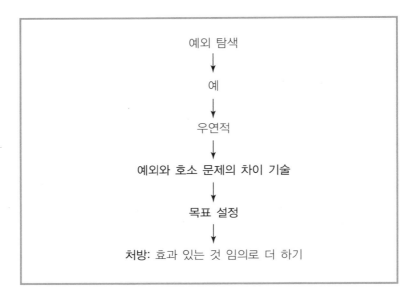

다음의 질문은 핵심 지도의 이러한 부분을 우리가 어떻게 사용
하는지 설명해 준다.

(1) 호소 문제가 있는가?
  - 예.
(2) 예외가 있는가?
  - 예.
  호소 문제와 예외 간의 차이를 기술하시오.

(3) '의도적'이었는가?

  – 아니요.

  그러면 할당된 과제에 임의성을 허락하시오.

(4) 목표가 있는가?

  – 예.

🗨 1회기

한 젊은 여성이 항상 우울함을 느끼는 것에 대해 호소하며 상담에 왔다. 상담자는 문제를 아주 동일한 방식으로 정의하면서 예외를 탐색하기 시작하였다. 예외란 그 젊은 여성이 우울하지 않은 때다. 아주 작지만 몇 개의 예외가 발견되었고, 행동적인 용어로 명확하게 정의되었다. 그 젊은 여성의 아이디어 중 눈에 띄는 한 가지는 살아오면서 여러 남성이 그녀가 우울감을 느끼게 하는 데 기여했다는 것이었다. 그러나 주 호소 문제는 내적 상태와 관련 있는 것으로 정의되었다.

상담자는 그 젊은 여성에게 예외가 발생할 때 무엇이 일어나고 있는지 주의를 기울이고, 그러한 일이 생길 때 무엇이 다른지 알아보는 과제를 주었다.

💬 2회기

　그 젊은 여성은 자신이 관찰한 것에 대해 자세하게 보고하였으나 상황이 더 나아진 것은 아니라고 말하였다. 사실 이전 어느 때보다 더 나빴다. 과제를 하면서 그녀는 자신의 상황에 대해 새로운 관점을 갖게 되었다. 그녀가 진정으로 우울하게 여기는 것은 다른 어떤 것도 아닌 바로 자신의 남자친구와의 관계였다. 그러나 포기란 '있을 수 없는 일이었다.' 그녀는 그들의 관계가 더 나아질 수 있도록 남자친구가 변화할 필요가 있다고 생각하였다. 그녀는 그가 상담에 오는 것은 불가능하다고 보았지만 그가 변하도록 그녀가 도울 수 있는 것에 관심이 있었다.

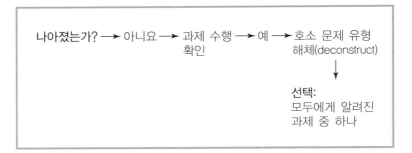

　그 젊은 여성은 과제를 수행하였지만 나아지는 것이 없었다. 그렇지만 과제를 하면서 그녀는 불평을 해체하기 시작할 수 있었고, 그로 인해 호소 문제의 범위를 좁혀 '젊은 남성과의 관계에 대한 우울한 느낌'으로 재정의할 수 있었다. 이런 관점에서 볼 때 1회기의 예외 탐색은 실패였다. 즉, 그녀 인생의 이러한 특정 시기에서 우울하지 않았던 때가 한 번도 없었다. 두 번째 회기에서는 이 젊은 남성과의 관계를 제외하고는 그녀가 살면서 매우 잘 지냈다는 것을 확인하였다.

내담자의 1회기 과제 수행과 예외에 대한 상세한 보고로 인해 상담자는 일이 잘 진행되고 있다는 가정을 할 수 있었다. 상담자가 어떤 것이 더 나아졌는지 그렇지 않은지에 대해 물어보기 전까지는 말이다.

이는 이러한 문제적 관계에 초점을 맞춘 과제를 제안하는데, 그 젊은 여성이 그 젊은 남성에 관하여 **무언가 다른 것을 할** 필요가 있다는 생각을 포함한다.

🗨 3회기

그녀는 모든 것이 더 나아졌다고 보고하였다. 왜냐하면 그녀 자신이 주도권을 쥐고 남자친구에게 전화를 걸어 자신의 회사 야유회에 함께 가기를 청했기 때문이었다(그런데 이는 그가 이전에 이미 거절한 일이었다). 그는 역시 다시 거절하면서, 만약 그녀가 그에게 잔소리를 하려 한다면 그녀와의 관계를 끝낼 것이라고 하였다. 그녀는 울음을 터뜨렸고, 그는 전화를 끊어 버렸다. 그녀는 이로써 세상이 끝났다고 생각하였지만, 그다음 날이 그렇게 나쁘지는 않았다. 두 번째 회기에서 그녀가 자신의 삶에 대해 했던 말을 기억해 내었고, 자신은 괜찮을 것이라고 결정하였다. 이러한 점에서 어

떤 것도 그녀가 그를 다시 돌아오게 할 수는 없었다. 그녀는 야유
회에 혼자 갔고, '괜찮은' 시간을 보냈다.

물론 상담자는 그녀가 무언가 다르게 하기로 결정할 것이라는
생각을 하지 못했고, 이 이야기와 그 결과는 놀라웠다. 그녀가 자
신의 세상이 아직 끝나지 않았다는 것을 확신할 수 없었기 때문에
또 다른 과제가 주어졌고, 또 다른 상담 일정을 잡았다.

> **"지금부터 다음 상담에 오실 때까지 이별로 인해 느끼는 우울감
> 을 극복하기 위해 당신이 무엇을 하는지에 주의를 기울이기 바랍
> 니다."**

🗨 4회기

그녀는 그녀와 다시 이전으로 돌아가고 싶어 하는 예전 남자친
구의 시도에 퇴짜를 놓았는데, 이러한 일은 그녀를 또 다른 우울의
시작에서 빠져나오게 하였다. 그녀는 또한 단순히 다른 방으로 가
거나 집에서 나오기 혹은 일하던 책상 앞을 떠나기 등이 우울감의
경향을 극복하도록 돕기에 충분하다는 것을 발견하였다. 이러한
점에서 그녀는 모든 것이 충분히 나아졌다고 생각하였지만 6주 후
점검을 위해 일정을 잡았다.

6주 후 그녀는 상담실에 나오는 대신 전화를 걸어왔다. 가끔 외
롭다고 느낄지라도 그녀는 전혀 우울해지지 않고, 혼자 혹은 여자
친구들과 함께 보다 적극적으로 무언가를 하고 있었다.

2. 사례 8

실패를 가져오는 가장 좋은 방법은 호소 문제에 대해 빈약한 정
의를 내리는 것이다. 이는 여러 가지 방법으로 가능하다. 그리고
다음의 예는 단지 제안적일 뿐 완전한 것은 아니다. 앞으로 우리는
또 다른 방법을 찾을 것이다.

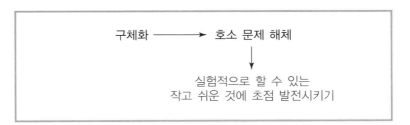

🗨 1회기

"우리가 바라는 전부는 우리 아들이 정상적이고 생산적인 어른
이 되는 거예요."라고 25세 아들을 둔 어머니가 말하였다. 그런데
이 아들은 지난 6년 동안 6주 이상 직장을 가져 본 적이 없었다.

물론 어느 어머니라도 자신의 자녀에게 이 같은 것을 원할 것이
지만, 이것이 상담의 목표는 아니다. 그러한 목표를 이루기 위해서
는 이 청년이 나이가 들어 은퇴하거나 죽을 때까지 상담이 계속되
어야 할 것이고, 거의 50년의 세월이 걸릴 것이다. 만약 상담자가
그것을 상담목표로 받아들였다면, 상담은 실패할 것이다.

어머니의 불평은 그녀의 아들이 정상이 아니라는 것인데, 그 결론은 다음에 기초하였다.

(1) 아들은 매일 같은 시간에 출근하고, 1주일에 40시간 이상 일하는 제대로 된 직업이 없다.

(2) 너무 자주 술을 많이 마신다.

(3) 아마도 마약을 하고 있다(비록 이전 병원 검사에서 다른 결과가 나왔지만).

(4) 너무 많이 잔다.

(5) 지난 6년 동안 제대로 된 직장을 가져본 적이 없다.

(6) 아들의 여자친구들은 아들만큼 나쁘거나 더 나쁘다.

어머니는 이 모든 것이 아들의 '빈약한 자기상' 때문이라고 비난하였다. 아버지는 "물론 우리 아들은 한 번도 어떤 것에 성공해 본 적이 없기 때문에 빈약한 자기상을 갖게 되었습니다."라고 콕 집어 말하였다.

2년 전, 부모는 아들을 포기하고 아들을 집에서 나가게 하였다. 이것은 그렇게 좋은 결정이 못되어 6개월이 지난 뒤 아들은 자살을 하겠다고 위협하거나(아버지의 보고) 자살시도를 하였다(어머니의 보고). 그리고 난 뒤 부모의 허락을 받고 집으로 돌아왔다.

그래서 상담자는 부모에게 "'정상적이고 생산적인 어른이라고 말할 수 있는 특정한 점들이 어제보다 더 나아졌다.'고 두 분이 여기려면 어떤 일이 일어나야 할까요? 아들이 무엇을 할 필요가 있을까요?"라는 질문을 하면서 협상을 시도하였다. 부모 둘 다 어떤 표시가 있어야 할지에 대한 정의를 내릴 수 없었다. 그러나 같은 것을 원했던 아들은 정해진 시간에 일어나고 매일 일하러 가는 것이 어쩌면 지표가 될 수 있을 것이라고 제안하였다.

이 시점에서 부모는 상담자와의 관계에서 '불평형'인 것으로 나타난 반면, 아들은 일거리가 있을 때 일하러 갈 수 있도록 제시간에 일어나 기꺼이 무언가를 할 준비가 된 '고객'임을 보여 주었다. 이러한 불평자의 버전이 더 낫지만 여전히 충분하지는 않다. 어머니는 그것이 '시작'일 수는 있지만 그것이 그녀가 원했던 것은 아니라는 점에 동의하였다. 이 또한 상담자가 원했던 것도 아니었는데, 그러려면 아들이 은퇴할 때까지 상담을 계속 해야만 하기 때문이었다.

그래서 상담자는 아들에게 다음과 같이 질문하였다. "그럼 당신이 정해진 시간에 일어나서 일하러 가고 있다고 할 때, 그 유형이 확립되었다는 것을 어떻게 알 수 있을까요? 독립적이고 생산적인 모습들이 계속 증가하고 있다는 것을 어떻게 알 수 있을까요?" 그는 그것이 5주 내지 6주가 걸릴 것이라고 생각하였다. 아들의 관점에서는 6주 내내 정해진 시간에 일어나 일하러 갔을 때 상담을 마칠 수 있는 것이었다.

이 유형이 더 나은 것이지만 여전히 충분하지는 않다. 예컨대, 만약 5주째에 하루를 빠뜨리면 6주라는 주기를 다시 시작해야 한다는 의미인가? 아들에게는 '아니요'이지만, 어머니에게는 '그렇다'다. 어머니는 아들이 그 하루를 놓쳐도 해고가 되지 않으면 날짜

계산은 다시 시작할 필요가 없다는 생각에 동의할 수 없었다.

상담팀은 '6주 동안 정해진 시간에 일어나 일하러 가고, 그 기간 동안 출근을 하지 못했어도 해고되지 않는' 목표가 충분하다고 생각하였다. 그리하여 상담팀은 그가 정해진 시간에 일어날 수 있도록 돕는 몇 가지 기술을 제안하였고, 부모에게는 그것이 만들어 내는 차이를 관찰하도록 요청하였다.

"우리는 당신이 2개의 알람시계를 더 사기를 제안합니다. 결국 당신은 3개의 시계를 갖게 되겠지요. 1개의 알람시계에 당신이 일어나 정시에 일하러 갈 수 있도록 하는 데 필요한 시간을 맞추세요. 그리고 나서 다른 하나에는 그보다 한 시간 이른 시간을 맞추고, 그리고 또 다른 하나에는 그보다 한 시간 더 이른 시간을 맞추도록 하세요. 그래서 아침에 첫 번째 시계의 알람이 울리면, 당신은 알람을 끄고 다시 잠자리에 드는 기쁨을 누리세요. 그리고 한 시간 후 또 다른 알람이 울리면, 다시 알람을 끄고 잠자리에 드는 기쁨을 누리세요. 그리고 세 번째 알람이 울릴 때 일어나는 거예요."

💬 2회기

그 후 2주 동안 아들은 매일 정시에 일어났으며, 어떤 때는 어머니보다 먼저 일하러 나가기도 하였다. 그는 알람시계를 샀지만 3일 동안만 과제를 수행하였고, 이후에는 시계 1개로도 충분하였다. 아버지는 긴장이 덜해지고 대화가 더 잦아졌다고 보고하였다. 어머니는 그것을 '개선'이라고 보기는 하였지만 변화가 문제의 핵심에 도달한 것은 아니라고 생각하였다. 그녀는 아들이 과제를 단지 세 번만 했기 때문에 이 문제를 해결하기 위해 진지하게 노력하는 것은 아니라고 지적하였다. 그러나 아들은 일이나 자기 자신에 대해서 더 나아짐을 느꼈다. 그는 정시에 일어나는 것을 계속할 수 있을 것이라 흔쾌히 확신하였고, 이제는 방법도 알게 되었다고 확신하였다. 왜냐하면 그는 이사를 나갈 수 있는 충분한 돈을 모으기를 원했기 때문이었다.

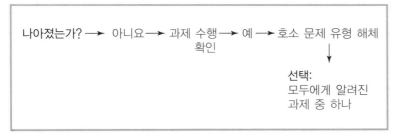

비록 아들이 매일 일하러 가기를 계속했다 하더라도 부모는 이후 3회기 상담을 추가하는 과정에서 이 일에 아들과 같은 의미를 부여할 수 없었다. 부모의 입장에서 두 회기 내내 "나아진 것이 없습니다."라고 하였으므로 그들의 호소 문제를 해체하기 위해 다양한 시도를 하였다. 아들이 했던 어떠한 것도 부모가 아들을 보는 방식에 어떤 의문도 제공하지 못하였다.

```
나아졌는가?  ──────▶  아니요  ──────▶  두 번째로,
                                       호소 문제 재구성
                                       혹은 호소 문제 유형 해체
```

이 시점에서 아들은 문제가 해결된 것으로 보았고, 상담을 지속하기를 거절하였다.

이 상황을 해체하기 위한 추가적 시도들, 즉 부모의 양육행동과 아들의 '느리지만 확실한 접근' 둘 다를 재구성하는 것 등이 모두 실패하였다. 그래서 부모도 상담을 지속하기를 거부하였는데, 부모는 이것이 아들의 문제라고 생각하였기 때문이었으며, 상담 결과에 만족하지도 않았다.

아들이 자신의 목표를 성취한 것은 어머니에게 있어 차이를 만드는 차이들이 아니었다. 아들과 상담자 및 상담팀은 기뻐했지만 어머니는 '더 만족스럽지' 않았기에, 어머니에게는 상담이 실패였다. 6개월 후에 진행된 추후상담에서 아들은 지속적으로 정시에 일어나 일하러 가고 있었으며, 이사를 나가기에 거의 충분한 돈도 갖고 있었다. 그러나 아버지는 상담에 만족하고 있음에도 불구하고 어머니는 여전히 더 만족하지 못했고, 상담이 그녀 자신의 목표에 도달하는 데 도움이 되지 않았다고 명확하게 말하였다.

어머니가 원했던 것은 무엇이었을까? 혹은 보다 더 중요하게는 그녀가 무엇을 원했든지 간에 자신이 원했던 것을 얻게 되었을 때 어떻게 그것을 알 수 있었을까? 이러한 실패를 방지하기 위해 상담자는 자신의 아들이 정상이 아니라는 그녀의 전반적인 생각의 틀

을 해체하는 것에 성공해야만 했을 것이다. 아들이 자신의 목표에 도달하는 것이 그녀의 생각의 틀에 대해 결정 불가성을 만들기에 충분하지 않았다.

이러한 점에서 실패에 대한 몇 가지 규칙을 제안할 수 있다.

(1) 호소 문제가 빈약하게 정의된다.
(2) 목표가 빈약하게 형성된다.
(3) 목표가 있는데, 잘 형성되었는지와 관계없이 그것이 이루어 졌을 때 차이를 만들지 못한다.

3. 사례 9

3주 전에 별거를 시작한 젊은 부부가 "나는 우리가 재결합하기를 원해요.", 그리고 "저도 그래요. 그런데 전 아직 준비가 안 되었어요."라고 말하였다.

이러한 경우에 상담자는 '재결합'을 합리적인 목표로 가정하기 쉽다. 그러나 그것은 여러 방면에서 빈약하게 형성된 것이다. 첫째, "전 아직 준비가 안 되었어요."라는 말을 명확히 할 필요가 있다. 즉, 아내는 재결합에 대한 준비가 되기 위해서 먼저 기적이 일어나는 것이 필요할지도 모른다. 이를 명확히 하지 않으면 실패가 예견될 수 있다. 둘째, 단지 '재결합'은 목표로 설정하기에 충분히 잘 정의되지 않았다. 그들이 다시 함께하게 되고 아무것도 달라지지 않는다면 불행해질 것이 뻔하고, 또다시 별거하는 것이 거의 불가피하다. 그러므로 목표를 다른 방식으로 표현해야 할 필요가 있다. 예로서, 재결합하여 모든 것이 충분히 달라지려면 무엇이 변해야 할까? 또 다른 이별이 바로 목전에 있지 않다고 확신할 수 있으려면 무엇이 달라져야 할까?

그 부부는 재결합해야 할 시점이라는 것을 알게 될 방법이나 재결합하였을 때 성공적일 수 있는 것이 무엇인지에 대해 묘사할 수 없었다. 그들은 단지 지금 그런 느낌이 들기 때문에 지금이 바로 그 시점이라고 그냥 알 뿐이었다. 아내는 자신이 준비되었다는 것을 어떻게 알 것인지에 대해 말할 수 없었다. 그녀는 그냥 알 것이라고 하였다.

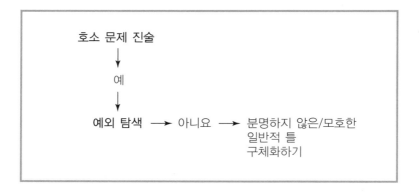

상담자가 이에 대해 생각할 수 있는 한 가지 방법은 호소 문제를 "우리가 언제 재결합할지 그 시기를 아는 방법을 몰라요."라고 이해하는 것이다.

다음은 이 부분 지도의 용도를 설명해 준다.

---

(1) 주 호소 문제가 있는가?

    – 예.

(2) 예외가 있는가?

    – 아니요.

(3) 가설적 해결책이 있는가?

    – 아니요.

(4) 주 호소 문제가 모호한가 그리고/혹은 분명하지 않은가?

    – 예.

이러한 구성은 상담자가 부부에게 첫 회기 공식 과제를 주도록
할지도 모른다. 혹은 호소 문제를 "우리는 재결합하기를 원해요.
그런데 방법을 몰라요."라고 이해할 수도 있다.

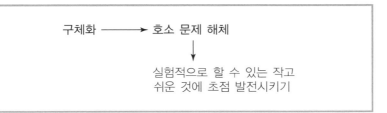

이러한 구성은 내담자가 만족할 만한 결정을 하도록 하는 데 중
점을 둔 과제를 상담자가 주도록 할지도 모른다. 그러나 내담자의
기술이 구체적이지 않거나 행동적이지 않을 때 2회기 상담에서 호
소 문제를 재구조화하거나 해체하기 어려울 수 있다.

이러한 종류의 결정을 마주할 때 첫 회기 공식 과제는 좀 더 보수적이며 더 선호된다. 회기 마지막에 그들에게 이 변형된 첫 회기 공식 과제를 주었다.

"다음에 우리가 만날 때까지 두 분 사이에 재결합이 가까워졌다는 생각이 들게 만드는 것이 무엇인지 관찰하기 바랍니다."

"그러나 한 가지 주의해야 할 것이 있습니다. 두 분이 진정으로 준비되었다는 것을 알기 전에 재결합하는 것은 아마도 답이 아닐 겁니다. 가장 큰 위험은 너무 빨리 재결합하는 것입니다."

그러나 그 당시 최선의 결정으로 보이는 것이 결국에는 유용한 것이 아니라고 판명될 수 있다. 2회기까지 2주의 시간 동안 아내가 다시 집으로 들어가고 싶은 충동이 생겨 그렇게 하였다. 그리고 24시간 이내에 그 둘 사이는 다시 엉망이 되었다. 그래서 남편이 집을 나와 버렸고, 24시간 이내에 남편은 변호사를 만나러 가서 이혼 서류를 작성하였다. 아내는 충격을 받았지만 전화 통화에서 말했듯이 자신이 현명하지 않게 행동했다는 것을 알고 있었다. 아내는 여전히 남편을 사랑했지만, 남편은 "배신감을 느꼈는데 그 이유를 모르겠습니다."라고 말하였다.

실패에 대한 규칙을 여기서 2개 더 제안할 수 있다.

(4) 목표가 명확하지 않다.

(5) 목표가 구체적이기는 한데, 이 목표에 도달한 결과로서 어떤 일이 일어나기를 기대하는지 모른다.

4. 사례 10

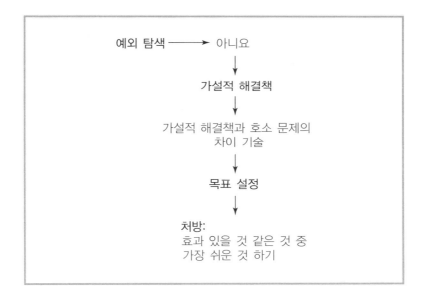

    일반적으로 단기상담이 목표 지향적인 접근을 하는 반면, 해결
중심모델은 상담자와 내담자 모두 문제가 **언제** 해결되었는지를 알
수 있는 방법을 알길 원한다. 사실 이러한 질문은 주변의 다른 질
문들의 주된 중심축이다. 만약 상담자와 내담자가 성공에 대한 측
정을 설정하였다면, 원래의 호소 문제가 무엇이었는가는 중요하지
않다. 상담자와 내담자는 단순히 목표를 성취하기 위한 방법을 개
발하는 것에 매진할 수 있다.

가끔은 어느 사람이 특정 시기에 상담자와 '불평자 관계'에 더 가까운지, 아니면 '고객 관계'에 더 가까운지를 결정하는 것은 매우 어려울 수 있다. 때때로 한 회기 안에서 둘 사이를 왔다 갔다 할 수도 있다.

🗨 1회기

내담자는 지난 7년 동안 심각한 '공황발작(panic attacks)'이 있었다고 말하면서 심지어 하루도 공황발작이 없었던 날을 기억해 내기 힘들다고 하였다. 7년을 통틀어서 평균적으로 매일 두 번 공황발작이 있었다. 비록 공황발작이 한 번 온 날이 드물게는 있었다고 확신했지만, 어떤 것도 구체적으로 기억할 수 없었다. 매일 오전 10시에 공황발작이 오지 않으면 11시에 왔을 것이고, 아니면 12시에 왔을 것이다. 그리고 두 번째 공황발작은 오후 7시였거나 8시였을 것이다.

기적질문에 대한 답으로 내담자는 자신의 삶이 다음에 나열한 바와 같이 다를 것이라고 하였다.

(a) 다른 사람과 함께 밥 먹는 횟수가 증가한다.

(b) 대학원으로 돌아간다.

(c) 요리를 하고 저녁 식사에 사람들을 초대한다.

(d) 새 옷을 산다.

(e) 혼자 피자를 먹으러 나간다.

(f) 시외에서 살고 있는 어머니를 방문한다.

(g) TV를 보며 혼자 집에 있다.

(h) 다른 사람들이 "얘, 너 요새 보기 좋구나!"라고 말을 한다.

그녀는 이러한 활동들[(a)에서 (h)까지]을 위한 전제 조건이 공황발작이 오지 않는 것이라고 보았다. 이처럼 목표에 대한 명확한 기술과 함께 상담자는 때때로 내담자의 도움을 받아 이러한 행동들[(a)에서 (h)까지 측정]을 촉진하는 과제들을 고안할 수 있다. 그리고 상담자는 공황'발작'을 없애는 것에 초점을 맞추는 과제를 고안할 필요가 없다.

그러나 "당신이 수행했으면 하는 것이 있는데, 우리가 그것이 효과가 있을 것이라고 아주 확신한다고 가정해 봅시다. 혹시 해 보시겠어요?"라고 내가 물었을 때 그녀는 그렇게 하겠다고 약속하기 전에 그것이 무엇인지 알아야겠다고 대답하였다. 왜냐하면 그녀는 자신이 '겁쟁이'여서 천천히, 그리고 조심스럽게 모든 것을 하기 원했기 때문이었다. 이러한 상황은 우리의 관계가 '고객'보다 '불평자' 관계에 있음을 보여 주기 때문에 기적질문에 대한 답에 근거한 과제는 그녀에게 '너무 빠른' 것처럼 보인다.

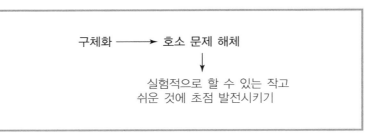

결정을 내려야 할 필요가 있으며, 작은 과제가 보다 더 조심스러운 접근방법인 것으로 보인다. 그녀가 묘사했던 시계 같은 규칙성 때문에 '우연한 시작과 멈춤'을 선택하여 다음의 과제를 계획하였다.

"당신이 '빠른 방법'보다는 차라리 '느린 방법'을 택하기로 결정하였기 때문에 저는 당신에게 이것을 권하고 싶어요. 오늘부터 다음에 오실 때까지 그 사이에 당신이 공황발작이 온다는 것을 느낄 때마다 공황발작이 시작되는 것을 적어도 5분 정도 늦추어서 시작되도록 하세요. 그렇지만 15분을 넘기지는 마세요. 그러고 나서 그 시간 동안 당신이 무엇을 하는지 관찰해 보세요."

최소한의 의도적인 지연일지라도 그것이 점차 지연을 증가시키는 데 기초가 될 수 있을 것이다. 성공하지 못한 노력은 다음 단계에 어느 정도 제약을 줄 수 있는 반면, 성공한 노력은 선택의 가능성을 증가시킬 것이다. 중요하게도 과제는 공황발작 자체를 멈추거나 막기 위해 고안되지 않았다. 오히려 (기껏해야) 예외를 우연히 촉발하도록 고안되었으며, '불평자'와 '고객' 간의 선택을 돕기 위해 고안되었다. 누가 봐도 알아차릴 수 있는 수많은 행동 과제처럼 여기에도 함축된 메시지가 있다. 그것은 '당신은 조절할 수 있다.'라는 것인데, 이는 '나는 무기력해.'라는 자신의 틀을 통찰하게 만들 수도 있다.

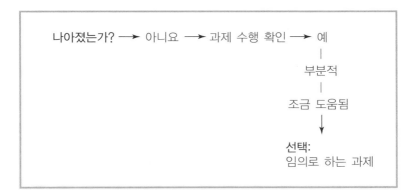 2회기

그녀는 산책을 나가는 것이 공황발작의 시작을 늦추는 데 도움이 된다는 것을 발견하였지만, 그나마 그것도 몇 번 하지 못했다고 말하였다. 전반적으로 별로 나아지는 것이 없었는데, 시내를 걷던 어느 날 친구를 만나서 자연스럽게 점심을 먹으러 가게 되었다. 그때 처음으로 어떤 가벼운 공황발작도 느끼지 않았다. 이 사건이 그녀를 격려하여 그 이후 그 과제를 보다 자주 하기 시작하였다. 그러나 또 다른 예외는 일어나지 않았다. 그래서 이제는 '아픈 것에 신물이 나서' '가장 빠른 방법'은 아니지만 '좀 더 빠른 방법'으로 전환하기를 원하였다.

나아졌는가? ⟶ 아니요 ⟶ 과제 수행 확인 ⟶ 예
                                        |
                                      부분적
                                        |
                                    조금 도움됨
                                        ↓
                                      선택:
                                  임의로 하는 과제

상황이 나아지지는 않았지만, 과제를 했을 때 과제가 일부 도움이 되었다. 이는 그녀가 과제를 언제 할 것인지 결정할 기회를 갖도록 하는 과제가 필요함을 보여 준다. 그래서 이 시점에서는 어떠한 과제라도 우연성이 가능한 것이어야 할 필요가 있다.

'빠르고 느린 방법'과 '더 빠르고 더 느린 방법'은 무언가를 시도하는 데 있어서 불평자/고객을 결정하는 측정 기준으로 사용할 수 있다. '더 빠른 방법'을 선택한다는 것은 2회기에서 관계가 '고객' 범주에 더 들어맞는다는 것을 보여 준다.

"여기에 '더 빠른 방법'이 하나 있는데, 이것은 결코 '가장 빠른 방법'은 아닙니다. 오늘부터 다음에 오실 때까지 매일 밤 자러 가기 전에 다음을 결정하시기를 권합니다. 즉, 당신이 작성한 여덟 가지 중에서 다음 날 가장 쉽게 할 수 있는 것이 무엇인지를 결정하는 것입니다. 그리고 나서 동전을 던지세요. 앞면이 나오면 당신이 그것을 하는 것이고, 뒷면이 나오면 안 하는 거예요. 원하신다면 '3판 2승제'로 해도 좋습니다. 그런데 현재 기록은 연달아 여섯 번의 앞면 혹은 여섯 번의 뒷면이네요."

이것은 그녀에게 많은 선택 가능성을 주는데, 그중 일부는 다른 것보다 더 쉽다. 그리고 결정에 따른 동전 던지기는 그녀가 진정으로 하기를 원해서 선택했던 것에 대해서도 '아니요'라고 말하는 것을 가능하게 한다.

🗨 3, 4, 5, 6회기

그녀는 이번 회기를 마치고 그날 저녁에만 동전을 던졌으며, '아니요'가 나왔을 때 안도하였다. 4회기가 더 진행되면서 그녀는 매일 밤 그다음 날이 '실행하는 날'일지 아닐지를 결정하였으며, 증가하는 목록에서 선택했다고 말하였다. 5회기에 이르러 대부분의 날이 '실행하는 날'이었으며, 그날에는 공황발작이 일어나지 않았다. 매 회기의 과제는 "당신은 옳은 방향으로 가고 있어요. 그것을 계속 하세요."로 동일하였다.

6회기를 시작할 때 그녀는 더 이상 필요하지 않다고 느끼는 이 상담 약속을 지킬지 말지를 결정하기 위해 동전을 던졌다고 말하였다. 동전은 '아니요'로 나왔지만, 그녀는 단지 나를 해고하는 재미를 갖기 위해 어쨌든 왔다고 하였다.

6주 후에 그녀가 전화를 걸어왔는데, 그 이유는 그 전날 '엄청난 공황발작'이 와서 두려웠기 때문이었다. 그녀는 공황발작이 다시 시작될까 봐 두려웠다. 그래서 나는 "그래서 무엇을 잊어버리고 못했던 거죠?"라고 물었다. 그녀는 잠시 생각을 하더니 그 전날 밤에 그다음 날 무엇을 할 것인지 결정하는 것을 잊어버리고 안 했다고 말하였다.

6개월 후, 그녀는 공황발작이 과거사가 되었다고 말하였다. 비록 그녀는 계획하는 것을 자주 잊어버리고, 불안감이 올라오곤 하였지만 말이다. 그녀는 아직 학교로 돌아가지도 못하였고, 어머니를 방문하지도 못하였다. 왜냐하면 아직 충분히 확신하지 못했기 때문이었다.

5. 논의

상담자가 만나는 모든 사례 속에서 선택해야만 하는 수많은 가능한 결정이 존재한다. 경험상 보통은 가장 보수적인 것이 선호된다. 즉, "불평자인가 아니면 고객인가?"라는 의문이 들 때에는 '불평자 관계'가 발달하고 있다고 결정하는 것이 덜 위험하며, 관찰 과제나 생각 과제가 더 낫다. 덜 신중하여 '불평자 관계'에 있는 내담자에게 행동 과제를 주면, 이는 '수행하지 않는 결과'를 초래할지도 모르며, 치료적 관계에서 잠재적 문제를 유발할지도 모른다.

예외: 해결책 구성

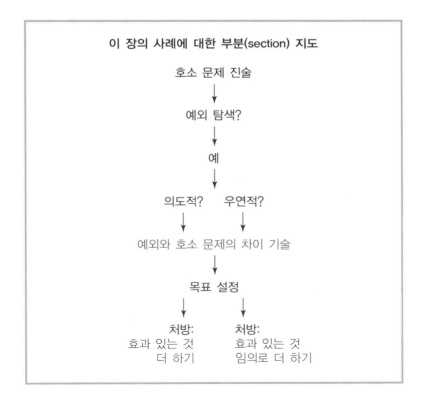

이 장의 사례에 대한 부분(section) 지도

호소 문제 진술
↓
예외 탐색?
↓
예
↓
의도적?　　우연적?
↓　　　　　↓
예외와 호소 문제의 차이 기술

목표 설정
↓　　　　　↓
처방:　　　　처방:
효과 있는 것　효과 있는 것
　더 하기　　임의로 더 하기

1. 사례 11

24세 여성 B 씨는 코카인 중독을 끊기 원하여 상담에 왔다. 그녀는 18개월 동안 코카인 주사를 팔에 놓았고, 이를 위해 때로 하룻밤에 1천 불까지 썼다. 사실 B 씨는 자신이 작년에 일해서 번 돈보다 더 많은 비용을 코카인 구입에 쓴 것을 알게 되었다. 상담을 시작할 때 그녀는 자신을 코카인에 무력하다고 소개하면서 스스로 끊을 가망이 전혀 없으며, 병원에 자발적으로 입원하려고 생각하고 있다고 하였다. 사실 B 씨가 정말 원한 것은 내가 최면을 걸어 그녀가 코카인을 싫어하도록 만드는 것이었다. 두렵지만 고백하자면, 나는 상담의 가장 중요한 규칙을 어기면서 그녀에게 '그게 바로 어리석은 코카인 드림(coke dream)'이라고 약간 놀리듯이 말하였다. 그녀는 당황하지 않고 내가 '자신의 중독을 중단하도록 만들기'를 원한다고 고집을 부렸다. 하지만 나는 다시 놀리듯이 "내가 할 수 있는 게 아니고, 오직 당신만이 할 수 있습니다!"라고 말하였다. 그녀는 자신은 무력하며, 코카인 남용은 자신의 통제 밖에 있다는 주장을 굽히지 않았다.

나는 '코카인 영역 밖에 있는' 그녀의 삶에 대해 호기심이 들었다. 그런데 코카인을 하지 않았을 때에는 무엇을 하는지 내가 묻기도 전에, 그녀는 지난 3일간 코카인을 하지 않았다고 말하였다. 이는 최근 1년 이상의 기간 내에서는 가장 오랫동안 중단한 것이었다. 그녀는 "하지만 그건 아무 소용없어요!"라며 아직도 자신이 코카인을 갈망한다고 하였다. 현 시점에서는 단지 코카인을 하지 않는 것으로 충분치 않다는 것이다. B 씨는 코카인에 대한 갈망을 중단해야 한다고 생각했으며, 지난 3일간의 행동은 요행으로 묵살하였다. 그러나 내게는 3일간의 행동이 해결의 시작, 즉 **'활용되어야 할 것'**으로 보였다. 내가 보기에 그녀는 문제를 해결하는 방법을 알고 있었지만 자신이 알고 있다는 것을 몰랐다. 그래서 나는 그녀가 무엇을 다르게 했는지 탐색하였다.

(1) 전화 코드를 뽑았다.
(2) 누군가 문을 두드려도 대답하지 않았다.
(3) 집에 와서 TV를 보고 일찍 잠자리에 들었다.
(4) 취미생활인 카펫 뜨기를 열심히 하였다.
(5) 그 당시 내게 이야기하지는 않았지만 같은 사무실에서 일하는 이모에게 돈 관리를 맡겼다.

바로 이런 일을 계속하는 게 필요하다고 내가 세 번이나 이야기했을 때 비로소 그녀는 이에 동의하였다.

🗨 기적질문

나는 그래서 그녀에게 이렇게 질문하였다. **"어느 날 밤 당신이 잠자는 동안 기적이 일어나서 문제가 해결되었다고 가정해 보세요. 당신이 계속해서 코카인을 좋아하더라도 말이에요. 그러면 어떤 차이가**

생길까요?" B 씨는 그러면 상황을 다룰 수 있을 것이고, 합리적 목
표라고 생각되는 '코카인에 "아니요."라고 말하는 것'을 할 수 있을
것이라고 하였다. 그러나 그녀의 생각에는 현재 시점에서 그건 정
말 기적일 것이라고 하였다. 그리고 나서 그녀는 코카인에 대해 자
신이 일상적으로 무력감을 느끼지만 이에 벗어난 중요한 예외가
있음을 내게 이야기하였다. 그녀는 코카인을 사기 위해 한 번도 남
의 것을 훔치거나 몸을 판 적이 없었다는 것이다.

나는 그녀에게 **"효과적일 것이라고 절대적으로 확신하는 무언가
를 우리가 알고 있다고 가정해 봅시다. 그러면 당신은 그것을 실행하
겠습니까?"**라고 물었다. 그녀는 망설이지 않고 "예."라고 말하였다.
나는 그녀가 재빨리 대답한 '예'를 수정하고 취소할 시간을 주기 위
하여 이야기를 한참 동안 멈추었다. 그러고는 이 일을 실행하는 것
은 매우 어려울 수 있지만, 가능한 일이고 합법적이며 도덕적일 것
이라는 점을 언급하였다. 그녀는 자신의 대답을 취소하지 않았다.

이론을 적용하면 다음과 같다.

---

(1) 호소 문제가 있는가?
  - 예.
(2) 예외가 있는가?
  - 예.
(3) 예외가 의도적인가?
  - 예.
  호소 문제와 예외의 차이가 무엇인지 말하시오.

> 과제는 내담자가 현재 잘 기능하고 있는 것을 좀 더 하는 것으로
> 처방되어야 한다.
> (4) 목표가 있는가?
> - 예.

자문을 위한 휴식 시간 후에 지난 사흘 동안 그녀가 한 일을 칭찬하고 이를 계속하라고 말하고는 덧붙여 그녀가 코카인을 하고 싶은 충동을 극복할 **때**에는 자신이 무엇을 하는지 주의를 기울이도록 제안하였다.

이는 유용한 과제인데, 그 이유는 다음과 같다.

(1) 충동이 있을 것이라는 점을 인정한다.
(2) 내담자가 충동을 일부 극복할 것이라는 점을 암시한다.
(3) 그들이 충동을 완전히 극복하는 데 실패할 수도 있다는 것을 인정한다.
(4) 내담자가 '하고 있는 것'에 초점을 맞춘다.
(5) 내담자가 충동을 일부 극복하기 위해 무엇인가 할 것으로 상담자가 기대함을 암시한다.

더욱이 이를 다음과 같이 다른 부분에도 적용할 수 있다. "당신이 우울하게 행동하거나 남편을 때리거나 엄지손가락을 빨고 싶은 충동을 극복할 때에는 당신이 무엇을 하는지 주의 깊게 관찰하기 바랍니다."(de Shazer, 1985)

그녀의 부모는 돈을 주거나 빌려 주면서 적어도 그녀가 그 돈의 일부를 코카인 구입에 쓰는 것을 알고 있었다. 그렇기 때문에 코카인을 구입하지 않을 것이라는 점에 대해 그녀나 부모가 절대적으로 확신하기 전까지는 부모가 더 이상 돈을 주거나 빌려 주지 않을 것이라는 서약서를 부모가 작성하도록 그녀에게 요청하였다.[1] 그녀는 이를 실행하였고, 부모는 서명하는 것에 동의하였다.

그러나 나는 이번 상담 회기에서 무엇을 해야 할지 어떻게 알 수 있었을까? 내 생각에 이에 대한 대답은 매우 단순하다. 이 젊은 여성은 사흘 연속해서 코카인을 흡입하지 않았다. 그것은 눈에 띄게 다른 행동이다. 더군다나 그녀가 자신을 무력한 중독자로 여긴다는 것을 생각한다면 말이다. 다른 점에 대한 이러한 이야기는 그녀가 해결책을 구성하도록 돕는 데 사용할 수 있는 방법들을 보여 주는 신호기(red flag)와 같은 역할을 한다.

나는 곧 어떤 다른 점이 이러한 차이를 만드는지 궁금해졌다. 이것이 순전히 우연이고, 그래서 그녀가 반복하기에 어려운 일인가? 그녀는 코카인을 중단하려는 시도를 하면서 우연히 기능하는 어떤 것을 의도적으로 했는가? 그녀가 우연히 일어난 일을 경험한 것

---

1 '경험에 근거할 때' 외부인들이 어떠한 문제에 기여하는 것을 멈추도록 돕기 위해 노력할 필요가 있다. 진술은 단지 가장 쉽게 이용할 수 있는 방법이다. 그것이 실패하면 한 회기나 두 회기 동안 부모와 함께 상담을 진행한다.

특히 내담자에게 돈이 관련되어 있을 때에는 '마약과 알코올 남용 및 섭식 문제'를 '돈 낭비'의 틀로 구성하는 것 역시 상담자에게 유용할 수 있다. 그것은 또한 상황을 덜 부담되는 방식으로 구성하며, 이러한 문제를 다른 문제와는 무언가 차이가 있는 것으로 생각하려는 것을 줄일 수 있다.

과 효과적인 것을 발견하는 것을 구별함으로써 나는 다음 단계로 무엇을 할지 결정할 수 있었다. 그녀는 첫 번째 상담이 있기 전 사흘 동안 코카인과 관련해 의도적으로 무언가 다른 것을 하였다. 적어도 이 사흘 동안은 이른바 중독 앞에서 무력한 상태로 있지 않았다. 여기에 그녀의 문제 규칙에 대한 흥미로운 예외가 있었다.

그러나 그것은 우연한 예외 이상이었고, 그녀가 상담에 오기에 앞서 시작한 **의도적** 예외였다. 그녀는 이 사흘이 코카인을 했던 날들과 어떻게 다른지 이야기할 수 있었다. 그리고 이러한 이야기는 그녀가 의도적으로 이러한 일들을 계속할 수 있도록 하기에 충분하였다. 처음에 그녀는 자신의 해결책에 대한 확신이 거의 없었다. 그래서 나는 그녀가 이러한 성공적 경험에 주목하고 이미 효과적인 것을 계속하도록 격려하기 위해 무언가 하는 게 필요하다는 것을 알았다. 문제를 가진 많은 사람처럼 그녀도 자신의 해결책이 결국에는 충분치 않은 것으로 입증될 것이라고 생각하였다. 그녀가 이 사흘에 대해 언급하지 않았다면 분명히 차이를 알아차리지 못했을 것이고, 계속해서 잘못된 해결책을 시도했을 것이다. 그러므로 나의 과업은 이러한 차이를 문제를 해결할 수 있는 차이로 만들도록 그녀를 돕는 것이 되었다.

적어도 또 다른 면에서 보면 코카인 없이 지낸 사흘은 '예외'를 살피는 데 렌즈의 역할을 할 것이다. 비록 몇몇 예외는 '우연히' 나타나지만(다음을 참조), 다른 예외들은 내담자의 의도적인 노력에 따른 것이며, 이로 인해 상담자는 '이 문제는 이미 해결되었다.'라고 생각할 것이고, 일방경 뒤의 팀도 그렇게 말할 것이다.

내가 해야 할 일이 무엇인지 아는 데 중요했던 것은 그녀가 달랐던 것으로 묘사한 다섯 가지 행동 중 네 가지는 다른 누구의 도움도 없었다는 점이었다. 그러므로 그녀가 이러한 차이점들을 계속해서 발전시키고 정교화하는 일이 훨씬 쉬워진다. 만약 다른 사람들의 협조가 필수적이었다면 이 일을 해내는 것이 훨씬 더 어려웠을 것이다. 왜냐하면 다른 사람들이 자신의 몫을 하지 못할 수도 있기 때문이다.

기적질문은 BFTC에서 내담자의 기대를 확인하고 목표를 설정하기 위한 표준적인 방법이 되었다. 이 사례에서 B 씨는 적절한 반응을 보였으며, 코카인에 '아니요'라고 말할 것이라고 하였다. 기적질문에 대한 내담자의 응답이 상담목표로 설정되는 것은 흔한 일이다.

내가 무언가 하는 것을 거절했기 때문에, 즉 내가 최면을 활용하여 그녀가 코카인을 멈추도록 하거나 코카인에 대한 충동을 없애도록 하는 일을 하지 않았기 때문에, 그리고 그녀가 코카인을 끊으려고 의도적으로 어떤 일을 하였고, 이를 지속하는 것이 필요하다는 점에 동의했기 때문에, 무엇인가를 실행하는 것이 그녀의 과업이라는 것에 나와 그녀 둘 다 동의하였다는 점을 그녀가 확인하는 것이 중요해 보였다. 상담 말미에 갖는 자문을 위한 회기 휴식에 앞서 그녀는 팀과 내가 제안하는 것을 하겠다고 동의하였다. 나는 만약을 위해 광범위한 여지를 남겨 두긴 했지만 우리의 제안이 그녀가 사흘 동안 했던 것을 계속하는 것이며, 그녀가 이미 코카인에 대해 '아니요'라고 말한 것의 중요성을 강조하는 것임을 어느 정도 알고 있었다.

🗨 2회기

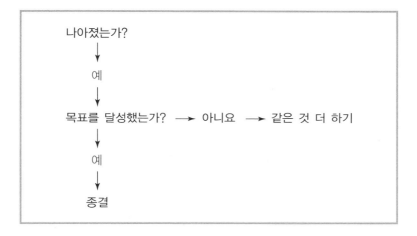

2회기와 이후 회기에서 상담을 시작할 때 질문하시오.

(1) 내담자가 나아졌다고 말하는가?

– 예.

(2) 내담자가 목표를 달성했다고 말하는가?

– 아니요.

그러면 다음 개입은 이전과 비슷하게 진행한다. 왜냐하면 그것이 효과적이기 때문이다.

내담자가 목표를 달성했다고 하면 상담을 종결하거나 적어도 종결에 대해 이야기할 시점이다. 종결은 내담자가 해결에 대한 확신이 들 때까지 기다릴 필요가 있을지도 모른다.

> **상담자**: 그동안 잘 지내셨어요?
>
> **내담자**: 아주 잘 지냈어요!
>
> **상담자**: 도대체 무엇을 잘하고 있는 거지요?
>
> **내담자**: 네?
>
> **상담자**: 도대체 무엇을 잘하고 있는 거지요?
>
> **내담자**: 코카인을 안 했어요.
>
> **상담자**: 이제 17일 되었지요?
>
> **내담자**: 17일이에요. 계속해서 세고 있어요. 달력에 줄을 그으며 표시를 하고 있지요.

이러한 대화로 2회기를 시작하였다. "도대체 무엇을 잘하고 있는 거지요?"라는 나의 질문에 내담자는 충격을 받은 것 같았다. 아마 그렇게 하는 게 전문가의 태도가 아니라고 생각했을 수도 있고, 이전에 아무도 그녀가 무언가 잘하고 있는 것에 대해 탓을 한 적이 없었을 수도 있다. 아무튼 그녀는 내게 이렇게 말하였다.

그녀는 충동을 느끼고 그것을 극복하기 위해 무엇을 했는가를 기억해 내는 것이 어려웠지만 빠르게 적절한 방법을 고안해 냈다. 집에 있을 때 코카인을 하고 싶은 충동이 느껴지면 다른 방으로 가서 취미생활인 카펫 뜨기를 시작하였다. 그녀는 이러한 행동을 계속하면서 코카인에서 벗어나도록 하는 데 도움이 되는 행동으로 청소, 빨래, 장보기 등을 지속적으로 추가하였다. 그녀는 또한 코카인에 대해 다르게 생각하기 시작하였다. 이전에는 코카인을 향한 충동이 생기면 그녀는 오로지 '하이(high)' 상태만 생각하였고,

그에 뒤따르는 '다운(down)' 상태는 무시하였다. 그러나 이제는 필수적으로 뒤따르는 '다운' 단계를 생각한다. '다운'되지 않는 것이 그녀에게 중요했으며, 그녀는 계속해서 코카인 없이 지낼 수 있는 가능성이 2주 전보다 더 많아졌다고 생각하였다.

그녀는 자신만의 해결책을 발견했다는 말에는 회의적이었지만 가까운 시일 내에 후퇴하여 코카인을 하게 될 가능성은 50 대 50으로 보았다. 이는 그녀가 2주 전보다 미래에 대해 훨씬 희망적으로 보고 있음을 알려 준다. 일방경 뒤의 팀원들은 그녀의 생각에 대체로 동의하였다. 팀원 중의 반은 좀 더 일찍 후퇴가 올 것이라고 생각한 반면, 다른 반은 좀 더 늦게 올 것이라고 하였다. 나는 두 의견 모두에 동의하지 않았다. 나는 가까운 시일, 즉 2회기와 3회기 사이에 후퇴할 가능성은 거의 없다고 보았다. 왜냐하면 그녀가 전체적인 치료 접근 자체를 만들어 냈기 때문이다. 그녀가 실행한 어떤 것도 자신에게 낯선 것이 아니다. 모든 것이 그녀의 행동 목록에 있는 것이다. 상담 마지막에 나는 그녀에게 이와 같이 다양한 견해가 있음을 전달하면서 자신에게 효과적이었던 것을 계속하라고 제안하였다.

다시 이야기하자면, 2회기에서 무엇을 할지 아는 방법은 매우 단순하다. 그녀는 코카인과 연관되지 않는 방식으로, 사실 이제는 코카인을 하지 않는 것과 연관된 방식으로 행동하는 것을 계속하였다. 그러므로 BFTC 기본 규칙 중 적용할 수 있는 한 가지는 **무엇이 효과적인지 안다면 그것을 더 많이 하라**는 것이다. 내담자가 그러한 규칙을 따랐으므로 상담자도 그렇게 해야만 한다. 내담자가

"상황이 나아졌어요."라고 하면, 상담자는 단지 내담자가 무엇이 효과적인지 인식하도록 돕고, 그녀가 같은 유형의 일을 더 많이 할 수 있는 방법을 찾아내도록 돕는 것이 필요하다.

이후 석 달 동안 네 번 더 상담을 진행하면서 그녀는 충동 극복을 위해 할 수 있는 수많은 일을 찾아냈다. 그중에 내가 제안한 것은 하나도 없었다. 상담을 통해 우리가 개입한 것은 단순히 그녀가 이미 하고 있고, 그녀가 찾아낸 것을 활용하는 것뿐이었다. 첫 상담이 있은 지 6개월이 지난 시점에 이루어진 6회기 마지막 상담에서 그녀가 점친 성공 가능성은 50 대 50에서 80 대 20으로 올라갔다. 그녀는 성공 가능성이 언젠가 변할 것이라는 점을 의심하였다. 다시 한번 나는 그녀에게 효과적인 것으로 증명된 것을 활용하였다. 나는 그녀가 자신이 원하는 코카인을 모두 가지기 위해서는 몸을 팔고 절도를 해야만 한다는 것을 생각한다면 아마도 성공 가능성이 99 대 1로 올라갈 것이라고 하였다. 그녀는 미소를 지으며 동의하였다. 18개월이 지난 시점에도 그녀는 여전히 코카인에서 벗어나 있었다.

2. 밀턴 에릭슨의 영향

처음부터 나의 작업은 에릭슨의 많은 저술에서 끌어낸 원리들에 기초하였다. 내가 아는 한 나와 BFTC 동료들은 에릭슨의 작업을 하나의 출발점으로 하여 지속적으로 활용하고 있다. 흥미롭게도 우리가 수년 동안 임상 실천에서 최면에 기초한 방법을 적용하고 나서(de Shazer, 1978, 1979) 1982년 이후 작업에서는 최면을 유도하는 어떠한 의도적인 노력도 하지 않았다. 그럼에도 불구하고 나는 최근 나의 작업이 더욱 최면의 특성이 있으며, 이를 통해 나는 에릭슨이 시작한 일을 더욱 확장한다고 생각한다.

예를 들어, 나는 상담 중에 이루어지는 자문을 위한 휴식 시간이 거의 최면과 유사하다고 생각한다. 왜냐하면 내담자는 기다리는 동안 상담자가 방으로 돌아와 말하는 것에 대해 좀 더 수용할 준비가 되는 것으로 보이기 때문이다. 이러한 상태는 우리가 구성한 메시지를 통해 고조되고 강화된다. 이들 메시지는 내담자가 '옳게' '잘' '효과적으로' 한 것에 대한 상담자와 팀의 칭찬으로 시작해서 우리가 치료적 제안을 하기 전에 내담자의 기대를 촉진하는 '예스 셋'(yes-set)을 계속해서 구축하도록 만든다. 이러한 '예스 셋'은 상담하는 동안 이미 시작된 것이다. 이렇게 칭찬을 전달하는 동안 우리는 종종 '무의식적인 고개 끄덕임', 호흡의 변화, 좀 더 편안한 자세를 취하는 행동 등의 가수면(trance) 상태를 목격한다. 그리고 '예스 셋'이 만들어질 때 내담자는 과제를 **실행하려는** 경향을 보인다.

활용

에릭슨은 '활용'을 말할 때 여러 상황을 의미하였다. 때로 그는 이를 문제가 되는 행동과 생각, 감정을 치료적 해결책의 일부분으로 '활용하는 것'으로 정의하였다. 이러한 의미의 한 측면은 '증상

처방(symptom prescription)'으로 기술되기에 이르렀으며, 이는 특정한 상황에서는 분명히 유용할 수 있는 도구다.

에릭슨이 말하는 '활용'이 '증상 처방'만을 의미하는 것은 아니다. 그는 두 번째 정의를 사용했는데, 이는 좀 더 일반적이다. 즉, "기존의 의도적이거나 우연한 통제 범위 밖에 있는 방식으로 내담자 자신의 정신적 과정을 '활용하는 것'"을 말한다(Erickson, Rossi, & Rossi, 1976, p. 19). 나의 정의는 유사하지만 다르다. 적어도 강조점의 측면에서 볼 때는 말이다. 나의 관점에서 '활용'이란 해결책을 개발할 목적으로 내담자가 '옳은' '유용한' '효과적인' '좋은' 혹은 '즐거운' 것을 하는 것은 무엇이든 '활용하는 것'을 말한다.

기본적으로 나는 우리 상담자들이 '문제들'과 문제를 해결하는 방법에 매달려 벗어나지 못한다고 생각한다. 상담자들이 하는 말을 들어 보면, 흔히 '공포증(phobias)치료' '야뇨증치료' '부부갈등치료' '가족치료' '부부치료' 혹은 '개인치료'에 대해 이야기한다. 이런 식으로 말하는 상담자들은 이들 사례나 문제는 모두 무언가 다르며, 문제 혹은 관여된 사람들의 수가 치료의 방법을 결정한다고 생각하는 것 같다.

우리는 해결책을 개발하는 방법에 대해 계속 연구하면서 공포증치료, 야뇨증치료, 부부갈등치료에는 차이점보다는 유사점이 더 많다는 결론에 이르렀다. 그리고 나는 이러한 차이가 어떠한 차이를 만드는지 확신할 수 없다! 이러한 생각은 내가 처음에 그랬듯이 많은 다른 사람에게도 충격적일 것으로 생각한다. 그러나 이 일로 인해 그들이 나처럼 밤을 지새우는 일은 없기를 바란다. 이는 팀과 내가 우리의 경험에 맞게 내릴 수 있는 유일한 결론이다.

3. 사례 12

매력적인 56세의 C 부인이 상담에 왔다. 하반신이 마비된 남편이 아내를 필요로 할 때 그녀가 집중을 하지 않는다며 남편이 점점 더 화를 내었기 때문이다. 그녀는 머릿속의 목소리와 싸우면서 시간을 보내느라 '정신이 나가' 있었다. 물론 그럴 때면 그녀는 남편이 불러도 들을 수 없었을 것이다. 목소리는 수년 동안 그녀와 함께 있었지만 이제 더 악화되는 것을 두려워하였다. 그녀는 13년 이상 병원에 입원하지 않았으며, 다시 입원하는 것만은 막기를 원하였다. 그녀는 '항상' 목소리를 가지고 있다는 점을 잘 알고 있지만 남편에게 주의를 집중해야 하기 때문에 목소리와 다투는 것을 멈추길 원하였다.

C 부인은 목소리와 점점 더 많이 다투고 있으며, 그녀가 아무리 노력해도 그들을 없앨 수 없다고 생각하였다. 1회기 상담 초기에 목소리를 듣지 않을 때나 그들에게 주의를 기울이지 않을 때 혹은 그들이 말하는 것에 주의를 기울이더라도 그들과 다투지 않을 때를 탐색하기 시작했을 때 그녀는 이에 대해 놀라워하였다. 그녀는 목소리가 들리지 않았을 때 혹은 목소리와 다투지 않았을 때를 단지 어렴풋이 알아채고 있었지만, 2주 동안 이에 대해 상세히 기록하는 것에 동의하였다. 그녀는 내가 목소리와 목소리가 말하는

내용에 대해 좀 더 알아야 하며, 어쩌면 그녀가 '왜' 목소리를 듣게 되었는지에 대해 관심을 가져야 한다고 생각했을지라도 말이다.

나는 그녀에게 다음과 같은 상황에서 자신이 무엇을 하는지 자세히 적도록 요청하였다.

(1) 그녀가 목소리를 듣지 않았을 때
(2) 그녀가 목소리에 주의를 기울이지 않았을 때
(3) 그녀가 목소리와 다투지 않았을 때
(4) 그녀가 목소리에 주의를 기울이지 않는다는 사실을 남편이 안다는 것을 그녀가 알았을 때

나의 질문은 '목소리가 그녀를 짜증나고 산만하게 만들지 않을 때에는 C 부인이 어떤 효과적이고 유용하며 좋은 일을 하고 있었는가?'였다. 일단 이와 같이 '우연한' 예외를 행동적 용어로 이야기할 수 있다면, 같거나 유사한 일을 좀 더 하도록 그녀를 격려할 수 있을 것이다. 없는 사람의 목소리를 듣는 것은 단지 C 부인이 세상을 보는 방식의 일부분으로 받아들여졌다. 목소리를 중단하려고 노력하는 것은 나의 관심사가 아니었다. 그보다는 그녀가 목소리로 인해 괴롭힘을 당하지 않는 시간의 비율을 높이는 것이 중요하였다.

2주 후에 진행된 2회기 상담에서 C 부인은 정오 이전에는 목소리와 다투는 일이 드물었다고 하였다. 이 시간에 그녀는 바쁘게 집안일을 하고 남편을 돌보았다. 또한 목소리와 다투지 않으면 그녀

가 바쁜 시간에 목소리가 때때로 조용해지는 것을 발견하였다. 그러나 그녀가 앉아 있을 때에는 목소리와 다투는 것을 알아냈다. 또한 방문간호사가 매일 남편을 방문하는 시간에는 목소리와 다투지 않았다는 것을 발견하였다. 우리는 그녀가 '바쁠 때' 무엇을 했는지 자세히 탐색하였다. 일단 이런 상세한 부분을 알고 나서 나는 단지 C 부인에게 이러한 활동을 좀 더 하도록 제안하였고, 그녀는 동의하였다.

3회기에서 C 부인은 2주 동안 오후 5시 이전에는 목소리와 전혀 다툴 수 없었다고 하였다. 그녀는 더 바빴고, 기분도 더 나아졌다. 나는 그녀에게 효과적인 것을 계속해서 좀 더 하도록 다시 한 번 제안하였고, 그녀는 동의하였다.

3회기 이후 두 달이 지나 진행된 5회기에서 C 부인은 목소리와 점점 덜 다투면서 목소리가 줄어들었고, 남편 C 씨의 호소 또한 빈도나 강도 면에서 모두 줄어들었다고 하였다.

1년이 지난 후에 C 부인은 머릿속에 아직 목소리가 있지만 목소리로 인해 문제가 생긴 적은 거의 없다고 하였다.

상담의 목표는 남편 C 씨의 불평이 줄어들고 C 부인이 목소리와 덜 다투는 것이었는데, 단지 부인이 목소리와 다투는 시간에 대한 예외에 기초함으로써 목표가 달성되었다. 목소리는 그 자체 그대로 수용되었으며, 목소리를 없애기 위한 어떠한 노력도 하지 않았다.

🗨 선택 가능한, 좀 더 복잡한 구성들

C 부인의 상황은 다양한 방식으로 설명될 수 있을 것이다. 예를 들어, 목소리를 해결의 시도로 볼 수도 있을 것이다. 목소리는 그녀가 남편을 가장 적게 돌볼 때 가장 활발하였다. 그러므로 목소리는 겉보기에는 남편을 기꺼이 돌보는 것으로 보이지만 실제로는 이를 부담으로 여기는 내담자의 문제에 대한 해결책이라고 누군가는 추측했을 수도 있다. C 부인은 어차피 이길 수 없는 위치에 있었다. 그녀는 (1) 목소리 없이 **기꺼이** 남편을 돌보았거나 (2) 목소리를 잠재우기 위해 남편을 돌보았을 것이다.

목소리는 결혼생활에서 항상성의 기능을 한다고 이해할 수도 있을 것이다. (1) 목소리는 C 부인이 혼인관계를 깨는 것을 막아 주었다. 이는 목소리가 없으면 결혼생활도 없을 것이라는 점을 시사한다. 혹은 (2) 목소리는 그녀가 자신의 '질병'을 통해 자신의 욕구를 충족하는 것을 돕는 역할을 하였다.

이러한 체계론적 기술 또는 설명의 은유 외에도 수많은 심리내적인 은유가 있을 수 있다. 하지만 중요한 점은 어떠한 설명의 은유도 부인이 목소리 때문에 괴로워하며 더 이상 그 목소리와 다투는 것을 원하지 않는다는 호소 문제 자체를 다루는 것보다 훨씬 더 복잡하다는 것이다. 간단히 말해 이러한 목표는 그저 약간의 행동 변화로 도달할 수 있을 것이다. 가장 단순한 것이 실패했을 때에는 좀 더 복잡한 치료적 접근을 고안하기 위해 어떠한 설명의 은유든 활용하고 있으며, 또는 모든 설명의 은유를 활용할 수도 있다. 그

러나 중요한 점은 이러한 설명의 은유들은 상담자가 가장 단순하
고 유용한 접근을 놓치게 만들 수도 있다는 것이다. 반드시 복잡한
지도가 복잡한 영토를 표현한다는 생각은 이러한 지도가 특정한
맥락에서 유용하다는 점 때문에 쉽게 매혹될 수 있다.

4. 사례 13

D 부부는 9세 아들, 7세 딸과 함께 상담에 왔다. 부모의 주 호소
문제는 딸의 심한 짜증(temper tantrums)이었고, 두 번째 호소 문제
는 아들의 기억력이 좋지 않은 것이었다. 딸은 자주 심한 짜증을
냈는데, 상담 약속을 잡기 전까지는 때로 하루에 두 번씩도 그랬
다. 그런데 상담 약속을 한 후에는 사흘 동안 계속해서 심한 짜증
이 없었다. 아버지 말마따나 치과에 전화를 걸자마자 치통이 없어
지는 것과 비슷하였다.

나는 곧바로 짜증이 없는 날에는 무엇이 다른지 탐색하기 시작
하였다. 남매는 함께 노는 것에 정말 열중해 있었고, 부모는 각자
가사일에 열중하였다. 남매가 싸우지 않고 놀았으므로 부모는 싸
움을 말리거나 잘못된 행동에 벌을 주지 않고 편안하게 쉬면서 즐
길 수 있었다. 그러나 이는 그렇게 특별한 상황은 아니었다. 남매
가 함께 노는 일도 자주 있었고, 부모가 가사일에 열중하는 일도
자주 있었다. 누구나 알 수 있듯이 짜증이 없었던 것은 순전히 우
연이었다.

우리는 가족 구성원 각각에게 상황을 이야기하는 능력과 서로를 매우 잘 돌보는 것에 대해 칭찬을 한 후에 그들에게 매일 딸이 잠자리에 들기 전에 다음 날은 짜증이 없을 것인지 각기 혼자서 예측해 보도록 요청하였다. 그리고 다음 날 그다음 예측을 하기 전에 그들의 예측이 맞았는지 틀렸는지 검토하도록 하였다.

💬 하지만 무엇을 해야 하는가?

예외가 있었기 때문에 상담의 초점은 무엇이든 변화에 관련된 것을 가족이 더 많이 하도록 돕는 것에 맞추어져 있었다. 사례 11에서는 변화가 의도적이었던 것에 반해, 이 사례는 사례 12와 마찬가지로 변화가 계획된 것이 아니라 우연히 일어났다. 이 점이 이들 사례에서 보이는 중요한 차이점이다.

사례의 가족과 나는 짜증이 없었던 사흘 동안 어떤 차이로 인해 변화가 생겼는지 설명할 수 없었다. 하지만 사흘 동안 확실하게 다른 점이 있긴 하였다. 그런데 그것이 무엇이었는가? 엄마가 무언가 다르게 했는가? 아니면 아빠가? 아니면 오빠가? 아니면 딸 자신이? 이 사흘 동안 짜증이 없었던 것이 정말 우연한 사건이라면 무언가 다른 것을 반복해서 하는 것은 실제로 불가능하다. 그럼에도 불구하고 행동의 차이를 기술할 수 있다면 우연한 변화를 의도적으로 실행하는 것이 가능하다. 이에 따라 짜증이 없는 날에는 **누가 되었든** 간에 무엇을 다르게 했는지 알아낼 수 있도록 돕는 과제를 고안하였다.

사흘 동안 심한 짜증을 내지 않고 지냈다는 사실은 해결책을 알아냈다는 것을 의미한다. 비록 가족이나 상담자가 해결책이 무엇인지도 모르고 그것을 어떻게 묘사해야 할지도 모르지만 말이다. 이전에는 짜증만 기대했던 가족 구성원이 이제는 그들의 기대를 바꾸기 시작할 수 있으며, 이로써 해결의 과정에 진입하는 것이다.

2회기에서 확실해진 것은 부모가 딸과의 갈등에 말려들 수 있는 상황을 무시하거나 이를 외면하고 떠나 버리면 짜증을 중지할 수 있었다는 것이다. 가족 중 누구도 짜증이 일어나지 않을 날을 예측할 수 없었지만, 딸이 약간 난리치고 아마 조금 눈물을 흘린 다음에는 부모의 지시를 따른다는 것을 확인하였다. 어머니는 처음으로 이러한 기술을 지속적으로 적용하였고, 딸의 짜증은 보통 때보다 줄어들었다. 비록 1주 동안 짜증을 내지 않았던 것은 아니지만 말이다.

가족에게 그들의 관찰력과 인내심에 대해 다시 칭찬을 한 후에 우리는 그들에게 짜증이 시작되어도 앞으로는 무시하도록 제안하였다. 물론 그들이 무시하기 전에 이미 짜증이 시작되었다면 그들은 그냥 무언가 다른 것을 해야 한다. 예를 들어, 그냥 나가 버리는 것이다.

심한 짜증이 있는 날과 없는 날 간에 어떤 차이가 있는지 확인할 수 없었음에도 불구하고 이를 무시하는 것이 변화를 만든다는 점이 분명해졌다. 그래서 무시하는 것을 더 많이 하는 것을 과제로 줄 수 있었다. 현 시점에서 무시가 가족이 만족할 만한 방식으로 심한 짜증을 다루는 데 충분할지 아닌지는 알 수 없다. 상담자

도 가족 구성원도 무시가 가장 유용한 접근방법이라고 확신할 만
큼 무시와 관련한 충분한 경험을 가지고 있지는 않다.

D 부부가 상황을 좀 더 낫게 하는 무언가를 발견했기에 단순히
동일한 것, 즉 효과적인 것으로 나타난 무시를 더 많이 하도록 개
입이 이루어졌다. 이제 차이를 알아차릴 수 있으므로 가족은 이러
한 차이를 강화해야 한다. 그러면 이것이 만족할 만한 해결책으로
이끌지도 모른다.

5. 사례 14

💬 1회기

Z 부인은 알코올 남용 중단을 위해 남편을 상담에 데려왔다.
Z 씨는 자신은 알코올을 남용하지 않으며 술을 끊고 싶지 않다고
하였다. 알고 보니 그는 부인에게 여러 번 술을 끊겠다고 약속했었
다. 그는 선술집을 하는 친척을 방문할 때에만 딱 한 잔을 할 것이
라고 하였다. 그러나 그는 자신이 정말로 원했던 약속은 아니었지
만 이를 깬 것 때문에 기분이 나빠져서 항상 술을 더 마시게 되는
것으로 보였다. 내가 첫 번째로 한 일 중 하나는 더 이상 그러한 약
속을 하지 말라고 제안한 것이다. 그는 이에 동의하였다. 나는 그
와 함께 술을 마시지 않았을 때에는 무엇을 했는지 탐색하였다. 그
리고 부인과 함께 남편이 술을 마시지 않았을 때에는 무엇을 하는

것을 보았는지 탐색하였다. 또한 남편이 술을 마시지 않았을 때 부인은 무엇을 했는지 탐색하였다.

1회기에서 분명해진 것은 남편이 술을 마시지 않았을 때가 있었고, 두 사람의 행동이 때로는 각각, 때로는 함께 긍정적인 영향을 주었다는 점이다. 그러나 1회기에는 문제가 되지 않는 유형에 관해 구체적으로 들어가기에는 시간이 부족하였다. 그래서 나는 다음과 같은 요청을 하였다.

> 다음 주에 그가 술을 마시지 않을 때에는 그들이 각각 혹은 함께 무엇을 하는지 두 사람이 각자 기록해 보도록 부부에게 요청하였다.

이러한 과제는 간접적으로 예외 유형을 처방하는 것이다. 즉, 과제를 하기 위해 그는 술을 마시지 말아야 한다. 직접적으로 남편에게 술을 마시지 말라고 제안하는 것은 아내의 실패한 접근을 지속하는 것에 불과하다.

🗨 2회기

1주 동안 Z 씨는 술을 한 잔도 마시지 않았다. 그러나 그는 1주간 자신이 관찰한 것을 말하기 전에 1주간 일어난 일과 그가 술을 마셨을 때 보통 벌어졌던 일을 비교하며 이야기를 시작하였다. 그의 음주가 부인을 엄청나게 변하게 만든다는 게 그의 생각이었다.

부인은 그가 술을 마셨다는 의심만 들어도 딴 사람처럼 되었다. 그가 술을 마시지 않으면 부인은 지극정성으로 남편을 돌보았다. 그가 좋아하는 음식을 해 주고, 등을 긁어 주고, 남편이 해야 할 가사일을 알려 주고, 작은 선물도 사 주고, 점심을 싸 주고, 잠자리를 먼저 하자고 하였다. 비록 이런 것들이 단 1주간의 목록에 불과하였지만 이전에 남편이 술을 먹지 않았던 2년 동안에도 부인은 이처럼 행동했었다. 부인에 따르면, Z 씨는 부인이 그에게 상기시키지 않았음에도 오랫동안 미뤄 두었던 몇 가지 일을 하였고, 부인을 먼저 안아 주었다. 두 사람 모두 이번 주가 놀라웠다고 말하였다. 그러나 부인은 그가 술을 다시 마시지 않으리라는 확신이 전혀 없다며 이것이 요행일까 봐 두렵다고 하였다. 아내는 남편이 술을 마셨다고 의심만 들어도 그 순간 이런 행동을 멈추고 철회하며, 모든 것에 대해 불평한다고 남편은 말하였다. 이런 상황에서는 '누구나 술을 마시고 싶은 충동'이 들기에 충분하다는 것이다. 그러고 나서 그가 술을 마셨다는 것을 알게 되면, 아내는 친정어머니에게 가곤 하였다. 그러면 남편은 외로워서 술을 더 마시게 되었다. 마침내 그가 술을 마시지 않겠다고 약속을 하면 그녀는 다시 집으로 돌아왔고, 다음 일이 일어나기 전까지는 다시 좋아지고…….

그는 부인의 요청에 따라 술을 끊을 의사가 전혀 없다는 점을 명확히 하였다. 자신이 술을 끊으려는 결심이 선다면 그때 그렇게 할 것이라고 하였다. 그는 부인이 자신을 '그냥 내버려 두기'를 원하며, 상담에 더 이상 올 생각이 없다고 선언하였다. 내가 그에게 술을 끊으라고 말하지 않을 것임을 명확히 하였음에도 불구하고 소용이 없었다. 부인은 그녀가 원치 않는 상황에 대처하는 것에 대해 상담을 하길 원하므로 혼자라도 오겠다고 결정하였다. 그녀가 원치 않는 상황이란 그가 또다시 술을 지나치게 마실 것이라는 지속적인 위협 속에서 결혼생활을 계속하는 것이었다. 남편은 아내가 상담을 계속하는 것에 대해서는 찬성하였다. 왜냐하면 그가 보기에 '그건 진짜로 부인의 문제이지 자신의 문제가 아니기' 때문이었다.

술을 마시지 않은 이번 주와 이전의 2년 동안의 기간은 예외의 잠재적 유용성을 확인시켜 주었다. 한때는 예외가 사실은 일반적인 일이었던 것이다. 그래서 나는 단지 다음과 같은 제안을 하였다.

당신은 무엇이 자신에게 효과적인지 알아내었으므로 단지 당신이 지난주에 했던 것을 계속할 것을 제안합니다.

술을 마시지 않는 것을 제외하고는 예외 유형에서 남편이 차지하는 부분은 그리 분명하지 않았다. 두 사람 모두 부인의 역할에 대해서는 쉽게 이야기할 수 있었고, 술을 남용할 시의 유형과 예외 유형 간의 차이점을 재빨리 알아차렸다. 그래서 나는 지난주에 효과적이었던 것을 더 많이 함으로써 해결책을 진전시키도록 그녀와 손쉽게 작업할 수 있었다. 남편의 참여는 지금까지 유용하였으며, 그의 지속적인 참여 또한 유용할 것이다. 그러나 그것이 해결책을 개발하는 데 필수적인 것은 아니다.

🗨 3회기(2주 후)

Z 씨는 계속해서 술을 마시지 않았고, 부인은 그가 술을 마셨으리라는 의심조차 하지 않았다. 하지만 그녀는 걱정이 되었다. 부인은 이전에 사용했던 방식이 효과가 없었음을 알고 있었고, 결혼생활을 유지하며 성공적이기를 원하는 것도 분명하였다. 나는 부인에게 다음번에 남편이 술을 마셨다는 의심이 들면 의심을 하지 않는 척하며 모든 것이 좋은 상태인 것처럼 행동할 것을 제안하였다. 기존에 그녀가 했던 행동 대신에 남편이 가장 좋아하는 음식을 해 주고, 남편과 함께 영화를 보러 가고, 잠자리를 하는 등 정상적인 상태에서 했던 행동을 모두 그대로 하라고 하였다. 그의 반응을 관찰하고, 그다음에 결과를 관찰하라고 하였다.

즉, 실제로 어떤 일이 일어나든지 상관없이 예외행동을 계속할 것을 제안한 것이다. 그 안에 숨은 생각은 부인의 예외행동이 남편에게도 같은 종류의 반응을 촉진할 것이라는 점이었다.

Z 부인은 남편이 술을 마셨다는 것을 발견했을 경우에 괜찮은 척하는 것을 원치 않았기 때문에 나는 그녀가 집에 들어가서 남편이 자신이 없는 동안 술을 마셨다는 것을 알게 되었을 때 무엇을 다르게 할 것인지 생각해 보라고 제안하였다. 남편이 가장 예상하지 못할 행동이 무엇인지 생각해 보고, 그것을 하도록 제안하였다. 부인은 자신이 남편을 데리고 술을 마시러 가는 것은 가장 예상치 못한 일일 것 같다고 즉각 대답하였다. 물론 그녀는 이것을 '혐오스러운 생각'이라고 여겼지만, 이런 상황을 상상하면서 우리 두 사

람은 웃었다.

실제로 남편이 술 마시는 것을 발견했을 때 지금까지 '그녀의 가장 무모한 전략이 상상 이상으로' 성공적이었음에도 불구하고 그녀는 '마치 ~인 척하는' 전략에 대한 확신을 잃었다.

🗨 4회기와 5회기

이후 몇 달 동안 그녀는 몇 번 '~인 척 가장하는' 행동을 하였다. 그가 술을 마셨는지 안 마셨는지는 분명하지 않지만 음주가 고조되지는 않았고, 부인이 어머니에게 가는 일도 없었다. 그런데 어느 날 부인이 집에 도착했을 때 남편의 군대 동료의 차가 집 앞에 세워져 있는 것을 보았다. 그녀는 이것이 음주를 의미한다는 것을 **알았다**. 그녀는 가까이 있는 상점으로 가서 그곳에 있는 가장 비싼 외국산 맥주 여섯 묶음짜리 두 상자를 샀다. 그리고 집으로 가서 그들이 앉아 있던 식탁 위에 맥주를 놓았다. 그녀가 생각한 대로 남편은 술을 마시고 있었다. 그녀는 자리에 앉아서 자신이 깜짝 선물로 사 온 맥주를 마셔야 한다고 우겼다. 때때로 남편에게 깜짝 선물을 하는 것은 그녀의 평상시 행동이었는데, 이를 고수한 것이다. 남편은 충격을 받았다. 집 안 공기가 심상치 않음을 느낀 남편의 친구는 현명하게도 가 버렸다. 부인은 남편이 술을 마시려면 자신이 사온 맥주를 마셔야 한다고 우겼다. 남편은 마시지 않았다. 1년이 지난 후에도 여섯 묶음의 맥주 두 상자는 아직 냉장고에 있으며, 그는 그것을 마시지 않았다.

부인은 남편이 술을 마셨다고 의심이 들면 **자신의 평상시** 행동을 하였다. 그러면 남편의 음주가 고조되지 않았다. 부인은 남편이 술을 마셨다는 것을 알게 되면 다시 외국산 맥주와 같은 깜짝 선물을 하면서 **평상시** 행동을 하였다. 그러면 음주는 고조되지 않았다. 그는 아내가 하는 선물의 가치를 알고 있다. 그가 다시 술을 마신다면 그는 **먼저** 부인이 선물한 맥주를 마셔야 할 것이다. 왜냐하면 그가 만약 다른 것을 마신다면 이는 부인의 선물을 거절하는 것이 되고, 그 것은 결혼생활의 파탄을 의미할 수 있기 때문이다. 이는 그가 원하는 일이 아니다. 부부 중 누구도 부인의 깜짝 선물과 선물에 대한 남편의 반응이 실제로 결혼생활에 얼마나 중요한지 인식하지 못하는 것 같다. 나는 그들에게 이를 말하지 않을 것이다. 우리의 마지막 상담이 있은 지 1년이 지난 후에도 남편은 술을 남용하지 않았다. 부인은 계속해서 남편에게 그가 가치 있다고 여기는 깜짝 선물을 한다.

물론 알코올 남용에 관련된 이 사례를 다른 알코올 남용 사례에 일반화하여 적용할 수는 없다. 다른 부인들이 똑같이 '깜짝 선물'을 하고 같은 방식으로 '그런 척 가장하는 것'을 할 수는 없다. 왜냐하면 부인이 남편에게 깜짝 선물을 해서 남편을 기쁘게 하고 이에 대해 남편이 반응하는 것이 모든 부부에게 그렇게 중요하다고 할 수는 없기 때문이다. 이런 점에서 사례들은 유사하지 않다.

해결책은 부인이 보통 해 왔던 호소행동과는 무엇인가 다른 것을 하는 것과 관련이 있다. 이들 이른바 '다른' 행동방식은 그녀에게는 정말로 평범한 것이고, 이미 부인의 행동 목록의 일부다. 남편의 입장에서 볼 때 부인이 좋았던 시절을 연상시키는 방식으로 행동하는 것이기에 남편도 '좋았던 시절의 행동'으로 반응하는 것이다. 왜냐하면 남편도 부인만큼 결혼생활을 중요하게 여기기 때문이다. 이는 곧 문제해결의 맥락 내에서 문제가 아닌 행동을 **활용**하도록 개입이 이루어졌음을 의미한다.

두 사람의 부부관계가 파탄 직전이었고, 남편이 좋았던 시절에 했던 부인의 깜짝 선물에 반응하지 않았다면, 이러한 접근은 전혀 효과적이지 않았을 것이다. 즉, 체계적인 혹은 상호작용적인 변화가 효과적이기 위해서는 체계가 연결되어 있어야만 한다.

6. 같지만 다른

물론 어떠한 접근도 항상 효과적인 것은 아니다. 해결중심접근이 실패하는 것은 흔히 상담자가 내담자의 호소를 말 그대로 수용하지 않는 것과 관련이 있다. 예를 들어, 상담자가 C 부인이 요청한 바대로 목소리와 더 이상 다투지 않도록 돕는 대신에 목소리를 없애거나 이른바 정신병 치료를 하려고 했다면 협력은 매우 어려웠을 것이고, 상담자나 C 부인의 목표 모두 달성하지 못했을 것이다.

이같이 앞에 서술한 단순한 생각으로 인해 사람들은 나를 "미니멀리스트(minimalists) 중에 최고 미니멀리스트"라고 부른다 (Brewster, 1985). 아마도 이것이 칭찬은 아닐 테지만 나는 이를 심오한 칭찬으로 받아들인다. 미니멀리스트 관점에서 볼 때, 오줌을 싼 것은 그냥 오줌을 싼 것이고 이를 가는 것은 이를 가는 것이고 목소리는 목소리일 뿐 그 이상 아무것도 아니라고 가정하는 것이 최선이다. 첫 번째의 가장 단순한 접근이 실패하면 우리에게는 치료적 접근을 구축할 수 있는 좀 더 복잡한 설명의 은유가 있다.

A 지점에서 B 지점으로 가길 원하지만 두 지점 사이의 지형을 자세히 모른다면, A에서 B로 가는 직선 길이 있을 거라고 가정하는 것이 최선이다. 이러한 가정이 잘못된 것으로 드러나고 커다란 산을 맞닥뜨리게 된다면, 가능한 한 원래의 직선 거리와 가까운 다른 길을 찾아야 한다. 윌리엄 오크햄(William of Ockham)이 말했듯이 "간단히 할 수 있다면 복잡한 설명을 절대 소개하지 말라."

스스로를 가족상담자로 여기든 개인상담자로 여기든 간에 많은 상담자가 앞의 네 사례를 다르다기보다 유사한 것으로 생각하기는 어려울지도 모른다. 어쨌든 사례 11은 자신을 코카인 중독이라고 생각하는 개인이 대상이고, 사례 12는 환청이 관련되어 있으며, 사례 13은 딸의 잦은 짜증으로 어려움을 겪는 가족이 대상이고, 사례 14는 알코올 남용과 관련된 부부와의 상담이다. 그러나 이 모델 내에서는 이러한 사례들이 유사하다. 왜냐하면 네 사례의 내담자 모두 예외를 말하고 있기 때문이다. 각 사례에서 첫 번째 강조점은 내담자가 예외가 일어나는 동안에 무엇을 다르게 했는지 기술하는 데 있다. 상담자는 내담자가 발견한 효과적인 것을 좀 더 많이 하도록 처방한다. 비록 사례 13은 4명, 사례 14는 2명, 사례 11과 12는 1명의 내담자가 상담에 참여했더라도 네 사례 모두에서 이러한 과정은 기본적으로 유사하다. 내담자의 수는 상황을 복잡하게 만드는 요소가 아니다.

규칙을 따르는 특이한 사례

1. 사례 15

26세 여성인 E 씨는 자신이 음식과 알코올을 남용하는 '의존적인 사람'이라며 상담에 왔다. 나는 그녀가 그 두 가지를 동시에 남용하는지 궁금하였다. 그녀는 "아니에요, 나는 음식 남용(과식과 구토)을 하거나 아니면 알코올 또는 때때로 다른 약물을 남용해요."라고 말하였다. 그녀는 결코 두 가지를 동시에 남용하지는 않았다. 나는 놀라서 어떤 것을 남용할지를 어떻게 결정하는지 물었다. 그녀는 결정하는 것이 아니었다. 그것은 모두 그녀가 어떻게 느끼는지에 달려 있었다. 나는 그녀가 만일 한 번에 하나만 해결할 수 있다면 어떤 것을 먼저 해결하기 원하는지 궁금하였다. 하지만 그녀

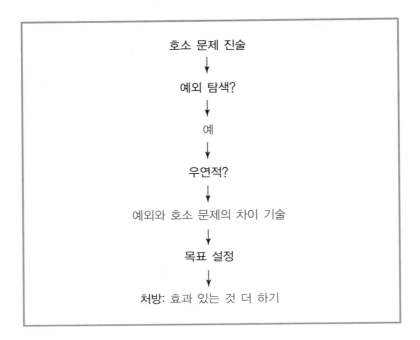

는 두 가지 남용 모두를 하나의 근본적인 문제의 '증상들'로 보았기 때문에 그 근본적인 문제가 해결되어야 두 증상이 모두 해결될 거라고 생각하고 있었다.

상담 회기 초반에 E 씨는 자신이 큰 문제를 가진 사람이라고 묘사하였다. 자신이 '의존적인 사람'이기 때문에 음식과 알코올을 남용한다는 것이다. 그녀는 이것을 다음 [그림]과 같이 설명하였다.

이것은 음식 남용과 알코올 남용이 '같은 것' 또는 적어도 같은 것의 변형으로 묘사되었기 때문에 그다지 유용한 구조가 아니다.

어떤 상담모델들(Watzlawick, Weakland, & Fisch, 1974; Haley, 1976; de Shazer, 1982a)은 소위 말하는 '증상들'이 문제를 일으키는

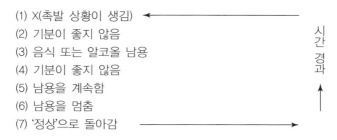

(1) X(촉발 상황이 생김)
(2) 기분이 좋지 않음
(3) 음식 또는 알코올 남용
(4) 기분이 좋지 않음
(5) 남용을 계속함
(6) 남용을 멈춤
(7) '정상'으로 돌아감

시
간
경
과

[그림] 호소 문제 유형 A

단계이거나 문제가 있는 유형의 요소이기 때문에 일련의 순서상
그 단계를 제거하거나 일부 다른 단계를 변화시켜 새로운 유형이
나 우회 형태를 만들어 냄으로써 문제를 해결할 수 있다는 생각에
기초하고 있다.

문제해결상담자는 각 단계에서의 자세한 정보를 찾아내기 위해
이 순서를 상세하게 탐색할 것이다. 그리고 나서 체계 내 어느 하
나의 변형이 체계의 나머지 부분의 반응을 일으킨다는 생각에 기
초하여 상담자는 내담자에게 단계들 중 어느 하나를 바꾸어 보도
록 제안할 것이다. 모든 것이 잘되면 종종 그렇듯이 내담자는 차이
를 보고하고, 그 '증상', 즉 음식 남용 또는 알코올 남용 중 어느 하
나 또는 두 가지가 모두 사라지고 대체된 형태의 유형이 생겼다고
보고할 것이다.

그러나 음식 남용은 알코올 남용과 별개이기 때문에 나는 예외
를 찾기 전에 호소 문제의 구조를 해체하기 시작하였다. 일단 호소
문제는 2개의 다른 문제로 보이므로 서로 다른 두 종류의 예외 유
형을 만들었다.

호소 문제 유형 A′	호소 문제 유형 A″
1. 촉발 상황(X)이 생김	촉발 상황(X′)이 생김
2. 기분이 좋지 않음 a′	기분이 좋지 않음 a″
3. 음식 남용	알코올 남용
4. 기분이 좋지 않음 a′	기분이 좋지 않음 a″
5. 음식 남용을 계속함	알코올 남용을 계속함
6. 남용을 멈춤	남용을 멈춤
7. 정상으로 돌아옴	정상으로 돌아옴

정상적인 날의 유형 NON-A

그녀는 지난 10년 동안 음식이나 알코올을 남용해 왔고, 여러 번 입원과 통원 치료를 받았다. 그녀의 결혼생활은 파탄에 이르렀고, 그녀는 결혼관계를 회복하거나 자신을 회복시켜서 '제대로 된 이성관계'를 갖기 원했기 때문에 다시 한번 치료를 받으려고 하였다.

1회기 시작에서 그녀는 자신이 음식 남용 또는 알코올 남용을 했다고 말했으나, 우리는 그것을 세 종류의 유형으로 묘사할 수 있었다.

(1) 좋은 날 유형: 보통 2~7일간 연속해서 나타났다.
(2) 나쁜 날 유형 A′: 어느 날 그녀는 기분이 좋지 않았고, 기분이 좋지 않으면 폭식을 하고, 그다음 날에는 토하는 것이 며칠 동안 계속된다는 것을 **인식했을(KNOW)** 것이다.

(3) 나쁜 날 유형 A″: 그녀는 기분이 좋지 않았고, 일주일 동안 연속해서 알코올을 남용하게 만드는 특유의 다른 방식으로 기분이 좋지 않았다는 것을 **인식했을(KNOW)** 것이다.

문제가 되는 유형(A나 A′, 그리고 A″) 중 어느 하나를 멈추거나 그 연속적인 과정에서 어느 단계를 수정하려고 시도하는 대신에 문제가 없는 유형(NON-A)이 더 자주 일어나게 하는 해결책을 세울 수 있다. 그래서 내담자는 어떤 것을 하는 행동(X)을 멈추거나 새로운 것을 하라고 요구받지 않고, 대신에 정상적인 유형을 '강화'하라고 요구받는다. 증상은 NON-A 유형에 있는 어떤 단계가 아니므로 증상이 일어날 가능성이 거의 없다. 다시 말해서 문제적 유형(A나 A′, 그리고 A″)을 의도적으로 중단하거나 변형하지 않는다. 대신에 그것을 의식적으로 사용하지 않음으로써 '옆으로 밀어놓는 것'처럼 보일 것이다. 문제 유형을 잘라 내는 대신에 사그라지도록 두는 것이다.

우리는 좋은 날 주기(NON-A)의 세세한 것을 거의 알지 못했고, 그녀는 좋은 날의 주기에 있었기 때문에 나는 그녀에게 이 주기에 있을 때 무엇을 하는지 목록을 작성해 보도록 하였으며, 그녀가 나쁜 날 유형으로 가려는 욕구를 극복했을 때에는 무엇을 했는지 관찰하도록 하였다.

예외 탐색에서 '나쁜 날 유형 A″'는 '나쁜 날 유형 A′'의 예외라는 것을 알 수 있었다. 물론 이것은 '나쁜 날 유형 A′'가 '나쁜 날 유형 A″'의 예외라는 것을 의미하기도 하였다. 나아가 나쁜 날의 A′ 유형과 A″ 유형은 서로 예외일 뿐 아니라 '좋은 날 유형'이 두 종류의 나쁜 날 유형에 대해서 예외라는 의미였다.

🗨 2회기

그녀는 지난 상담 후 일주일 동안 극복하려는 욕구는 없었지만 '좋은 날 유형에서의 행동과 감정'의 목록을 작성하기 시작했다고 말하였다. 좋은 날 동안에 그녀는 자신을 돌봤고, 잘 먹고, 운동하고, 친구들을 방문하고, 일요일에는 교회에 가고, 부모님에게 장거리 전화를 거는 것과 같은 행동을 하였다.

이것은 그녀가 그러한 행동을 하지 않았던 나쁜 날과 비교한 것이었다. 어쨌든 그녀는 나쁜 날의 한 유형을 다른 유형과 구별해서 말할 수 있었다. 비록 그녀가 그것을 뚜렷하게 정의할 수는 없었지만 나는 그녀가 알고 있다는 것을 이해할 수 있었다. 두 유형의 남용으로 인해 그녀의 결혼은 파탄에 이르렀다. 남편은 '그녀를 도울 수 없기' 때문이라며 떠났다. 그는 자신이 노력한 모든 것이 상황을 더 나쁘게 만들었을 뿐이라고 말하였다. 그들은 여전히 서로 사랑하고 있다고 말했지만 서로 만나는 것은 거부하였고, 그것이 서로에게 좋다고 하였다. 1회기의 과제가 효과가 있었으므로 2회기 마지막에 같은 과제를 주었고, 3회기 상담은 2주 후에 하기로 하였다.

🗨 3회기

상담을 시작하자마자 그녀는 좋은 날이 30일간 지속되었다고 말하였다. 그녀는 "때로는 밤사이에 변화가 일어나요."라며 그것이 기적이라고 생각한다고 하였다. 나는 그녀의 말에 그다지 확신이 들지 않았다. 그래서 다시 한번 효과가 있는 것을 계속하도록 요청할 뿐 아니라 두 가지 나쁜 날 유형이 사라졌다고 확실하게 판단할 수 없기 때문에 주의를 기울이는 것이 좋겠다고 제안하였다.

🗨 4회기

4회기 상담이 있던 날은 유형 A의 가라앉은 날이었다. 그녀는 자신이 다음 날 폭식을 하게 되리라는 것을 알았다. 그녀는 그렇게 되는 것을 정말로 원치 않았다! 그래서 그녀는 내가 무슨 말을 할지 알기도 전이었지만 또다시 폭식을 할 필요가 없게 된다면 내가 무슨 말을 하든지 그대로 따르겠다고 동의하였다.

휴식 시간 후에 나는 그녀에게 선택할 수 있는 2개의 방안이 있다고 말하였다.

(1) 다음 날 아침에 일어나서 좋은 주기에 있는 것처럼 정상적으로 행동한다. 또는
(2) 음식 남용 주기가 오고 있다는 것을 알았으므로 그녀는 음식이 아닌 술을 마시는 것을 시작해야만 한다. **비록 그렇게 하**

고 싶은 마음이 들지 않더라도 말이다. 그리고 다음번에 그녀에게 알코올 남용 주기가 올 때에는 알코올 대신 음식 남용을 해야만 한다.

그녀는 충격을 받은 것 같았다. 그러나 그녀는 이미 말한 대로 나의 제안에 동의하였다.

이러한 개입의 목적을 위해서 알코올 남용 유형과 좋은 날 유형은 모두 음식 남용에 대한 예외들로 간주되었다. 그녀는 음식 남용을 좋지 않은 것으로 느끼고 있었기 때문에 두 가지의 선택할 수 있는 방안을 주고, 그 상황에서 볼 때 '잘못된(wrong)' 것이기는 하지만 음식 남용과는 다른 '정상적(normal)'인 유형으로 대체하도록 한 것이다. 좋은 날 유형과 알코올 남용은 둘 다 지금 호소하는 문제인 음식 남용과는 다른 것이다. 그래서 이 시점에서는 어느 유형을 수행하든지 만족스러운 해결을 촉진할 수 있었다.

🗨 5회기

일주일 후, 그녀는 그다음 날 일어나서 초콜릿 케이크가 몹시 먹고 싶었지만 대신 밖으로 나가서 맥주를 샀다고 말하였다. 그녀는 맥주를 집으로 가져와서 3시간 동안이나 앉아서 바라보았다. 그녀는 마음이 동요하였지만 맥주를 마시지 않았고, 부모님에게 전화를 걸었다. 그리고 그녀는 운동 수업에 갔고, 정오가 되어서 폭식하고자 하는 욕구를 잊어버렸다.

해결로 이끈 개입은 내담자가 일상생활에서 이미 하고 있고 효과가 있는 어떤 것 위에 구축된다. 이 행동은 이미 그녀에게 익숙한 것이기 때문에 그녀가 나의 과제에 협력하는 것은 쉬운 것이었다.

🗨 6회기와 7회기

다음 6개월이 넘도록 그녀는 대략 한 달에 하루 정도 좋은 날처럼 보내는 것을 반복하였다. 그 시점에서 그녀는 좋은 날과 '덜 좋은 날'에 대해 묘사하였으나 '어떤 유형이든 나쁜 날'에 대해서는 언급하지 않았다.

해결의 핵심은 세세한 내용에 있지 않다. 모든 사례가 내담자에게 맹목적으로 '잘못된' 어떤 것을 하도록 약속함으로써 해결되는 것은 아니다. 여기에서 설명한 잘못된 일을 하도록 약속하는 것은 내담자를 괴롭히는 일이 아니다. 문제 상황에서 그녀는 다른 어떤 것을 한 것이다. 그녀가 다르게 한 것은 문제 맥락 안에서 호소하는 문제가 아닌 행동들을 **활용하는** 것이었다. 맥주 사기, 부모님에게 전화 걸기, 운동하러 가기 **모두** 그녀가 음식 남용을 하지 않는 날에 하는 행동들이다.

물론 내담자가 해결책을 구축하기 위해 활용할 수 있는 것들이 무엇인지 알아내는 것은 상담을 진행하는 동안 적절하고 건강한 어떤 얘기를 이끌어 내는 것을 포함하고 있다. 만일 당신이 예외와 성공 경험에 대해 질문하지 않는다면, 내담자는 얘기하지 않을 것이다. 결국 내담자들이 관심을 갖는 것은 상담에 오게 한 문제다. 그러나 에릭슨이 말한 대로 "그들은 문제가 무엇인지 모른다." 상담자들 역시 모르고 우리도 알 수 없다. 단지 내담자들과 상담자들이 알 수 있는 것은 문제가 해결되었을 때를 어떻게 아는지이고, 이때에 나의 결론은 문제가 해결되었을 때는 문제가 일어나지 않을 때와 거의 같은 상태에 있을 것이라는 점이다. '동일한 한 가지 문제가 반복되는' 상태가 멈추고, '서로 다른 문제가 순차적으로' 나타나게 될 것이다.

2. 다르지만 같은

비록 예외들 중 하나인 알코올 남용은 본래 내담자의 호소 문제의 일부였지만, 그것은 호소 문제를 **해체한 구조에서는** 예외다. 알코올 남용은 음식 남용과는 별개이고 뚜렷하게 다르다. 그러나 이 차이는 해결책으로 가는 경로에서 거의 또는 아예 차이를 만들지 않는다. 그것은 단지 음식 남용이라는 호소 문제의 맥락에서 호소하는 문제가 아닌, 즉 음식 남용이 아닌 행동을 하는 것에 기초한다. 비록 이 사례가 표면적으로는 해결책 구축의 측면에서 이전 장의 내용과 매우 다른 것 같지만 이론이나 방법 모두에서 같은 것이다.

이 사례에서 만일 E 씨가 음식과 알코올을 동시에 남용했다면 분명히 각각은 서로 다른 것의 예외가 될 수 없었을 것이다. 이것은 서로 다른 어떤 예외들은 해결책을 촉진하는 데에 사용될 수 있

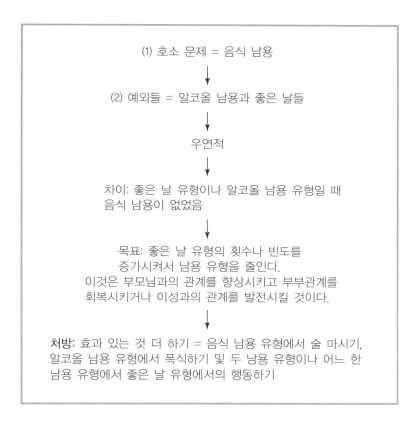

(1) 호소 문제 = 음식 남용

↓

(2) 예외들 = 알코올 남용과 좋은 날들

↓

우연적

↓

차이: 좋은 날 유형이나 알코올 남용 유형일 때
음식 남용이 없었음

↓

목표: 좋은 날 유형의 횟수나 빈도를
증가시켜서 남용 유형을 줄인다.
이것은 부모님과의 관계를 향상시키고 부부관계를
회복시키거나 이성과의 관계를 발전시킬 것이다.

↓

처방: 효과 있는 것 더 하기 = 음식 남용 유형에서 술 마시기,
알코올 남용 유형에서 폭식하기 및 두 남용 유형이나 어느 한
남용 유형에서 좋은 날 유형에서의 행동하기

다는 것을 의미한다. 두 남용 유형 사이의 크나큰 차이는 매우 간단한 규칙을 분명하게 따르는 독특한 개입을 가져왔다. 즉, 호소 문제 유형의 외부에 있는 것으로 해결책을 구축한다는 것이다.

모호한 호소 문제, 모호한 목표, 모호한 해결책

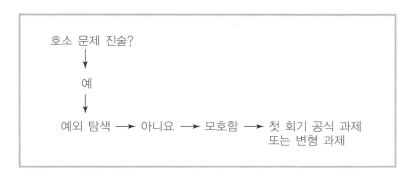

    상담자와 내담자가 일반적 틀을 해체하기 위해 함께 작업하는 목적은 **결정 불가성(an undecidable)**을 만들어 내는 것이다. 그러나 호소 문제가 모호할 때 상황은 이미 그 지점에 도달해 있다. 결정 불가성은 상황을 이해하기 어렵게 하거나 혼란스럽게 하며, 아마도 진행되는 일에 대해 상당한 불일치를 가져올 것이다. 이것은 내담자와 상담자를 갈피를 못 잡게 만들고 혼란스럽게 만들 것이다. 왜냐하면 그들은 무슨 일을 진행할지 결정할 수 없고, 더 중요한 것은 문제가 해결되었을 때 그것을 어떻게 알지 아무도 판단할 수 없기 때문이다.

1. 사례 16

💬 1회기

W 씨 부부는 W 씨가 그들의 결혼생활에서 '짜릿함(the kick)'이 사라졌다는 것을 깨달았을 때 상담에 왔다. 그는 자신이 결혼생활을 계속하기를 원하는지 혹은 헤어지기를 원하는지 확신이 없었다. 단순하게 말해서 그는 '어떤 결정이 옳은지' 알지 못하였다.

W 부인의 입장에서도 다르지 않았다. W 씨가 '따분하다(flat)'고 표현한 지난 6개월 동안에 대해서 아내는 10년 전에 밀월이 끝난 후 항상 그랬듯이 꽤 잘 지내왔다고 여겼다. 매일의 일상생활에서 기복은 있었지만 그녀는 지난 6개월 동안 문제의 어떤 징후(sign)도 볼 수 없었다. 그녀는 상황이 좋다는(OK) 징후를 줄곧 보았기 때문에 혼란에 빠졌고, 이제 그녀는 자신의 인식을 의심하게 되었다.

뭔가 문제가 있다는 사실의 실마리가 될 남편의 행동에 대해서 남편뿐 아니라 아내도 어떤 차이점을 설명할 수 없었다. 남편의 입장에서는 단지 '따분하다'고 느끼기 시작하였다. 그는 여전히 평범하게 행동하였고, 아내나 아이들이 아무 문제가 없었다고 말하는 것에 놀라지 않았다.

남편이 평범하게 행동하였기 때문에 아내는 모든 것이 정상적이었다고 생각하였다. 하지만 상황이 나빴다는 남편의 말에 아내는 결혼생활과 남편에 대한 자신의 인식에 회의를 느끼게 되었다. 남편은 속으로 따분하게 느꼈지만 평범하게 행동하였기 때문에 그 역시 어떤 일이 벌어지고 있는지 알지 못하였다.

"문제가 해결되었을 때 당신은 그것을 어떻게 알아챌까요?" 표면적으로는 아무것도 잘못된 것이 없기 때문에 부부 모두 해결책이 어떤 모습일지 규정할 수 없었다. 물론 이것은 문제가 해결되었을 때 그들의 자녀, 친구들, 동료들 역시 알아챌 수 없다는 것을 의미하였다. 남편은 '다시 좋다고(right) 느끼게' 되었을 때 문제가 해결되었다는 것을 알 수 있을 것이다. 그러나 아내는 그가 말해 주지 않으면 알 방법이 없었다. 비록 남편이 상황이 좋다고 말한다고 해도 확실한 표시가 없다면 그녀는 해결된 것을 알 수 없을 것이다.

이러한 점에서 W 씨 부부와 나는 임상적 상황의 불확실함에 대해 같은 견해를 가졌다. 문제는 모호하고, 해결책은 가늠할 수 없고, 남편은 지난 6개월간 상황이 좋다고 느낀 때를 발견할 수 없었다. 전체적인 상황은 혼란스럽고 결정하기 어려웠다. 그래서 나는 남편이 상황이 좋다고 느꼈을 때와 아내 입장에서 남편의 상황이 좋다는 것을 알아챘을 때를 계속해서 탐색하였다.

2년 전까지는 두 사람 모두 상황이 좋았다고 확신하고 있었다. 그러나 그들이 함께 즐겼던 일들의 대부분은 여전히 계속되고 있었다. 사라진 것은 단지 짜릿함이었고, 불꽃이 다시 일어나는 때는 오직 남편만이 알 수 있을 것이었다.

성공한 것을 측정하기 위해서 나는 몇 가지 척도질문을 하였다. "10부터 0점까지의 척도에서 10점은 이 결혼을 매우 원하는 상태이고, 0점은 어느 쪽이든 상관없는 상태라고 할 때 오늘 당신은 어디쯤 있습니까?" 아내는 8점을 준 반면, 남편은 6점을 주었다. "10점이 확신할 수 있는 상태이고, 0점은 전혀 가능성이 없는 상태라면 앞으로 2년 후 두 사람이 함께 살고 있을 가능성은 얼마쯤이라고 말할 수 있을까요?" 아내는 9점, 남편은 7점을 주었다. "10점이 15년 동안의 결혼생활에서 기대할 수 있는 가장 큰 짜릿함의 점수이고, 0점은 그것을 전혀 기대할 수 없는 점수라면 오늘 몇 점을 주시겠습니까?" 남편은 2점, 아내는 8점을 주었다.

척도 점수가 매겨지면 적어도 진전된 상황과 해결책을 측정하는 잠재적인 방법을 찾을 수 있다. 비록 행동적으로 나타나는 차이가 아내나 다른 사람에게 좀 더 이해하기 쉽겠지만 주관적인 측정들은 주관적인 감정 상태를 측정하는 데에 적합하다. 그러나 나는 이것을 결정 불가성의 것으로 받아들일 필요가 있으며, 해결책은 나와 W 부인에게 단지 쉽게 규정할 수 없는(indeterminate) 것이라는 점을 기억할 필요가 있다. 이러한 점에서 상황을 구체화하고 명확하게 하기 위한 더 이상의 노력은 W 부부에게 적절하지 않을 것이다. 그리고 그들은 내가 그들의 말을 주의 깊게 듣지 않았거나 그들에게서 잘못을 찾으려 한다고 생각할 수도 있다. 그러므로 나는 불명확함을 받아들이고, 결정할 수 없는 유사한 특성을 갖고 있되 어떤 점에서는 차이가 있는 개입을 할 필요가 있다.

"나는 혼란스럽습니다. 하지만 괜찮습니다. 어떤 의미에서 두 분은 나에게 혼란을 주는 것에 대한 비용을 지불하고 있습니다. 왜냐하면 나는 이 상황을 두 분과 같은 방식으로 보지 않으며, 그래서 문제가 해결될 수 있다는 것을 의미하기 때문입니다. 나는 두 분 모두 서로 차이가 있음에도 불구하고 설명하기 어려운 상황을 잘 묘사하고, 어려운 상황에서도 일상생활을 유지하기 위해 서로에게 헌신해 온 것에 감명을 받았습니다.

우리가 상황을 파악하는 데에 도움이 되도록 다음 상담에 올 때까지 부부관계에서 희망을 볼 수 있거나 확신할 수 있는 어떤 일이 일어나는지 주의를 기울여 보기 바랍니다."

W 씨 부부처럼 상황이 혼란스럽거나 불분명할 때에는 다양하게 해석할 수 있는 폭넓은 열린 과제가 매우 적합하다. 사실 이 과제는 첫 회기 공식 과제의 단순한 형태로, 행동적 징후나 그것과 연관된 의미들을 결정하기 어려운 상황에 맞춘 것이다. 아마도 감정의 변화는 상황을 좀 더 분명하게 해 줄 어떤 행동과 연관되어 있을 수 있다.

🗨 2회기(일주일 후)

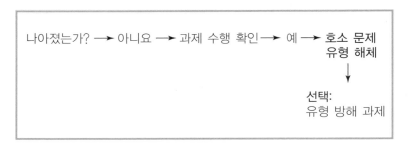

부부 모두 지난 상담 이후 지금까지 잘 지냈다고 말하였다. 사실 두 사람 모두 외출을 하였을 때 좋은 시간을 가졌고, 상대방도 좋은 시간을 가졌을 것이라고 생각하였다. 그러나 그들은 부부관계에 희망이 있다는 것을 확인해 주거나 알려 주는 어떤 일도 일어나지 않았다고 확신하였다. 상황은 나아지지도 나빠지지도 않았다. 하지만 어떤 의미로는 '나아진 것'으로 볼 수 있는데, 둘 다 상황이 나빠질 것이라고 예상하던 중에 나빠지지 않았기 때문이다. 즉, 그들에게 어떤 큰 충돌도 없었다.

경험상으로 보건대 상황은 '나아지든가' 아니면 '나아지지 않는다. 즉, 같거나 나빠진다.' 그러나 W 씨 부부와 나는 이것을 결정할 수 없었다. 그러므로 상황이 '나아지지 않은 것'으로 간주하고 같은 방식을 계속하기보다는 다른 어떤 것을 하는 것이 최선이라고 생각하였다.

W 씨 부부는 문제를 해결하기 위한 시도를 계속해 왔고, 그 문제를 아주 작은 부분으로 나누려고 시도해 왔다. 그러나 그들은 이

과정에서 정상적인 문제해결 접근방식이 효과가 없다는 사실만 알게 되었다. 사실상 그들은 서로에게 비난을 하거나 소리를 지르지 않는 것에 놀랐다. 왜냐하면 서로 비난하고 소리를 지르는 것이 오랫동안 다양한 문제를 해결할 수 있게 해 준 그들의 방법이었기 때문이다. 그러나 부부 중 어느 누구도 상대방에게 소리칠 충동을 느끼지 않았고, 그래서 그들은 소리를 지르지 않았다.

그동안 W 씨 부부에게 문제가 있을 때 상대를 비난하고 소리를 지르는 것이 문제를 해결하는 데에 유용한 해결방법이었던 것으로 밝혀졌다. 아마도 서로에게 비난하기와 소리 지르기를 하지 않은 것은 이 문제를 해결할 수 없게 했을 것이다. 이것은 통상적으로 비난하지 않고 소리를 지르지 않는 접근방식이 문제해결을 가져온다는 나의 생각이 오해일 수 있다는 것을 보여 주었다. 아마도 부부는 1회기에 분명해 보였던 혼란스럽고 모호한 상황보다는 '우리의 결혼생활은 무너지고 있다.'라는 일반적 틀을 만들었을 것이다. 상황이 '나아지는' 것이 아니기 때문에 이럴 가능성이 충분히 있다. 만일 그렇다면 가능성이 있는 초점을 발전시킬 수 있다. 그들의 논리에 의하면, 둘 사이에 문제가 있기 때문에 비난하고 소리를 쳤어야만 했다. 그러나 그들은 그렇게 하지 않았다. 아마도 비난하기와 소리 지르기를 포함한 과제가 적절했던 것으로 보인다.

다르게 보면 이 명확함은 1회기의 폭넓고 열린 메시지 구성에 대한 적절한 반응으로 보일 수 있다. 만일 그렇다면 비난하고 소리를 지르는 과제 또한 적절하고, 부부 모두에게 확실히 타당하다고 할 수 있다.

그러나 이 시점에서 이것이 잠재적인 초점인지 결정하기 어려운데, 이는 상황이 이전만큼 불확실한 상태로 남아 있다는 것을 말해 주므로 개입은 다시 다양한 해석에 열려 있어야 한다.

W 씨 부부는 확실히 혼란스러워하였다. 그들이 문제를 이해하고 해결하기 위해 바라봤던 곳은 그곳이 어디든 결국 막다른 곳이었다. 그들은 오직 잘 지내기를 원하였다. 그들은 문제를 다루는 것에 지쳤고, 함께 외출했던 때를 제외하고는 즐겁지 않았다. 남편이 말했듯이 문제가 해결되었을 때 그것은 일상적인 것이라기보다는 우연히 일어난 것이라는 점을 제외하고는 모든 것이 그대로인 것 같았다.

상황은 '나아지지 않았고', 이전의 과제가 특별한 도움을 주지 않은 것 같아 보였다. 이것은 새로운 유형을 시작하기 위해서 이번 회기의 과제가 호소 문제 유형을 방해하는 것에 초점을 두는 것이 유용할 것이라는 점을 시사해 준다. 한편, 비난하기와 소리 지르기는 잠재적 초점일 수 있고, 이것은 과거에 W 씨 부부에게 성공적이라고 여겨졌던 접근이었기 때문에 이것을 포함한 과제를 제시해 준다.

그러나 2개의 과제 중 어떤 것을 사용해야 할지는 아직 결정할 수 없다. 이것을 '양자택일 틀'에 넣고 임의로 어느 하나를 택하는 것보다는 2개의 과제를 함께 고려하는 '양쪽 모두 틀'이 잠재적으로 유용한 해석을 만들어 낼 것이다.

"결혼생활이 작동하는 기본 구조가 존재하는 것은 분명해 보이지만 '짜릿함'은 사라지고 있습니다. 그래서 두 분에게 좋은 시간조

차도 충분히 만족하지 못하고 계시네요. 여기에 두 분의 결혼생활에 짜릿함을 제자리로 돌려줄 몇 개의 아이디어가 있습니다."

"(1) 문제에 대해서 말하지 마세요! 만일 대화를 하거나 그것을 작게 쪼개어서 해결될 수 있는 문제라면 지금쯤 다 해결되었을 것입니다. 효과적이지 않은 어떤 것을 계속하는 것은 의미가 없습니다."

"(2) 두 분은 비난하기와 소리 지르기가 두 분 사이의 문제를 해결하도록 촉진했다는 것을 알고 있기 때문에 아마 이번에도 그것이 필요할 것입니다. 이것은 우연히 일어난 것이 아니기 때문에 이전에 효과적이었던 그것을 해 보면 지금도 유용한지가 밝혀질 것입니다."

"앞으로 2주 동안 일주일에 두 번씩 동전 던지기를 해서 누가 먼저 할지 순서를 정하세요. 이긴 사람은 10분간 방해받지 않고 무엇에 대해서든 진 사람에게 비난을 하거나 소리를 지르는 겁니다. 진 사람은 단지 듣는 척하고 계시면 됩니다. 그다음에는 진 사람이 10분간 무엇에 대해서든 이긴 사람에게 비난을 하거나 소리를 지르세요. 이것은 꼭 이긴 사람이 먼저 할 필요는 없습니다."

"그리고 10분간 침묵하세요."

"그 후 또 반복해서 할지 안 할지는 다시 동전을 던져서 결정합니다."

"동전이 한 번 더 반복을 '하지 않는' 것으로 나오거나 두 번째 10분간 침묵하기 순서를 마친 후에는 두 사람이 함께 신체적인 어떤 활동을 하기 바랍니다."

🗨 3회기(2주 후)

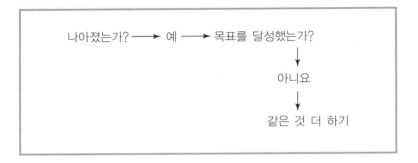

W 씨 부부 모두 상담이 시작되었을 때 미소를 짓고 있었다. 내가 "상황이 나아졌나요?"라고 묻자, 두 사람 모두 "예."라고 대답하면서 지난 2주에 대해 10점 척도에서 8점을 주었다. 그들은 '말하지 말라.'고 했던 상담자의 제안이 매우 효과적이었으며, 비난하거나 소리 지르지 않고 공동의 신체 활동을 즐겼다고 말하였다. 문제를 더 이상 얘기하기보다 함께 더 많은 신체 활동을 한 것 외에는 그들 자신이 달라진 것이 없다고 생각하였다. 그들은 이것이 어떻게 관계 개선을 가져오는지 알 수 없었다. 그럼에도 불구하고 둘다 더 많은 짜릿함을 느꼈거나 좀 더 우연히 그런 일이 일어났다고 생각하였다.

상황은 '나아졌고', 둘 다 '상황'이 나아진 정도에 대해서 동의하였다. 이 시점에서 상담의 초점을 상황이 '충분히 나아졌는지'를 어떻게 알아내고, 개선된 것이 **지속되고 있는 것**을 어떻게 확신할 수 있는지로 전환시킬 수 있다.

W 씨 부부는 과제 중 그들이 효과적이라고 생각하는 것들을 선택하였고, 구조화되었던 싸움을 하지 않기로 결정하였다. (이것은 상황의 모호함이 부부 상호작용에서 가능한 '일반적 틀'보다 현상을 좀 더 뚜렷하게 보여 준다는 것을 말해 준다.) 문제에 대해 언급하지 않고 더 많은 신체 활동을 하는 것이 유용하였고, 해결을 향해 가도록 돕는 데에 충분히 다른 것이었다. 과제 수행과 관계없이 두 사람 모두 상황이 '나아졌다'고 말한 사실은 그들이 무엇을 하고 있든지 그것과 같은 것을 더 해 보라고 하는 것이 해결책에 포함된다는 것을 상담체계에 알려 주기에 충분하였다. 해결책은 W 씨 부부 모두 상담 회기 사이의 시간을 '충분히 좋았다.'라고 평가하고, '충분히 좋은' 상태가 지속될 것이라는 확신이 있다고 평가할 때 알 수 있을 것이다.

W 씨 부부 모두 상황이 분명히 올바른 방향으로 가고 있고, 이 상태가 지속될 것이며, 적어도 충분히 좋은 상태로 가게 될 것이라고 생각하였다. 부부 중 누구도 이것이 지속될 것이라는 확신은 없었다. 그들은 이 상태의 지속 가능성을 증가시킬 수 있는 어떤 것도 생각할 수 없었고, 단지 다가오는 휴가를 함께 가는 것이 지속 가능성을 방해한다는 사실 한 가지만 알 수 있었다.

나는 그들이 하고 있는 것을 계속해야만 하고, 그들이 상황에 대해 지나친 확신을 갖지 않는 것이 옳다고 전적으로 동의하였다. 무엇을 하든지 좋은 날과 나쁜 날이 있을 것이다. 중요한 것은 그들에게 효과가 있었던 것을 계속해서 하는 것이다.

🗨 4회기(4주 후)

나아졌는가? ⟶ 예 ⟶ 목표를 ⟶ 예 ⟶ 종결
달성했는가?

휴가기간을 포함해서 그들의 좋은 상황은 지속되었다. 그들은 이것이 두 번째 신혼여행이어야 한다고 생각하는 실수를 범하지 않았기 때문에 좋은 결과를 가져왔다. 그들은 어떻게 그렇게 되었는지 알지 못했지만 어쨌든 문제가 해결되었다는 확신이 들었다. 다만 당장 그들이 맞닥뜨린 한 가지 일은 어린 자녀들을 어떻게 다룰지에 대한 논쟁이나 갈등이었다.

나는 그들에게 아이들과 부딪히게 되는 문제에 대해 누가 책임을 질 것인지 매일 아침 동전을 던져서 결정할 것을 제안하였다. 책임을 지지 않게 된 다른 사람은 단지 그 결과를 관찰하도록 하였다.

🗨 5회기(4주 후)

W 씨 부부는 매일 아침 성실하게 동전을 던졌고, 누가 아이들 문제를 다룰 것인지 명확히 해서 두 사람 모두 편안하게 느끼는 유일한 시간이 되었다고 말하였다. 또한 이 기간은 그들이 해결책에 대한 확신이 높아지는 데에 기여하였다. 그들은 결혼생활이 더 풍

성해졌다고 느꼈고, 두 사람 모두 이런 관계 개선이 지속될 것이라는 높은 확신이 생겼다. 그러나 무엇이 처음에 상황을 따분하게 만들었는지, 그리고 그런 이후에 무엇이 상황을 '이전보다 나아지게' 만들었는지 그들 중 누구도 확실히 알지 못하였다.

그들은 이 시점에서 상담을 종결하기로 결정하였다. 우리는 악수를 하고 서로의 행운을 빌었으며, 15분 만에 사무실을 떠났다.

2. 논의

불분명한 문제들과 해결책으로 인해 상담 자체가 모호할 때 개선과 악화를 포함한 모든 것이 결정하기 어려워진다. 측정 가능한 목표를 설정하는 것이 중요하다고 여기는 상담자들은 그것이 상담의 실패와 성공을 말해 줄 수 있기 때문에 모호한 상황이 문제가될 수 있다. 명확하게 하려는 시도들은 더욱 혼란스러운 상황으로 이끌지만, 중요한 것은 더 혼란스럽게 하거나 다른 종류의 혼란을 주는 것은 종종 상황을 더 명확하게 해 준다는 것이다. 그러나 명확함에서 혼란스러움으로 전환하는 것은 자주 있는 일이고, 때로는 하나의 대화 안에서도 전진과 후퇴의 전환이 일어날 수 있다.

이러한 명확함이나 초점, 방향성의 부족은 '까다로운 사례'의 지표로 인식될 수 있으며, 만일 상담자가 혼란스러움과 모호함을 전체 상황의 유용하고 필요한 측면으로 충분히 받아들이지 않는다면 이런 사례들은 까다로운 사례로 구성될 수 있다. 다시 말해서 혼란스러움이나 상황을 결정하기 어렵게 만드는 것이 무엇이든지 치료적으로 활용될 수 있다. 그것은 결국 내담자가 문제가 해결되었을 때를 알아차리고, 그래서 좀 더 만족스러운 삶을 영위할 수 있을 것이라는 확신을 상담자에게 제공해 줄 것이다. 물론 해결책에 도달했다는 것을 알아내는 방법은 원래의 호소 문제만큼이나 결정짓기 어렵겠지만, 내담자가 해결책이 미래까지 지속될 것 같다는 확신을 가진다면 오히려 유용할 수 있다. 모호함은 지금 일어나고 있는 일에 대해 심각한 불일치를 가져올 때에만 문제가 된다. 이러한 불일치가 없다면 그 상황은 단지 대인관계의 상호작용에 있어서 불확실하거나 잠재적으로 모호한 것뿐이다.

우연성, 예측 불가성, 해결책

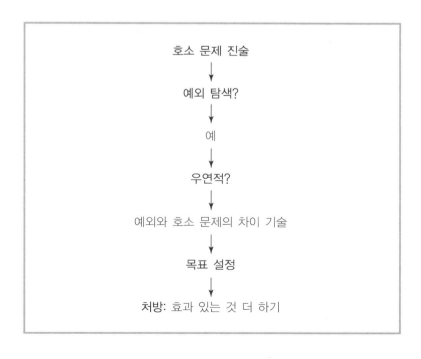

1. 사례 17[1]

25세 남성인 H 씨는 상담에 왔을 때 "저는 일생 동안 우울했어요."라고 호소하였다. 나는 그가 우울하다는 것을 어떻게 알았는지 물었다. H 씨는 직무수행, 친구관계, 결혼생활, 가족과의 관계에서 불만족함을 느끼고 있었다. 그에게는 아무것도 잘되어가는 것이 없어 보일 뿐 아니라 한 번도 그렇게 느낀 적이 없는 것 같았다. 그는 자신의 삶에서 우울하지 않았던 때가 없다고 생각하였다.

나는 "당신의 삶에서 우울하지 않다고 느낀 적이 없다고 하셨는데, 어떻게 당신이 우울하고 그것이 정상적이지 않다는 것을 알지요?"라고 물었다. 그러자 H 씨는 "가끔은 '기분 좋은 날'이 있는데" 그래서 자신이 우울하고 정상적이지 않다는 것을 알게 되었다는 것을 기억해 냈다. 하지만 그는 이러한 날을 의미 없는 것으로 무시해 버렸다. '기분 좋은 날'은 자신의 일생이 내내 우울했다는 그의 생각에 변화를 주지 못하는 단순히 우연한 일일 뿐이었다.

이렇게 가끔 우연한 예외가 있었다는 사실을 발견한 후, 다음 과제는 H 씨가 이런 '기분 좋은 날'과 '우울한 날' 사이의 차이점을 확인해서 그가 '기분 좋은 날'에 효과가 있었던 것이 무엇이든 더 실행하도록 돕는 것이다.

'기분 좋은 날'에 H 씨는 아침에 일어났을 때 그날에 대한 기대가

---

1 이 사례는 팀 없이 진행되었다.

있었고, 직장에서는 체계적으로 일을 잘했으며, 농구나 테니스, 골프와 같은 활동을 할 가능성이 높았다. 그는 직장에서 더 친절하고 사교적이었으며, 독서를 하고, 심지어 집안일을 하는 것도 즐거웠다고 생각하였다. 나아가 퇴근 후에는 맥주를 한두 잔 하러 외출을 하고는 했다고 기억하였다.

나는 '기분 좋은 날'과 '우울한 날' 사이의 차이점을 더욱 분명히 하기 위해 H 씨가 아무런 말을 하지 않았는데도 아내가 그 차이점을 어떻게 알 수 있을지 물었다. 대부분이 그렇듯이, 그는 먼저 그의 '우울한' 날에 대해 이야기하였다. H 씨는 자신이 보기에 아내가 그를 차갑고 거리가 느껴지는 표정으로 본다고 말하였다. 그러나 '기분 좋은 날'에 아내는 그가 미소 띤 모습을 더 많이 보게 되고, 그녀와 이야기를 더 많이 나눈다고 생각하였다. 분명히 H 씨는 다른 사람들이 '우울한' H 씨와 '기분 좋은' H 씨 사이의 차이점을 알고 있다고 보았다.

상담이 진행되면서 '기분 좋은 날'과 '우울한 날'의 차이에 대한 그림이 더욱 분명해졌다. 그러나 H 씨는 계속해서 '기분 좋은 날'을 자신이 전혀 통제할 수 없는 그저 요행이나 우연한 사건으로 보았다. 즉, 그 차이를 만드는 차이들은 없다고 생각하였다. 그의 그림은 이분법적이어서 '기분 좋은 날'은 '우울한 날'과 뚜렷이 구별되었다. 나는 그 차이를 자세히 알아내고 목표 설정을 돕기 위하여 우울하다고 호소하는 내담자에게 효과적이었던 변형된 형태의 척도질문을 사용하였다.

"지금까지 당신이 경험했던 최악의 우울한 상태가 10점이고, 우울하지 않거나 적어도 우울한 감정을 전혀 인지하지 않는 상태를 0점이라고 할 때 당신은 지금 어느 위치에 있나요?" H 씨는 잠시 생각하더니 스스로를 5~6점에 있다고 평가하였다. 5점이라고 평가한 이유는 단순히 오늘 그가 우울함에 대하여 무언가를 하고 있기 때문이라고 하였다. 즉, 상담을 시작한 것이었다. 그는 전날 저녁을 8점이라고 하였고, 그 주의 평균을 7점이라고 평가하였다.

"그렇다면 가장 최근의 '기분 좋은 날'은 어땠나요?" 그날은 지난 화요일이었으며, 그는 이날을 2점으로 평가하였다. 이 '기분 좋은 날'에 그는 직장에서 매우 성공적으로 보냈으며, 테니스와 농구를 했고, 퇴근 후 직장 동료들과 함께 맥주 몇 잔을 마셨다. 그리고 그가 새벽 6시에 골프 친 사실을 기억해 냈을 때 자신의 점수를 1점으로 바꾸었다.

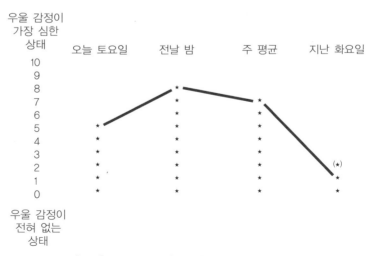

[그림] 내담자의 우울 감정 척도 점수 그래프

이 점수척도는 일부러 '거꾸로' 만든 것이다. 이것은 가장 낮은 점수 또는 0이 정상적인 상태를 의미하도록 '위-아래'를 뒤집은 은유로서 우울의 개선이나 목표를 달성하는 것이 전부 아니면 아무 것도 아닌 양자택일의 것으로 고정되지 않도록 하기 위해 우울의 다양한 정도를 제시하려는 것이다. 또한 이 '거꾸로' 된 척도는 비유적으로 '내리막 미끄럼(down hill slide)'을 타는 것이 나아지는 것인 반면, 그 반대의 척도는 '오르막길 전투(up hill battle)'가 나아지는 것을 의미한다. 비록 가상이라고 해도 점점 나아지는 쪽으로 움직이도록 '기분 좋은 날'을 묘사하는 기법이 결국 중요해 보인다. '내리막 미끄럼'은 우울감정에 대한 개입에서 상담자가 팀과 의논하기 위해 혹은 단순히 무엇을 할지 생각하기 위해 쉬는 시간을 갖기 전 마지막에 하는 것이다.

상담 회기 마지막에 H 씨에게 매일 밤 잠들기 전에 다음 날은 척도 점수로 몇 점에 해당될지 예측해 보도록 하였다. 그리고 다음 날 정오에 그날에 대하여 점수를 매기고, 자신이 예측했던 점수와 실제 점수 사이의 차이점에 대하여 설명하도록 하였다. 그는 "일리가 있네요."라며 이것에 동의하였다.

H 씨에게 이러한 예측 과제를 준 이유는 그가 상담하는 내내 예외들을 우연한 것으로 설명하였기 때문이다. 그는 '기분 좋은 날'은 그저 우연히 발생한 것이고, 자신이 할 수 있는 것은 아무것도 없다고 보고 있었다. 그가 자신의 예측 점수와 실제 점수 사이의 차이점들에 대하여 설명하기 시작한다면 자신이 적어도 얼마간의 통제력을 갖고 있음을 깨달을지도 모른다. 예측 과제는 우연한 예

외의 무작위성에 **적합하게(FIT)** 고안되었다. H 씨에게 매일 아침 6시에 골프를 치라고 한다면 그는 이를 이해할 수 없을 것이다. 왜냐하면 골프 자체가 하루의 기분을 결정하는 데 영향을 준다고 생각하지 않으며, 따라서 자신이 실제로 통제력이 있다고 볼 수 없을 것이기 때문이다. 예외들이 계속해서 우연한 것으로 묘사되는 한 예외를 촉발하도록 하는 특정 행동 과제는 적합하지 않고, 사실상 그러한 과제를 부여하는 것은 '저항'만 초래할 수 있다.

H 씨의 보고는 다음과 같았다.

> 예상 7 7 7 5 5 5 3
> 실제 5 5 5 3 3 7 2

H 씨는 6일차까지는 자신의 예측 점수와 실제 점수 사이의 차이점에 대하여 설명하지 못하였다. 여섯 번째 날에는 비가 내려서 그와 아내는 아침 6시에 조깅을 하러 나갈 수 없었다. 조깅은 H 씨 부부가 함께하기 시작한 새로운 활동이었다. 척도 점수 결과에 따라 그들은 출근하기 전에 무슨 신체적 활동이든 계속하자고 결정하였다. 그들은 비가 오는 날에 할 수 있는 적절한 활동을 계획하였다.

H 씨는 이렇게 의도적으로 우연한 '기분 좋은 날'을 유발하는 방식이 만족스러웠고, 2회기로 상담이 종결되었다.

1년 후에 우연히 쇼핑센터에서 H 씨를 만났을 때, 그는 가끔 '우울한 날'이 있는데, 그런 날은 3일 이상 아침 신체 활동을 하지 않을 때인 것 같다고 하였다. 그는 그러한 날들이 자주 발생하지 않

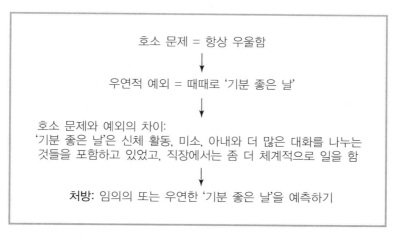

도록 노력하고 있으며, 이 해결책에 꽤 만족하고 있었다.

2. 사례 18

🗨 1회기

I 씨 부부와 9세 베키(Becky), 6세 메리(Mary), 이 네 사람은 베키가 집에서 하는 나쁜 행동이 학교에서까지 나타나자 상담에 찾아왔다. 베키가 집에서 9세라기보다는 5세 아이처럼 구는 행동에 I 씨 부부는 대처할 수 있었지만, 학교 선생님은 점점 심해지는 문제 때문에 '머리를 쥐어뜯는' 지경에 이르렀다. 부모나 선생님의 어떤 시도도 베키가 자신의 행동을 통제하고 나이에 걸맞게 행동하는 데 도움이 되지 못했다. 때때로 베키는 바닥에 드러누워서 아무

런 이유도 없이 소리를 지르고 발길질을 하곤 하였다. 그러나 때로는 베키가 이런 행동을 할 것이라고 예상되는 상황에서 베키는 극심한 도발 행동 대신에 자신을 통제하기도 하였다. 하지만 이러한 예외 상황은 2주에 한 번 정도에 불과하였다.

아무도 이러한 극적인 행동 변화를 설명할 수 없었고, 예측할 수도 없었다. 어머니는 그에 대해 "도무지 이해할 수가 없는 일이에요."라고 표현하였다. 아버지와 어머니는 당혹스러웠고, 선생님, 목사님, 베키와 메리도 당혹스러웠다. 상담자도 마찬가지였다.

어머니는 벌주는 것이나 상 주는 것 모두 효과가 없었다고 말하였다. 어머니는 매일 베키의 행동에 대해서 상으로 포인트를 주었는데, 베키는 한 번도 그 포인트를 충분하게 쌓은 적이 없었다.

이 사례의 경우, 예외 상황은 우연히, 그리고 드물게 일어났다. 아무도 가장 최근에 일어난 예외 상황을 기억하지 못하였고, 그들 중 누구도 베키의 좋은 행동이나 동시에 일어난 가족의 행동에 대해 설명할 수 없었음에도 불구하고 그들 모두 우연한 예외들이 있었다고 기억하고 있었다. 그래서 상담팀은 예외에 대한 예측-설명 과제를 주기로 결정하였다.

"우리는 여러분의 끈기와 집중력에 감동하였습니다. 때로는 크게 낙심도 하고 모두를 화나게도 할 텐데, 그럼에도 불구하고 여러분 모두 희망을 잃지 않고 해결책이 있을 거라는 희망과 믿음을 유지해 오셨네요."

"오늘부터 우리가 다음번 만날 때까지 매일 밤 베키가 잠자리에 들기 전에 그녀가 다음 날 8, 9, 10세처럼 행동할지 아니면 5,

6세처럼 행동할지 각자 예측해 보기 바랍니다. 이 과제는 각자 하고 서로 비밀로 하기 바랍니다. 예측한 것에 대해서 서로 이야기를 나누지 마세요. 그리고 그다음 날에 사실을 확인하는 겁니다. 만약 예측이 틀렸다면 왜 그런 것인지, 만약 예측이 맞았다면 왜 그런 것인지 이유를 생각해 보세요. 다음 시간에는 여러분의 예측을 함께 살펴볼 것입니다." (상담자와 부모는 아이들이 과제를 이해했는지, 그리고 실행할 수 있는지 확인하였다.)

🗨 2회기

2주 후, 그들은 엄청난 변화를 보고하였다. 베키는 최소한 5일은 더 성숙한 행동을 보였다. 베키를 제외하고는 아무도 베키가 하루 이상 이런 성숙한 행동을 할 것이라고 예측하지 못하였고, 베키만이 자신의 행동을 항상 그렇게 예측하였다. 베키와 대조적으로 어머니는 항상 더 미성숙한 행동을 할 것이라고 예측하였는데, "실망하는 것보다는 기분 좋게 놀라는 것이 더 나아요."라고 이유를 설명하였다. 아버지와 메리의 예측도 빗나갔다. 나중에 생각해 봐도 아무도 더 나았던 날들에 대해 설명할 수 없었고, 수수께끼는 여전히 남아 있었다.

상담자는 어머니, 아버지, 그리고 메리에게 베키의 행동이 좋았던 날에 그들의 행동이 어떻게 달랐는지 물었다. 메리는 베키와 다른 날만큼 싸우지 않았다고 말하였고, 부모도 그렇다고 인정하였다. 부모의 경우, 자신들의 행동에는 큰 차이가 없었다고 하였다. 베키는 어머니가 이러한 날엔 더 평온하게 지냈고, 직장에 대해서 그다지 불평을 하지 않았다고 생각하였다. 어머니는 이 차이를 기억하지 못하였다.

이 예측 과제가 '더 나은 날'을 촉진한 것으로 보였기 때문에 상담팀은 가족에게 같은 과제를 주기로 결정하였다. 그들은 좋은 날과 아닌 날 사이의 차이점을 누구도 알지 못하고 설명하지 못하는 것에 관심을 가졌다.

💬 3회기

지난 2주 동안에는 좋은 날이 더 자주 있었다. 어머니와 베키는 그 이전 기간에 했던 것과 같은 예측을 하였고, 아버지는 완전히 빗나간 예측을 하였다. 베키는 14일 중 9일 동안 더 성숙한 행동을 보여 주었다. 이러한 좋은 날에는 자매가 싸우지 않았고, 학교에서도 베키에게 엄청난 발전이 있었다고 보고하였다. 하지만 이번에도 이 차이에 대해서 누구도 설명할 수 없었다.

상담팀은 이 가족에게 예측 과제를 한 번 더 주기로 결정하고, 베키가 기분 좋은 날인지 여하에 따라 각자가 어떤 행동을 해 보도록 과제를 수정해서 주었다. 아마도 이 방법을 통해 개선된 것이 좋은 날에 하는 새로운 가족 유형으로 자리 잡을 것이다. 그렇지 않으면 좋은 날이 여전히 무작위로 유지될 것이고, 나쁜 날도 무작위로 유지되어 문제의 '재발' 가능성이 남아 있게 되는 것이다.

"오늘부터 다음 상담에 올 때까지 계속해서 매일 예측 과제를 하기 바랍니다. 하지만 이번에는 여러분 각자 다른 시도를 해 보라고 말씀드립니다. 어머니께서는 어머니의 예측과 달리 베키가 좋은 날일 때 베키가 좋아하는 무언가를 같이하면서 시간을 보내기 바랍니다. 15분을 넘길 필요는 없습니다. 베키는 자신의 예측대로 좋은 날일 때 메리와 함께 신나는 일을 하기 바랍니다. 그리고 아버지께서는 안 좋을 것을 예측하였는데, 베키가 좋은 날을 보낸다면 아내와 함께 재미있는 일을 하기 바랍니다." 그들 모두 이 추가 과제를 재미있어 하는 것 같았다(메리는 이번 상담에 불참하였다).

💬 4회기

대부분의 날이 좋은 날이었고, 그들은 모두 과제를 수월하게 해냈다. 어머니는 베키가 좋은 날을 보낼 때 베키에게 보다 더 관심을 보여 준 것이 좋은 날을 더 많이 예측하는 데 지표가 되었다는 결론을 내렸다. 하지만 이 과제를 시작하기 전까지는 그 사실을 깨닫지 못하였다. 아버지는 예측하는 것을 무시하고 그냥 아내와 딸들과 즐거운 일들을 더 많이 했다고 말하였다. 베키는 메리가 평소보다 더 골칫거리였다고 말했지만, 그럼에도 어린아이들이 하는 게임을 함께했다고 말하였다.

이 시점에서 가족은 문제가 해결되었다고 확신하였으며, 상담자와 상담팀은 상담을 종결하기로 결정하였다.

6개월 후, I 씨 아내는 베키가 거짓말을 하고 집에 늦게 오기 시작했다고 말하였다. 이것은 다른 종류의 잘못된 행동이었지만, 어머니는 동일한 문제가 다시 시작되는 것은 아닐까 걱정하였다. 상담자는 어머니가 무엇을 시도했는지 물어보았으나 대답이 분명하지 않았다. 상담자는 어머니에게 딸과 하루에 최소 15분 정도 함께 즐거운 시간을 보내는 것을 잊었었는지 물었다. 그녀는 잊었다고 하면서 하지만 그것이 시도할 만한 가치가 있다는 것에 동의하였다. 베키의 거짓말은 확연히 **빠르게** 멈추었고, 어머니는 안도하였다.

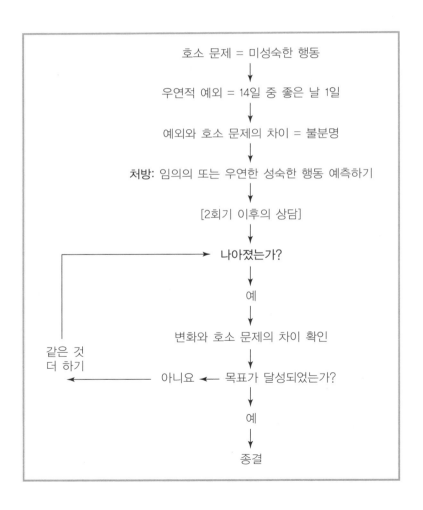

3. 사례 19

💬 1회기

J 부인은 3년 넘게 우울함을 느끼는 문제로 상담에 왔다. 그녀는 이전에도 두 번의 상담을 받았지만 1개월 내지 6주 안에 차도를 보이지 않자 그만두었다. 그녀는 우울하게 느끼는 것이 결혼생활 때문인지, 직장이나 나이 때문인지, 또는 19세인 막내가 다섯 자녀 중 마지막으로 곧 결혼해서 집을 떠나게 될 거라는 사실 때문인지 알지 못하였다.

"그러면 가장 덜 우울하다고 느낄 때에 대해서 말씀해 주세요." J 부인은 이 요청에 거의 매일 비슷하다고 말하면서 마치 역풍을 맞은 듯 보였다. 그녀는 아침에 일어나는 것도 무섭고, 출근하는 것도 무섭고, 집으로 돌아가는 것도 무섭고, 외출해야 한다는 것을 알고 있음에도 불구하고 외출하는 것도 무섭고, 집으로 돌아오는 것도 무섭고, 밤에 잠자리에 드는 것도 무섭다고 하였다. "가장 덜 무서운 것은 무엇인가요?" J 부인은 가볍게 미소 지으며 말하였다. "자는 거예요. 왜냐하면 잘 때에는 실제로 얼마나 나쁜 상황인지 알지 못하니까요."

"만약 남편이나 직장 상사 또는 자녀들이 여기에 있어서 그 사람들에게 당신이 가장 덜 우울한 때가 언제냐고 묻는다면 어떻게 대답할까요?" 그녀는 이 질문을 받고 오랜 시간 생각하고는 좋다고 느끼는 척하기 위한 그녀의 노력에 대해 말하였다. 그녀는 자신이 남편, 상사, 그리고 막내를 제외한 모든 자녀에게 그녀가 '기분이 좋은' 것처럼 속일 수 있다고 생각하였다.

"막내를 속이기 위해선 무엇을 해야 할까요?" 그녀는 답을 알지 못했고, 그것은 불가능하다고 생각하였다. 하지만 내 제안에 대해서 그녀는 실험을 해 볼 가치가 있음에 동의하였다. "만약 남편이 실제로 알게 된다면, 부인이 남편을 속여 왔다는 것을 깨달을 것이라고 생각하나요?" 그녀는 남편이 분명히 알 거라고 생각하였다. 왜냐하면 지난 몇 년간 그녀가 '기분 좋은 날'에는 먼저 성관계를 시도하였기 때문이다. 하지만 최근 3년 넘게 그녀는 '성관계를 위해 기분이 좋기를 바랐지만' 그렇게 한 적이 없었다.

휴식 시간 동안 나는 무엇을 해야 할지에 대해 많은 생각을 하였다. 그 시점에 어떠한 의도된 혹은 우연한 예외 상황이 없었다. 하지만 해결의 표시로서 '성관계를 먼저 시도하는 것'이 가설적 해결책이라고 생각할 수 있었다. 그녀가 원하는 것으로 보이기는 했지만, 그녀에게 성관계를 먼저 시도해 보라고 제안하는 것은 이 시점에서 적절하지 않아 보였다. 왜냐하면 그것은 그녀 생각에 해결의 원인이라기보다는 해결의 결과에 더 가까웠기 때문이었다.

이 시점에서 비록 '기분 좋은 척하기'와 사람들을 속이는 것을 중심으로 가능한 초점이 발전되는 것으로 보였지만 '나는 우울해요.'라는 호소 문제는 포괄적인 것으로 보였다.

"저는 부인이 다른 사람들의 감정을 얼마나 걱정하는지, 그리고 다른 사람들의 행동과 태도를 얼마나 잘 설명하는지에 대해서 정말로 감동했습니다. 그러나 무엇보다도 부인이 다른 사람들을 속이는 기술에 대해서 놀랐는데, 그것이 어떻게 그런 좋은 효과가 있는지 혼란스럽습니다. 그래서 오늘부터 다음 상담에 올 때까지 부인께서는 기분 좋은 척할 때 얼마나 다른 사람들을 잘 속이는지를 관찰해 보시기 바랍니다."

다시 말해서 이 과제는 일상생활에서 더 자주 일어나기를 바라는 것들을 관찰하도록 하는 첫 회기 공식 과제와 매우 비슷하다. 물론 이 과제는 그녀가 이미 하고 있는 것을 계속하도록 제안한 것이지만, 그녀의 우울한 감정보다는 그녀가 다른 사람들을 얼마나 잘 속이고 있는지에 대해 초점을 맞추고 있다. 아마도 다른 사람들을 잘 속이는 것은 그녀 자신을 잘 속이는 결과를 가져왔을 것이다. 수년간 많은 내담자는 자신이 '기분 좋은' 척하면 다른 사람들이 내담자가 '기분이 좋은' 것으로 생각하게 되고, 그에 따라 내담자를 '기분이 좋은' 상태인 것처럼 대해서 그 결과 실제로 '기분이 좋아지는' 경험을 했다고 보고하였다.

🗨 2회기

2주 후, J 부인은 그녀가 사흘은 남편을 잘 속였다고 생각하였고, 그중 하루는 막내도 속인 것 같다고 말하였다. 그녀는 남편을 너무 잘 속여서 자신이 성관계를 먼저 시도하지 않은 것에 실망했을까 걱정했다며 살짝 미소를 지었다. 그녀는 열흘 정도는 기분 좋은 척을 했지만 그중 사흘만 사람들을 속이는 데 성공한 것 같다고 말하

였다. 하지만 이 사흘과 나머지 이레 사이의 차이점에 대해선 설명
하지 못하였다. 또한 이 열흘과 좋은 척할 기분이 나지 않았던 사
흘 사이의 차이점에 대해서도 설명하지 못하였다. 그녀는 상담에
올 때까지 그 기간 내내 우울했지만 좋은 척한 날들은 삶이 좀 편
했다고 주장하였다.

다음에 말하는 것들 사이의 차이점은 분명하지 않았다.

(1) 사람들을 정말로 잘 속인 날들
(2) 사람들을 어느 정도 속인 날들
(3) 사람들을 속이려 하지 않은 날들

이것은 모두 그녀가 아침에 일어났을 때 기분이 어떠했는지, 그
리고 다른 사람들을 속이려는 그녀의 노력에 대해 다른 사람들이
어떻게 반응했는지에 달려 있었다. 이러한 무작위성 때문에 예측
과제가 필요해 보였다.

"음…… 어떤 날들은 부인이 얼마나 '우울한'지와 상관없이 다른
사람들을 속일 수 있고, 어떤 날들은 다른 사람들이 부인이 '기분
이 좋다'고 믿게 만들 정도로 성공적으로 속일 수 있다는 것이 매
우 혼란스럽습니다." "저도 그래요." "자, 그렇다면, 실험을 하나 해
봅시다. 매일 밤 잠자리에 들기 전에 부인이 그다음 날 사람들을
정말로 속일 수 있을지 없을지를 예측해 보는 거예요. 그런데 그
다음 날을 예측하기 전에 그 전날 밤의 예측과 실제 결과 사이에서
어떤 것이든 모든 차이점을 설명해 보세요. 감정에만 치우치지 말

고, 남편과 막내의 반응으로 평가해 보세요." J 부인은 우리가 무언가를 알게 될 것이라고 생각하며 그 과제에 동의하였다.

🗨 3회기

"저는 정말이지 경마에는 내기를 걸지 않는 것이 좋겠어요. 예측하는 능력이 형편없었어요."

2주 후 J 부인은 자신의 예측이 한 번도 맞은 적이 없었다고 보고하였다. 하루는 그녀가 그다음 날 절대로 좋은 척 연기하고 싶은 마음이 없을 거라고 예측하였는데, 그다음 날에는 남편과 성관계를 먼저 시도하기까지 하였다! 이것은 충격이었지만 즐거운 충격이었다. 그런데 그다음 날에는 모두를 속일 것이라고 예측하였지만 그렇게 하지 않았다. 그녀는 이러한 변화를 설명할 수 없었다. 이것은 그녀에게 완전히 수수께끼였다.

"어째서요? 그건 매우 합리적인 예측으로 보이는데요."

"글쎄요, 제가 만약 누군가를 속였다면, 그건 바로 저예요. 저는 정말 기분이 좋았거든요. 제가 연기를 하고 있다는 걸 제가 전혀 몰랐으니까요." 그녀는 예측하는 시도를 포기하였고, 그저 매일 되는대로 내버려 두었다. 비록 그녀는 닷새 동안 한 번도 '기분 좋은' 날이 없었지만 또한 '우울한' 것도 아니었다. 그래서 나는 그녀에게 만약, 특별히 앞으로 6개월 동안 대부분의 주가 이렇다면 괜찮겠는지 물었다. 만족스럽지는 않겠지만 괜찮을 것 같았다. 정말로 '우울하지도' 않고, 정말로 '기분 좋지도' 않은 상태가 '정말로 우울하게' 지내는 것보다는 훨씬 더 낫기 때문이다.

　J 부인이 모든 것이 더 좋아졌다고 보고했으므로 효과가 있으면 무엇이든 그것을 더 하라는 일종의 메시지가 떠올랐다. 나는 무엇을 더 하거나 아니면 뭔가 다른 것을 시도해 보도록 하는 메시지에 대한 유혹을 떨쳐낼 필요가 있어 보였다. 이미 효과가 있었던 동일한 것을 더 해 보도록 하는 개입이 필요하였다.

　"이제 저는 부인이 예측하는 실력이 정말로 없다는 것을 알았어요. 그럼에도 불구하고 매일 틀리더라도 다시 한번 예측하는 것을 시작해 보기 바랍니다. 매일 밤 잠자리에 들기 전에 부인께서 그다음 날에 다른 사람들이나 자신을 정말로 속일 수 있을지 예측해 보기를 권합니다. 예측이 맞는지 틀리는지는 중요하지 않아요. 제가 원하는 것은 매일 다른 사람들의 행동이 부인의 예측에 어떻게 영향을 주는지 부인께서 알아채는 것입니다."

💬 4회기

　"지난번 상담을 마치고 나갈 때 저는 정말 화가 많이 났어요. 저는 더 이상 어리석은 예측을 하고 싶지 않았고, 그래서 예측을 하지 않았어요. 저는 사람들을 속이는 것을 끝내기로 작정했고, 정말로 그렇게 하고 싶었어요." 그녀는 남편과의 성관계를 두 차례 먼저 시작했고, 기분이 '좋지도 않고 나쁘지도 않은' 것보다 더 좋게 느껴져서 앞으로 6개월 동안 대체로 이런 상태로 지내게 된다면 괜찮을 것이라고 생각하였다. 그녀는 내가 의도적으로 그녀를 화나게 해서 우울에서 벗어나게 한 것은 아닐까 궁금해하였다. 나는 솔직히 그런 의도는 없었으며, 내가 그것을 미리 알 정도로 똑똑해서 1회기에서 시도했으면 좋았겠다고 말하였다. 그녀는 "그때는 어떤 것도 저를 화나게 할 수 없었을 거예요."라고 말하며 웃었다. 그녀는 상담을 끝내도 되겠다고 생각하였고, 그녀가 떠날 때 나는 행운을 빌어 주었다.

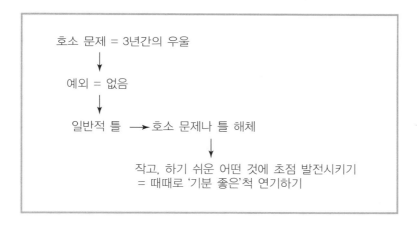

4. 예측 과제는 어떻게 효과가 있는가?

언뜻 보면 다음 날 어떤 일이 일어날지를 그 전날 밤 잠자리에 들기 전에 예측하도록 하는 것이 터무니없어 보일 수 있다. 때로는 H씨의 사례와 같이 내담자에게 '기분 좋은 날'이나 '기분이 더 좋은 날'에 대해 설명하게 하여 자신의 기분을 어느 정도 통제할 수 있도록 하기 위해 과제가 고안되었다는 점을 제시하는 결과로 보인다. 하지만 이런 일이 발생하지 않는 경우에는 어떻게 해야 할까?

이 터무니없는 예측하기를 포함하는 과제는 개선에 대한 상담자의 예측을 은연중에 포함하고 있는데, 그것은 내담자가 그대로 따라 할 때 내담자 역시 더 좋은 날이 가능하다는 것을 알아챌 것이라는 예측이다. 아마도 이것은 내담자에게 자기충족적 예언을 발전시킬 수도 있을 것이다.

이 터무니없는 예측 과제가 어떻게 효과가 있는지에 대한 우리의 의문은 인과관계에 대한 질문을 내포하고 있다. 종종 상담자와 내담자는 문제가 되는 유형은 그것이 일어나기 직전에 발생한 무엇인가 때문이거나 최소한 그것으로 인해 촉발된다고 가정하곤 한다. 이것이 유용한 가정이라면 문제가 되지 않는 유형에도 마찬가지로 적용되어야 할 것이다. 하지만 예측 과제는 다른 가정을 기초로 한 것처럼 보인다.

예측 과제는 어떤 일이 일어나는 과정이 진행되고 있다면 그것이 일어날 것이라고 기대할수록 일어날 가능성이 높다는 생각에 기초한다. 실제적으로 때로는 전날 밤에 한 예측이 다음 날이 더 좋은 날이 되도록 행동을 설정하는 것처럼 보인다. 예측하게 만드는 요인이 무엇이든 상관없이 좋은 날을 갖게 **될지 모른다**는 생각이 내담자의 마음에 자리 잡게 된다. 물론 좋은 날을 갖는 것이 내담자가 정말로 원하는 것이고, 그래서 자기충족적 예언은 발전할 것이며, 그다음 날 바로 '더 좋은 날의 행동'을 촉진하게 될 것이다.

계속해서 더 좋은 날을 예측할 때 그저 바람이나 희망의 표현일지라도 그 사람이 더 좋은 날을 만들기 위해서 행동하고, 그래서 자신의 바람을 충족시키는 것이 합리적인 것으로 보인다. 만일 어떤 사람이 계속해서 나쁜 날을 예측했다면, 자기 스스로 깜짝 놀라면서 좋은 날을 보내는 기회가 생기는 것이다. 때로는 예측에 대한 저항으로 좋은 날을 보내려고 애를 쓸지도 모른다.

예측 과제는 우연적이라고 묘사되는 예외들의 불확실한 특성에 **적합하게** 고안되었다. 내담자는 자신의 의도적인 행동이 예외로 이끌거나 예외를 만드는 데 기여할 것이라고 인식하지 못하기 때문에 내담자에게 예외를 예측하도록 요청하는 것이 일리가 있어 보인다. 물론 내담자는 대체로 나쁜 날들이 줄어들지 않고 계속될 것이라고 확신하지만, **좋은 날들이 있을 것이라는** 암시적인 메시지는 좋은 날이 일어나는 예외 상황을 만드는 데에 도움이 된다.

결론

우리는 지금까지 해결에 대한 이론을 살펴보면서 해결중심상담들 간의 가족 유사성[1]을 확인시켜 주는 공통점과 차이점에 대해 종적으로(vertically) 검토하였다. 대체로 이러한 접근법은 상담을 하는 동안 일어난 사건들의 순서에 의해 영향을 받았다. 상담들 간의 차이로 인하여 더 간단히 지도를 기술하기는 어려울 것이다. 그러나 그것을 그대로 두는 것이 쉬운 방법일지라도 이러한 방식은 우리 중 몇몇이 매우 소중히 여기는 단순성을 희생하였다는 것을 말한다. 이러한 손실은 단순함에서 복잡함으로 또다시 단순함으로 오가며 진화하는 것을 보여 주는 것이기도 하지만, 나에게는 오컴

---

1 역주) 5장에서 나온 비트겐슈타인의 가족 유사성에 대한 설명을 참조하라.

의 면도날(Ockham's razer)[2]을 떠올리게 한다. 더 적은 방법으로 할 수 있는 일이라면 많은 것을 하는 것은 헛된 것이다.

1. 결정 불가성으로서의 예외

언뜻 보기에 '일반적 틀의 해체'가 포함된 경로는 지도 위의 다른 경로들과 유사성이 거의 없거나 아예 없는 것처럼 보인다. 실제로 이 경로는 내담자가 실행 가능한 예외 상황을 기술하도록 상담자가 도울 수 없을 때 상담자가 활용할 수 있는 하나의 대안이기 때문에 같은 계열에 포함된 것으로 보일지 모른다. 비록 상담자의 '예외 탐색'이 같은 계열에 속한다는 표식이 되기도 하지만, 이러한 유사성은 집 앞 골목에서 혼자 농구 연습을 하는 것과 체스 게임의 관계만큼이나 빈약해 보인다. 즉, 차이점들이 어떤 유사성보다 더 두드러져서 아마도 어떤 사람은 다른 계열에 속한 것으로 보는 것이 더 낫다고 생각할지도 모른다. 이 경우, 계열의 구성원이라는 것은 단지 범위 조건의 가공물에 불과할지 모른다.

상담 시간에 일어나는 일과 관련 없는 차이들을 허용하는 더 넓

---

2 역주) 오컴의 면도날(Occam's Razor 또는 Ockham's Razor)은 흔히 '경제성의 원리(Principle of economy)', 검약의 원리 또는 단순성의 원리라고도 불리는데, 이것은 어떤 현상을 설명할 때 불필요한 가정을 해서는 안 된다는 것으로 만일 같은 현상을 설명하는 2개의 주장이 있다면 간단한 쪽을 선택하라는 의미다.

은 범위 조건하에서는 이러한 경로를 따르는 사례들이 다른 계열 (예: '정신병리')과 더 큰 유사성이 있는 것으로 분류될 수도 있다. 이런 경우, '틀을 해체하는 것'은 상담과 개입 계획을 넘어서는 과정으로 보일 것이며, 또한 특정 계열에 속하는가를 결정하도록 도울 것이다. 하지만 이 특정한 외부적 차이에 속하는 사례들은 지도에 쉽게 부합한다. 예외들은 더 자세히 진술할 때에 만족스러운 해결책에 이르는 것으로 묘사될 수 있다. 만일 단순화가 가능하다면 그것은 다른 시각에서 온 결과임에 틀림없다.

　이론을 횡적(horizontally) 혹은 다른 시각에서 보는 것은 상담 과정과 사건들의 순서에 감춰져 있는 경로들의 유사성을 드러나게 한다. 감춰진 것은 지도의 아래나 뒤에 있지 않다. 이러한 감추기는 지도와 상담 순서도의 유사성에 기인하며, 기본적으로 단순성과 친숙함의 결과다.

　예외들, 결정 불가한 것들, 그리고 다양한 과제(행동 과제나 관찰 과제)에 대한 반응들은 모두 내담자가 치료적 상황에서 그들의 경험을 묘사하는 방식을 변화시키기 위해 자신이 현재 경험하고 있는 것을 활용하도록 고안되었다. 각각의 경로는 치료적 언어 게임에서 참가자가 만들어 낸 '독특한 언어(dialect)'를 보여 준다. 경로들 중 어떤 것이든 그것이 성공적일 때 내담자의 표현은 변화하게 되고, 상담자는 같은 것을 더 해 보도록 제안하며, 만족스러운 해결책이 발전되는 과정에 들어서게 된다.

　이런 방식으로 서술하자면, 해결중심상담 계열에 속해 있는지의 여부는 지도를 **마치** 결정순서도**처럼** 사용하는 것과는 전혀 상관이 없으며, 상담자의 '예외 탐색'에 달려 있지도 않다. 이러한 해석은 이론과 그 유용성의 범위를 축소시킨다. 윈(Wynne, 1987)이 간략히 서술한 바와 같이 해결중심은 내담자로 하여금 "해결의 열쇠를 찾고, 그들이 스스로 문을 열고 거기에서부터 출발하도록" 돕는다(p. 11). 핵심 지도, 이론의 구성방법, 거기에서 파생된 상담방식(style)과 기법(techniques)은 이론의 표현에 불과하다. 그것은 결코 유일한 방법이 아니며, 반드시 최고의 방법도 아니다. 단지 나와 동료들이 내담자가 해결책을 개발하도록 도울 때 일어났던 일들을 기술한 방법일 뿐이다. 이 특정한 접근법은 내담자의 경험 안에서 해결책을 만들어 가기 때문에 뚜렷한 장점을 갖고 있을 뿐이다.

2. 수수께끼

이 책의 목적은 해결책을 기술하고 이론의 범위 조건 안에 머물면서 어떻게 내담자와 상담자가 협력적으로 해결책을 발전시켜 나가는지를 기술하는 데 있다. 설명이 보통 저변에 있는 것을 해석하거나 어떤 것에 의미를 부여하려는 시도인 반면, 기술은 단지 말로 된 그림(picture-in-words)이다. 전반적으로 이 시도는 포(Poe)의 『도둑 맞은 편지』를 모방한 것으로서 개방적으로 관찰 가능한 것을 묘사하기 위한 것이다.

우리가 어떤 것에 대해 이해할 수 없어 당혹스러울 때, 우리는 무언가가 숨겨져 있을 것이라고 생각한다. 그러나 사실상 그런 것이 없는 경우가 많다. 우리가 알고자 하는 것은 새로운 '사실들'이 아니다. 모든 '사실'은 우리 앞에 공개적으로 드러나 있다. 수수께끼는 '사실들'에 대한 우리의 처리방식과 무언가가 숨겨져 있다는 생각에 의해 만들어진다.

우리가 보는 것을 어떻게 묘사하는지, 그 그림을 묘사하기 위해 어떤 단어를 선택하는지는 우리가 일방경이나 비디오테이프를 통해 임상적 사건을 관찰할 때 우리가 상황을 어떻게 구성하는가에 기초한다. 다른 구성에서는 다른 단어들을 사용하게 될 것이고, 그래서 결과적으로 다른 그림이 만들어질 것이다. 관찰자들은 자신들이 관찰하는 것에 영향을 미칠 뿐 아니라 적어도 대인 간 상호작용 상황에서는 그들이 관찰하는 것을 창조하도록 돕는다. 예를 들어, 일단 우리가 '모든 문제의 규칙에는 예외가 있기 마련이다.'라는 생각을 했을 때, 우리는 내담자에게 "호소하는 문제가 일어나지 않을 때 어떤 일이 일어나나요?"라는 질문을 시작하였다. 그런데 이것이 실제로 예외를 만들어 내도록 도왔던 것이다. 다년간의 임상에서 알 수 있듯이 예외에 대해 자발적으로 언급하는 것은 드문 일이다. 아마도 실제 삶에서 예외는 일어나겠지만, 그것은 '요행'으로 보이거나 인지하지 못한 채 지나치게 된다. 그러므로 그것은 차이를 만들어 내는 차이가 되지 못한다. 그래서 우리가 질문을 하지 않는다면 내담자는 우리에게 예외를 말하지 않을 가능성이 높다.

이것은 매우 흥미로운 난제로 이끈다. 예를 들어, 1회기 상담의 1/2과 2/3쯤 되는 시점에서 예외 상황에 대한 묘사가 포함된다. 이것은 상담 상황에서 보고되지 않은 실제 삶의 어떤 문제에 대해 말하는 것인가, 아니면 단지 상담 상황에서 일어나는 상담자와 내담자에 대한 어떤 것을 말하는 것인가? 내담자는 예외에 대한 질문을 받으면 곧 예외가 묘사될 가능성을 만들어 내기 때문에 우리는 내담자의 실제 삶에 대해서는 확실하게 알 수 없다. 예외들은 발견되는 것이 아니라 내담자와 상담자의 대화에서 창조되는 것이다. 예외는 묘사의 요소이지, 실제 삶의 사실이 아니다.

이것은 '불평' '예외', 그리고 '해결책'이 '문제'보다 덜 실제적이라는 말이 아니다. 단지 상담자는 치료적 실제를 만들어 내는 데 참여한다는 것이다. 상담이 진행되는 동안 내담자는 실제 삶의 문제에 대해 이야기하고, 상담자는 내담자가 예외를 만들어 내도록 도와 그러한 묘사에 영향을 주도록 노력한다. 이것이 잘 진행되면, 추후상담 회기에서 내담자는 실제 삶의 변화에 대해 묘사할 것이다. 비록 상담자가 이러한 묘사가 실제 삶의 정확한 그림이라고 가정하더라도 우리는 그것을 확실하게 알 수는 없다. 단지 우리가 알 수 있는 것은 내담자가 2회기 상담에서는 1회기 상담에서 말했던 것과 다르게 상황을 묘사하고 있다는 것이다.

이 책에 기술된 다양한 사례는 마약 남용, 알코올 남용, 환각, 우울, 신체적 폭력 등을 포함하고 있다. 그러나 묘사는 '마약 남용'이나 '환각'과 같은 것에 대해 거의 또는 전혀 아무것도 알려 주지 않는다. 이 묘사들은 단지 억압되고 제한된 환경에서 특정한 서술의 형태를 기술할 뿐이다. 즉, 그 묘사들은 호소 문제가 '마약' '환각' 또는 '배우자 학대'이든지 간에 상담자와 내담자가 예외를 만들어 낼 수 있을 때 또는 변화 대화의 양을 증가시킬 수 있을 때 해결이 가능하다는 것을 말해 준다. 그 묘사들을 '마약 남용'에 대해 말하는 것으로 이해하는 것은 실제로 오독(misreading)이고, 이론의 범주와 묘사 자체를 넘어선 것이다. 반복해서 언급하건대 그러한 오독은 지도와 영토 사이의 구별을 허무는 것도 포함한다.

그러나 상담자가 내담자로 하여금 실제 삶의 문제를 유사한 서술이 만들어지는 방식으로 묘사하도록 도울 때, 그것이 비록 마약 남용이나 환각과 같은 문제일지라도 내담자가 상황이 변화했다고 말할 만한 해결책이 만들어질 수 있다. 즉, 내담자가 마약 남용이나 환각을 언급하지 않고 자신의 실제 삶의 상황을 묘사하게 될 것이다. 결국 이것이 바로 상담자가 원하는 것이다. 상담자와 내담자는 그 묘사가 **마치** 실제 삶인 **것처럼** 행동한다. 유감스럽게도 '**마치 어떠한 것처럼**' 한다는 것은 쉽게 잊히고, 이러한 망각은 너무나도 자주 실제인지 아닌지 혼동하게 만든다.

3. 논의

비록 지도와 전문가체계가 다양한 대안을 '예' 또는 '아니요'의 단순한 선택으로 처리하고, 이 두 가지 모두 일관된 '만일, 그렇다면(if, then)'의 규칙을 따르고 있다 하더라도 선택이나 규칙은 언뜻 보는 것보다 더 회귀적이고(recursive) 상호작용적이다. 그 규칙들이 얼마나 엄격하든지 간에 그것을 적용하는 것은 재량과 기술(skill)을 포함한다. 결국 지도는 묘사의 표현방식일 뿐이다. 상담자와 내담자가 어디에 초점을 두는가와 상관없이 상담에서 나누는 대화는 제한적이지 않고, 우리가 그것을 묘사하는 것만큼 통제되지 않는다. 그것이 지도가 작동하는 방식이다.

예를 들어, 방문자 관계인지 불평자 관계인지 고객 관계인지에 대한 결정은 과제를 주기 전에 내릴 필요가 있다. 이것은 하나의 질문이나 일련의 질문에 대한 반응에 기초해서 '예, 아니요'로 결정하는 것이 아니라 관계에 대한 질적 혹은 평가적인 묘사이기 때문에 답은 항상 분명한 것이 아니다. 때때로 상담자가 할 수 있는 최선의 답은 그 관계가 다른 유형보다 이 유형에 '다소' 적합하다고 말하는 것이다. 예를 들어, 내담자와의 관계가 불평자인지 또는 고객인지 사이에서 결정할 수 없을 때에는 아무리 잘 묘사된 예외 또는 가설적 해결책도 행동 과제의 적합한 근거가 될 수 없을 것이다. 조심하면서 내담자-상담자 관계가 불평자라고 간주하고 관찰과제를 주는 것이 최선이다. 그러나 만일 내담자가 고객이라고 확신할 수 있다면, 부적절하게 묘사된 예외나 가설적 해결책이라도 행동 과제의 근거로서 유용할 수 있다.

상담자가 방문자인지 또는 불평자인지 결정하기 어려울 때에는 종종 이와는 정확히 반대의 상황이 된다. 물론 방문자들도 불평을 하지만 그들의 문제에 대한 묘사는 전형적으로 상담에 와서 더 나아지리라는 아무런 기대가 없다는 느낌을 준다. 즉, 그들은 상담에 어떤 목적을 갖고 오지 않았고, 단지 와야만 해서 온 것일 뿐이다. 만일 상담자가 이 내담자를 방문자로 확신한다면 과제를 주지 않는 것이 적절하다. 하지만 상담자가 확신은 없지만 내담자가 불평자에 가깝다고 생각된다면 관찰 과제, 특히 첫 회기 공식 과제를 주는 것이 매우 적절할 것이다.

내담자의 목표가 얼마나 잘 기술되었는지 역시 이 결정에 영향을 미칠 수 있다. 일반적으로 목표가 더 잘 기술될수록 또는 문제가 해결되었을 때 내담자가 그것을 어떻게 알 수 있는지에 대해 더 잘 기술될수록 상담자는 내담자를 '고객'으로 결정하는 것에 확신할 수 있다. 몇몇 가설적 해결책(이는 목표이기도 하다)은 실제로 충분히 잘 표현되어서 상담자는 내담자-상담자 관계를 고객이라고 결정할 수 있고, 가설적 해결책은 **마치** 의도적인 예외인 **것처럼** 다루어질 수 있다.

단기상담이 만족스러운 것이 되기 위해서는 미래가 현재에 비해 현저하게 다를 필요가 있다. 그렇지 않으면 내담자가 다른 무엇을 하거나 어떤 것을 다르게 보는 것은 의미가 없다. 목표라는 용어로 표현되는 미래가 구체적으로 그려질 때, 즉 행동적 용어로 표현될 때, 그리고 그것이 내담자에 의해서 설정될 때 목표를 달성하기 위해 현재 무언가를 실행하는 것이 의미를 갖게 된다. 목표는 최소한으로 기술되어야 하고, 성취 가능하며 내담자의 노력이 필요한 충분히 어려운 일로서 인식될 필요가 있다.

내담자가 예외나 가설적 해결책이 차이를 만든다고 여길 때, 그리고 그것이 목표와 관련되어 있다고 여길 때 현재는 내담자의 미래와 현저하게 다르며, 내담자의 과제는 예외가 규칙이 되도록 만드는 고된 작업이 된다.

미래가 아무리 빈약하게 묘사되더라도 미래가 현재와 두드러지

게 다르다는 것이 무엇보다 중요하다. 상황이 나아질 것이라는 기
대가 없다면 상담은 의미가 없다. 사실상 상황이 나아질 수 있다는
기대는 모든 상담의 핵심적인 전제다.

참고문헌

Bandura, A., & Schunk, D. (1981). Cultivating competence, self-efficacy, and intrinsic interest through proximal self-motivation. *Journal of Personality and Social Psychology, 41*, 586-598.

Barnlund, D. C. (1981). Toward an ecology of communication. In C. Wilder & J. H. Weakland (Eds.), *Rigor and imagination: Essays from the legacy of Gregory Bateson*. New York: Praeger.

Berger, J., Fisek, M., Norman, R., & Zelditch, M. (1977). *Status characteristics and social interaction: An expectations state approach*. New York: Elsevier.

Brewster, F. (1985). Seeing something. *Networker, 9*(6), 61-64.

Deci, E. (1975). *Intrinsic motivation*. New York: Plenum.

Deissler, K. (1986). *Recursive creation of information: Circular questioning as information production*. S. Awodey (Trans.). Unpublished manuscript.

Dell, P. (1985). Understanding Bateson and Maturana: Toward a biological foundation for the social sciences. *Journal of Marital and Family Therapy, 11*, 1-20.

Derrida, J. (1981). *Positions*. Chicago: University of Chicago Press. A. Bass (Trans.).

de Shazer, S. (1978a). Brief hypnotherapy of two sexual dysfunctions: The crystal ball technique. *American Journal of Clinical Hypnosis, 20*(3), 203–208.

de Shazer, S. (1978b). Brief therapy with couples. *International Journal of Family Counseling, 6*(1), 17–30.

de Shazer, S. (1979a). On transforming symptoms: An approach to an Erickson procedure. *American Journal of Clinical Hypnosis, 22*, 17–28.

de Shazer, S. (1979b). Brief therapy with families. *American Journal of Family Therapy, 7*(2), 83–95.

de Shazer, S. (1982a). Some conceptual distinctions are more useful than others. *Family Process, 21*, 71–84.

de Shazer, S. (1982b). *Patterns of brief family therapy*. New York: Guilford.

de Shazer, S. (1984). The death of resistance. *Family Process, 23*, 79–93.

de Shazer, S., & Molnar, A. (1984). Four useful interventions in brief family therapy. *Journal of Marital and Family Therapy, 10*(3), 297–304.

de Shazer, S. (1985). *Keys to solution in brief therapy*. New York: W. W. Norton.

de Shazer, S., Gingerich, W. J., & Weiner-Davis, M. (1985). Coding family therapy interviews: What does the therapist do that is worth doing. Presentation at *Institute for Research and Theory Development*, AAMFT Annual Conference.

de Shazer, S., Gingerich, W. J., & Goodman, H. (1987). BRIEFER: An expert consulting system. Presented at American Family Therapy Association Annual Conference.

de Shazer, S., Berg, I., Lipchik, E., Nunnally, E., Molnar, A., Gingerich, W. J., & Weiner-Davis, M. (1986). Brief therapy: Focused solution development. *Family Process, 25*, 207–222.

Dolan, E. (1985). *A path with a heart: Ericksonian utilization with resistant and chronic clients*. New York: Brunner/Mazel.

Erickson, M. H. (1954). Pseudo-orientation in time as a hypnotic procedure.

Journal of Clinical and Experimental Hypnosis, 2, 261-283.

Erickson, M. H., Rossi, E., & Rossi, S. (1976). *Hypnotic realities.* New York: Irvington.

Feldman, L., & Pinsof, W. (1982). Problem maintenance in family systems: An integrative model. *Journal of Marital and Family Therapy, 8*(3), 295-308.

Fisch, R., Weakland, J. H., & Segal, L. (1983). *The tactics of change: Doing therapy briefly.* San Francisco: Jossey-Bass.

Fish, L. A., & Piercy, F. (1987). The theory and practice of structural and strategic therapies: A delphi study. *Journal of Marital and Family Therapy, 13*(2), 113-125.

Gingerich, W. J., de Shazer, S., & Weiner-Davis, M. (1987). Constructing change: A research view of interviewing. In E. Lipchik (Ed.), *Interviewing.* Rockville: Aspen.

Goffman, E. (1974). *Frame analysis.* New York: Harper & Row.

Goodman, H. (1986). BRIEFER: An expert system for Brief Family Therapy. Unpublished Master's Thesis, University of Wisconsin-Milwaukee.

Goodman, H., Gingerich, W. J., & de Shazer, S. (1987). BRIEFER: An expert system for clinical practice. *Computers in Human Services*, (in press).

Gottman, J. (1979). *Marital interaction.* New York: Academic Press.

Haley, J. (1963). *Strategics of psychotherapy.* New York: Grune & Stratton.

Haley, J. (1967). (Ed.). *Advanced techniques of hypnosis and therapy: Selected papers of Milton H. Erickson.* New York: Grune & Stratton.

Haley, J. (1973). *Uncommon therapy.* New York: W. W. Norton.

Haley, J. (1976). *Problem solving therapy.* San Francisco: Jossey-Bass.

Hofstadter, D. R. (1981). Analogies and roles in human and machine thinking. *Scientific American*, September, 1981. Revised and printed in D. R. Hofstadter, *Metamagical themas: Questioning for the essence of mind and pattern*, (1985), New York: Basic.

Keeney, B. (1983). *Aesthetics of change.* New York: Guilford.

Kim, J., de Shazer, S., Gingerich, W. J., & Kim, P. (1987). BRIEFER: An expert system for brief therapy. Paper presented at IEEE Systems Man and

Cybernetics Annual Conference, Alexandria, Virginia.

Kuhn, T. (1970). *The structure of scientific revolution* (2nd ed.). Chicago: University of Chicago Press.

Latham, G., & Baldes, J. (1975). The "practical significance" of Lockes' theory of goal setting. *Journal of Applied Psychology, 60*, 122-124.

Lipchik, E. (1987). *Interviewing*. Rockville: Aspen.

Lipchik, E., & de Shazer, S. (1986). The puposeful interview. *Journal of Strategic and Systematic Therapies, 5*(1), 88-99.

Locke, E., Shaw, K., Saari, L., & Latham, G. (1981). Goal setting and task performance: 1969-1980. *Psychological Bulletin, 90*, 125-152.

Mead, G. H. (1934). *Mind, self and society*. Chicago: University of Chicago Press.

Miller, G. (1986). Depicting family trouble: A micro-political analysis of the therapeutic interview. *Journal of Strategic and Systematic Therapies, 5*(1), 1-13.

Molnar, A., & de Shazer, S. (1987). Solution focused therapy: Toward the identification of therapeutic tasks. *Journal of Marital and Family Therapy, 13*(4), 349-358.

O'Hanlon, W. (1987). *Taproots: Underlying principles of Milton Erickson's therapy and hypnosis*. New York: W. W. Norton.

Shields, C. G. (1986). Critiquing the new epistemologies: Toward minimum requirments for a scientific theory of family therapy. *Journal of Marital and Family Therapy, 12*(4), 359-372.

Sluzki, C. (1983). Process, structure and world views: Toward an integrated view of systemic models in family therapy. *Family Process, 22*(4), 469-476.

Tomm, K. (1984). One perspective on the Milan systemic approach: Part I. Overview of development, theory and practice. *Journal of Marital and Family Therapy, 10*, 113-125.

Tomm, K. (1986). On incorporating the therapist in a scientific theory of family therapy. *Journal of Marital and Family Therapy, 12*(4), 373-378.

von Glasersfeld, E. (1975). Radical constructivism and Piaget's concept of knowledge. In F. B. Murray (Ed.), *Impact of Piagetian theory*.

Baltimore: University Park Press.

von Glasersfeld, E. (1981). The concept of adaptation and viability in a radical constructivist theory of knowledge. In I. E. Sigel, D. M. Brodzinsky, & R. M. Goriuhoff (Eds.), *New directions in Piagetian theory and practice.* Hillsdale: L. Erlbaum.

von Glasersfeld, E. (1984). An introduction to radical constructivism. In P. Watzlawick (Ed.), *The invented reality.* New York: W. W. Norton.

Watzlawick, P., Weakland, J. H., & Fisch, R. (1974). *Change.* New York: W. W. Norton.

Weakland, J. H. (1987). Personal communication.

Weakland, J. H., Fisch, R., Watzlawick, P., & Bodin, A. (1974). Brief therapy: Focused problem resolution. *Family Process, 13*, 141-168.

Weiner-Davis, M., de Shazer, S., & Gingerich, W. J. (1987). Using pretreatment change to construct a therapeutic solution: A clinical note. *Journal of Marital and Family Therapy, 13*(4), 359-363.

Wilder-Mott, C. (1981). Rigor and imagination. In C. Wilder & J. H. Weakland (Eds.), *Rigor and imagination: Essays from the legacy of Gregory Bateson.* New York: Praeger.

Winston, P., & Horn, B. (1984). *LISP* (2nd ed.). Reading: Addison-Wesley.

Wittgenstein, L. (1958). *The blue and brown books.* New York: Harper. R. Rhees (Trans).

Wittgenstein, L. (1968). *Philosophical investigations* (Revised 3rd ed.). New York: Macmillan. G. E. M. Anscombe. (Trans).

Wynne, L. (1987). Trying to create intimacy destroys it. *Family Therapy News,* April.

찾아보기

⟨내용⟩

저자 소개

스티브 드세이저(Steve de Shazer)는 밀워키의 단기가족치료센터(Brief Family Therapy Center)의 소장으로 『단기상담에서 해결의 열쇠(Keys to Solution in Brief Therapy)』와 『단기가족상담의 유형(Patterns of Brief Family Therapy)』의 저자다.

역자 소개

김은영(Kim, Eun Young)
독일 Bochum 대학교 박사, Dr.rer.soc.
연세솔루션상담센터 공동대표
한신대학교 사회복지학과 초빙강의교수

〈자격증〉
해결중심전문상담 슈퍼바이저(해결중심치료학회)
해결중심가족상담전문가 슈퍼바이저(해결중심치료학회)
부부가족상담전문가 1급(한국가족치료학회)
내러티브상담사 전문가(한국이야기치료학회)

〈주요 저서 및 논문〉
해결중심 가족상담(공저, 학지사, 2017)
해결중심 코칭(공역, 학지사, 2013)
빈곤아동의 심리사회적 적응 향상을 위한 해결중심 집단프로그램의 효과
　　성 연구(공동 연구, 한국가족치료학회지, 17(2), 2009)

어주경(Eo, Joo Kyeong)
연세대학교 대학원 철학박사
연세솔루션상담센터 공동대표
연세대학교 생활환경대학원 겸임교수

〈자격증〉
해결중심전문상담 슈퍼바이저(해결중심치료학회)
해결중심가족상담전문가 슈퍼바이저(해결중심치료학회)
부부가족상담전문가 1급(한국가족치료학회)
내러티브 상담사 1급(한국이야기치료학회)

〈주요 저서〉
가정폭력 피해대상 유형별 치료 회복 프로그램 개발 1, 2권(공저, 여성가
　족부, 2013)
해결중심 가족치료의 오늘-기적 그 이상의 것-(공역, 학지사, 2011)
해결중심 가족치료 사례집(공저, 학지사, 2006)

이경희(Lee, Kyung Hee)
연세대학교 대학원 이학박사
연세솔루션상담센터 공동대표
연세대학교 휴먼라이프연구센터 객원연구원

〈자격증〉
해결중심전문상담 슈퍼바이저(해결중심치료학회)
해결중심가족상담전문가 슈퍼바이저(해결중심치료학회)
부부가족상담전문가 1급(한국가족치료학회)
내러티브 상담사 1급(한국이야기치료학회)

〈주요 저서〉
해결중심 가족치료의 오늘-기적 그 이상의 것-(공역, 학지사, 2011)
아동학개론(공저, 학지사, 2002)
엄마-아이 놀이프로그램(공저, 창지사, 2001)

정윤경(Chung, Yun Kyung)
연세대학교 사회복지대학원 사회복지학 박사
연세솔루션상담센터 공동대표
연세대학교 사회복지연구소 전문연구원

〈자격증〉
해결중심전문상담 슈퍼바이저(해결중심치료학회)
해결중심가족상담전문가 슈퍼바이저(해결중심치료학회)
부부가족상담전문가 1급(한국가족치료학회)
사회복지사 1급(보건복지부)

〈주요 저서〉
해결중심상담 슈퍼비전 사례집(공저, 학지사, 2017)
경기도 학생 자살 현황 및 정책 분석(공저, 경기도 교육연구원, 2017)
가정폭력 여성 행위자 상담 · 치료 프로그램 개발(공저, 여성가족부, 2015)

드세이저의
해결의 실마리
- 단기상담에서 해결책 탐색 -
Clues: Investigating Solutions in Brief Therapy

2019년 3월 25일 1판 1쇄 인쇄
2019년 3월 30일 1판 1쇄 발행

지은이 • Steve de Shazer
옮긴이 • 김은영 · 어주경 · 이경희 · 정윤경
펴낸이 • 김진환
펴낸곳 • (주) **학지사**
　　　　　04031 서울특별시 마포구 양화로 15길 20 마인드월드빌딩
대표전화 • 02)330-5114　　　　팩스 • 02)324-2345
등록번호 • 제313-2006-000265호

홈페이지 • http://www.hakjisa.co.kr
페이스북 • https://www.facebook.com/hakjisabook

ISBN 978-89-997-1792-5 93180

정가 16,000원

이 도서의 국립중앙도서관 출판시도서목록(CIP)은 서지정보유통지
원시스템 홈페이지(http://seoji.nl.go.kr)와 국가자료공동목록시스템
(http://www.nl.go.kr/kolisnet)에서 이용하실 수 있습니다.
(CIP 제어번호: CIP2019009498)

교육문화출판미디어그룹 학지사

심리검사연구소 **인싸이트** www.inpsyt.co.kr
원격교육연수원 **카운피아** www.counpia.com
학술논문서비스 **뉴논문** www.newnonmun.com
간호보건의학출판 **학지사메디컬** www.hakjisamd.co.kr